Ilsa Diller-Murschall
Karl Haucke
Anne Breuer (Hrsg.)

Qualifizierung lohnt sich!

Perspektiven der Fachberatung
für Kindertageseinrichtungen

Ilsa Diller-Murschall
Karl Haucke
Anne Breuer (Hrsg.)

Qualifizierung lohnt sich!

Perspektiven der Fachberatung
für Kindertageseinrichtungen

LAMBERTUS

Diese Publikation ist mit Mitteln des Bundesministeriums für Familie, Senioren, Frauen und Jugend gefördert worden.

Projektträger des Projektes „Multiplikatoren-Fortbildung Tageseinrichtungen für Kinder (MFT)" waren die Bundesarbeitsgemeinschaft der Freien Wohlfahrtspflege und die Bundesvereinigung der kommunalen Spitzenverbände. Das Projekt wurde vom Bundesministerium für Familie, Senioren, Frauen und Jugend gefördert; Rechtsträger war der Bundesverband der Arbeiterwohlfahrt.

Die Deutsche Bibliothek – CIP-Einheitsaufnahme

Qualifizierung lohnt sich: Perspektiven der Fachberatung für Kindertageseinrichtungen / Ilsa Diller-Murschall ... (Hrsg.). – Freiburg im Breisgau: Lambertus, 1997
ISBN 3-7841-0945-4

Alle Rechte vorbehalten
© 1997, Lambertus-Verlag, Freiburg im Breisgau
Umschlaggestaltung: Grafik-Design Christa Berger, Solingen
Umschlagfoto: Uwe Stratmann, Wuppertal
Herstellung: Druckerei Franz X. Stückle, Ettenheim
ISBN 3-7841-0945-4

„Die Tür zur Vergangenheit ist ohne Knarren nicht zu öffnen."
Alberto Moravia

Inhalt

11	VORWORT DER HERAUSGEBER
15	EINLEITUNG
19	TEIL 1 DAS PROJEKT „MULTIPLIKATOREN-FORTBILDUNG TAGESEINRICHTUNGEN FÜR KINDER (MFT)" – EINE ANTWORT AUF DIE SPEZIFISCHE HISTORISCHE SITUATION
20	1. Veränderungen in den Tageseinrichtungen für Kinder in den neuen Bundesländern nach 1989 Dorothee Engelhard, Heide Michel
34	2. Lohnt sich Qualifizierung? Aktivitäten und Erfahrungen im Rahmen des MFT-Projektes Karl Haucke
59	TEIL 2 ZWISCHEN KONTINUITÄT UND VERÄNDERUNG
60	3. „Ich wurschtelte mich weiter durch ..." Eine MFT-Teilnehmerin berichtet über ihre Qualifizierungsbestrebungen Roswitha Kunze
64	4. „Ich wollte erfahren, wie man Fachberatung anders machen kann ..." Birgit Mallmann, Gabi Struck
79	5. „Ich bin wer, und ich kann was!" Moderatoren berichten über Entwicklungsschritte der Teilnehmerinnen Frank Mühlinghaus, Verena Sommerfeld
91	6. Kontinuität und Wandel Über die Berufsbiographie von Frauen in erzieherischen Berufen in den neuen Bundesländern Marion Musiol

Teil 3
Lernen, anders zu lernen

103

104   7. „Ich habe mich darauf eingelassen ..."
Begegnungen mit neuen Lernformen
Annemarie Schinke

108   8. Lernen, anders zu lernen –
Voraussetzungen und Formen der Erwachsenenbildung in den neuen Bundesländern
Detlef Kölln, Ingrid Pickel

121   9. „Heute hab' ich was"
Der Umgang mit dem Supervisionsangebot –
Ein Bericht aus der Supervisionspraxis im Rahmen des MFT-Projekts
Thomas Seitz

Teil 4
Qualifizierung und Qualität: strukturelle und rechtliche Bedingungen

131

132   10. Fachberatung und struktureller Wandel:
Was muß sich wie wohin verändern?
Ursula Hartmann

147   11. Aufgaben der Beratung und der Aufsicht in der Hand der Fachberaterin – Ein Widerspruch?
Birgit Ludwig-Schieffers

152   12. Fachberatung für Kindertageseinrichtungen im Spannungsfeld zwischen rechtlicher Verankerung und Anforderungen des Arbeitsfeldes
Karl-Heinz Wolf

164   13. Fachberatung für Tageseinrichtungen für Kinder nach dem KJHG – Pflichtaufgabe oder „freiwillige" Aufgabe der Jugendhilfe?
Jochem Baltz

171   14. Neue Steuerungsmodelle, Qualitätsstandards in Kindertageseinrichtungen und die Rolle der Fachberaterin
André Dupuis

Teil 5
Ausblicke: Qualität als lohnend betrachten und fordern

179

180   15. Was Fachberaterinnen von sich und anderen erwarten – Vorschläge und Forderungen zum Arbeitsfeld „Fachberatung für Kindertageseinrichtungen"
Karl Haucke

184   16. Hat Fachberatung Zukunft? Ein Rückblick aus dem Jahr 2010 in die Gegenwart
Hilmar Hoffmann

189   ANHANG

190   A) „Das magische Viereck" – Eine Anregung zur Reflexion über die Interessenmühle der Fachberaterin

193   B) Analysen und Konzepte aus den MFT-Kursen

200   C) Mitwirkende im MFT-Projekt

204   D) Literatur zur Fachberatung

Alles war neu

Vorwort der Herausgeber

Versetzen Sie sich zurück in den Sommer 1991: Es war das Jahr 1 nach der deutschen Vereinigung. Neugier und Interesse am Kennenlernen von Ost und West waren groß, die Verunsicherung der Kolleginnen in den neuen Bundesländern ebenfalls. In dieser Situation der politischen Wende, des Neuanfangs und gleichzeitig auch der wechselseitigen Offenheit entstanden die Überlegungen zu einer Qualifizierungsmaßnahme im Bereich der Kindertageseinrichtungen. Der Weg von den ersten Überlegungen hin zum Projekt „Multiplikatoren-Fortbildung Tageseinrichtungen für Kinder (MFT)" war von dem Willen der Initiatoren geprägt, Orientierungshilfen in einem Kernbereich der Jugendhilfe anzubieten und den Aufbau der Jugendhilfestrukturen zu unterstützen.
Zielgruppe der Qualifizierungsmaßnahme waren Multiplikatorinnen aus dem Kindertagesstättenbereich – der Begriff ‚Fachberaterin' wurde anfangs vermieden, waren doch die Fachberater im DDR-System in erster Linie eine politische Kontrollinstanz, ein Inspektionsinstrument, um die politisch-pädagogische Arbeit in den Einrichtungen zu überwachen. Diese Vorerfahrungen aus dem Gesellschafts- und Bildungssystem der DDR sowie die individuellen beruflichen und biografischen Hintergründe galt es zu berücksichtigen. Andere politische Ziele, andere pädagogische Konzepte und Methoden, eine andere Praxis, ein anderes Bild vom Kind, ein anderes Verständnis von Erwachsenenbildung, eine andere Vorstellung vom Lernen bei Kind und Erwachsenem mußten als Ausgangslage für dieses Projekt erkannt sowie bei der Projektentwicklung und den vielfältigen Aktivitäten des Projektes berücksichtigt werden. Dabei war von Anfang an klar, daß den Fachberaterinnen eine Schlüsselrolle für die notwendigen Veränderungs- und Entwicklungsprozesse, für konzeptionelle Weiterentwicklungen sowie für die Einflußnahme auf jugendhilfepolitische Verantwortungsträger zukam.
Das Projekt lief von 1992 bis 1996 – es begann in einer Zeit allgemeiner politischer und gesellschaftlicher Verunsicherung, in einer Zeit der Infragestellung von Normen und Werten, von Erziehung und ihren Zielen; es wurde fortgeführt im Kontext einschneidender struktureller Umbrüche: Die Umsetzung des Kinder- und Jugendhilfegesetzes, die Kreisgebietsreform, der vom Geburtenrückgang ausgelöste existenz-

bedrohende Abbau von Kindertageseinrichtungen waren Umfeldbedingungen, welche die Suche der sozialpädagogischen Fachkräfte nach Orientierung, nach neuen Zielen, Wegen und Methoden in der Erziehung, Beratung und Erwachsenenbildung immer wieder beeinflußt und irritiert haben und das Engagement der Fachkräfte immer neu auf die Probe stellten.

Auch die politischen Verantwortungsträger dieser Qualifizierungsmaßnahme betraten mit der Entwicklungsarbeit zu diesem Projekt Neuland. Die Trägerkonstruktion des MFT war ungewöhnlich und ungeübt: Projektträger waren die sechs Spitzenverbände der Freien Wohlfahrtspflege und die drei kommunalen Spitzenverbände. Die Rechtsträgerschaft wurde dem Bundesverband der Arbeiterwohlfahrt übertragen. Um das Projekt im Interesse aller Beteiligten gemeinsam steuern zu können und möglichst schon im Verlauf bestehende Chancen zum Transfer in Praxis und Politik zu ermöglichen, wurde ein Lenkungsgremium aus den Projektträgern, den Vertreterinnen der zuständigen Ministerien der neuen Bundesländer und des Bundesministeriums für Familie, Senioren, Frauen und Jugend installiert – das MFT-Kuratorium. In dieser Struktur (Öffentliche und Freie Jugendhilfe, Länder und Bund) waren zwar in der alten Bundesrepublik in der Vergangenheit schon große Fachtagungen durchgeführt worden, ein Projekt von dieser Größenordnung und mit so vielen Unbekannten jedoch nicht. Beraten wurden das Kuratorium und die Mitarbeiterinnen und Mitarbeiter des Projektes von einem Fachbeirat, dem u. a. Vertreterinnen und Vertreter der wichtigen bundeszentralen Fortbildungsinstitutionen, aus dem Fachberatungswesen der verschiedenen Träger und aus dem Ausbildungsbereich angehörten.

Rückblickend ist festzustellen, daß dieses Projekt für alle Beteiligten Neuland war – ein neuer, gemeinsamer Lernprozeß auf allen politisch und fachlich beteiligten Ebenen. Ein erfolgreicher Lernprozeß – dies jedenfalls legen die im folgenden zusammengestellten Beiträge über Lernen und Lehren, über Kontinuitäten und Veränderungen, über Qualifizierung und Qualität nahe.

Ein träger- und länderübergreifendes Qualifizierungsprojekt mit über 300 kontinuierlichen Teilnehmerinnen und rund 100 mehrtägigen Veranstaltungen ist ein vielschichtiges Unterfangen. Ohne Hilfe schafft man das nicht. Wir danken an dieser Stelle allen Mitwirkenden: Den Mitgliedern des MFT-Kuratoriums und des MFT-Fachbeirates für die intensive Begleitung des Projektes und ihre Konsensfähigkeit; den Moderatorinnen und Moderatoren, Supervisorinnen und Supervisoren für ihre Bereitschaft, sich auf die neue Aufgabe einzulassen, und für ihr ausdauerndes Engagement; den Dienststellen der MFT-Teilnehmerinnen und -Teilnehmer für die Freistellung ihrer Mitarbeiter in einer Zeit, in der dies nicht selbstverständlich ist.

Unser Dank gilt besonders dem Bundesministerium für Familie, Senioren, Frauen und Jugend, im Projekt vertreten durch Frau D. Engelhard, für die finanzielle und ideelle Förderung des Projektes. Den Mitarbeiterinnen der MFT-Geschäftsstelle, Frau M. Finschow und Frau I. Ruhnke, ist für ihren Einsatz und für ihr Interesse am Projekt zu danken; sie haben die vielen notwendigen Improvisationen in der Anfangszeit des Projektes mitgetragen und mitgestaltet, sie haben auch hektische Projektzeiten konstruktiv beeinflußt. Wir danken auch den Mitarbeiterinnen und Mitarbeitern des Bundesverbandes der Arbeiterwohlfahrt in Bonn und des AWO-Verbindungsbüros in Falkensee, die das Projekt mit ihrer fachlichen Unterstützung und ihrem kollegialen Interesse gefördert haben.

Nicht zuletzt danken wir den MFT-Teilnehmerinnen und -Teilnehmern für ihre Lernbegeisterung und ihr kritisches Interesse – diese waren letztlich der Motor für alle unsere Bemühungen.

Ilsa Diller-Murschall
Karl Haucke
Anne Breuer

Einleitung

Das vorliegende Buch gibt Erfahrungen und Perspektiven aus dem Projekt „Multiplikatoren-Fortbildung Tageseinrichtungen für Kinder" wieder. Dabei werden verschiedene Ebenen der Betrachtung von Qualifizierung und Qualität im Bereich der Fach- und Praxisberatung für Kindertagesstätten angesprochen:

- Fragen nach der Vergangenheit von Fachberatung in der DDR wird nachgegangen.
- Strukturelle Veränderungen der Kinder- und Jugendhilfe in den neuen Bundesländern werden dargestellt.
- Berufsbiografische Entwicklungen werden in ihrer Bedeutung für Beratungsverhalten und Beratungsprozesse analysiert.
- Inhaltliche und methodische Aspekte der Qualifizierungsarbeit werden beschrieben.
- Der Einfluß struktureller und gesetzlicher Rahmenbedingungen auf die Beratungstätigkeit wird dargestellt.
- Verlauf und Rezeption der Qualifizierungsmaßnahmen im Rahmen des MFT-Projektes werden beschrieben.
- Perspektiven der Fachberatung für Kindertageseinrichtungen werden entwickelt.

Auf all diesen Ebenen gehen die Autorinnen und Autoren von der *Vergangenheit* aus – von dem, was sie bei Projektbeginn an individueller, fachpolitischer und gesellschaftlicher Wirklichkeit vorfanden. Gleichzeitig wird eine vielseitige *Gegenwart* geschildert, mit ihren vielen Facetten von subjektiver und objektiver, individuell geprägter und strukturell vorgegebener Beratungswirklichkeit. Schließlich weisen alle Beiträge über die Gegenwart hinaus; sie legen Ideen und Konzepte über Fachberatung und Fachberaterqualifizierung nahe; sie geben Hinweise auf die *Zukunft* – und dies, ohne eine einengende Definition von Fachberatung vorzugeben.

Im ersten Abschnitt (S. 20 ff.) beschreiben Dorothee Engelhard und Heide Michel die jugendhilfepolitische Situation, die nach dem gesellschaftspolitischen Umbruch durch die Vereinigung der beiden deutschen Staaten entstand; sie berichten über Rahmenbedingungen, rechtliche Grundlagen und Organisationsstrukturen im Bereich der Kindertageseinrichtungen und umreißen vor diesem Hintergrund pädagogische Neuorientierungen und inhaltlich-konzeptionelle Entwicklungen der Nachwendezeit. Danach wird eine der Reaktionen auf diese Situation, nämlich das MFT-Projekt mit seinem Anliegen, mit seinen vielfältigen Aktivitäten und mit seinen derzeit bekannten Wirkungen zusammenfassend beschrieben (Abschnitt 2, S. 34 ff.).

Die Abschnitte drei und vier geben der subjektiven Beschreibung von Veränderungsprozessen Raum: Roswitha Kunze beschreibt ihren Weg von der Fachberaterin in der DDR zur Teilnehmerin am MFT-Projekt (S. 60 ff.). Birgit Mallmann und Gabi Struck dokumentieren ein Gespräch mit einer MFT-Teilnehmerin über Motivation zur Teilnahme, Anfangseindrücke, Inhalte und Methoden, persönliche und berufliche Entwicklungen und Perspektiven (S. 64 ff.).

Im fünften Abschnitt berichten Frank Mühlinghaus und Verena Sommerfeld aus der Sicht eines Moderatorenteams über Kursverläufe, über die Gruppenentwicklung im MFT-Kurs und über die Entwicklung des Selbst- und Rollenverständnisses von Fachberaterinnen (S. 79 ff.). Hier wird deutlich, welche Bedeutung Neugier und Skepsis, das ‚Ich' und die Gruppe, die Zeit und die Chance für ‚kleine Schritte' im Qualifizierungsproze haben.

Zur Berufsbiographie von Frauen in sozialpädagogischen Berufen in den neuen Bundesländern stellt Marion Musiol im sechsten Abschnitt (S. 91 ff.) Erfahrungen aus einem Forschungsprojekt der Universität Halle dar. „Verdrängen", „Verharren", „Ungewißheit", „Abwehr", „Neuorientierung" – dies sind die Haltungen, denen die Autorin begegnet ist und die sie ausführlich analysiert.

Annemarie Schinke beschreibt im siebten Abschnitt, welchen Methoden der Erwachsenenbildung sie im Verlauf des Projektes begegnet ist und wie sie sich darauf eingestellt hat (S. 104 ff.). Auf Voraussetzungen und Formen der Erwachsenenbildung geht der achte Abschnitt (S. 108 ff.) ein: Detlef Kölln und Ingrid Pickel leiten aus ihren Erfahrungen in der Moderationsarbeit Prinzipien der Erwachsenenbildung ab und betten sie in ein ganzheitliches Konzept ein, dessen Merkmal eine intensive Teilnehmerorientierung ist.

Für die sozialpädagogischen Fachkräfte in den neuen Bundesländern war zu Beginn der 90er Jahre die Supervision eine weitgehend unbekannte Arbeitsform. Im neunten Abschnitt (S. 121 ff.) schildert Thomas Seitz, wie das Supervisionsangebot im Rahmen der MFT-Kurse rezipiert wurde und welch behutsames Vorgehen erforderlich war, um diese Arbeitsform zu etablieren.

Ursula Hartmann gibt im zehnten Abschnitt (S. 132 ff.) einen Überblick über die Entwicklung der Fachberatung für Kindertageseinrichtungen bis zum heutigen Tag und betrachtet kritisch das Spannungsfeld, das sich aus der Koppelung von Aufsicht und Beratung ergibt.

Welche Chancen für die Beratungsarbeit in dieser Bipolarität liegen, stellt Birgit Ludwig-Schieffers im elften Abschnitt (S. 147 ff.) dar.
Als „Interessenmühle" schildert Karl-Heinz Wolf in Abschnitt 12 (S. 152 ff.) die Situation der Fachberaterin und geht dabei besonders auf die rechtliche Verankerung der Beratungstätigkeit ein: Ist Fachberatung eine freiwillige Leistung der Jugendhilfeträger? Auch Jochem Baltz referiert in seiner Analyse (Abschnitt 13, S. 164 ff.) die gesetzlichen Grundlagen von Fachberatung und kommt ebenfalls zu der Beurteilung, daß Fachberatung eine Pflichtaufgabe für die öffentlichen Jugendhilfeträger ist.
In Abschnitt 14 (S. 171 ff.) beschreibt André Dupuis die neuen Steuerungsmodelle und die Formulierung von Qualitätsstandards in Kindertageseinrichtungen als Chance zur Konkretisierung konzeptioneller Vorstellungen – nicht ohne auf die Probleme hinzuweisen, die sich bei der befürchteten Normierung von Erziehungs- und Beratungsprozessen ergeben.
In Abschnitt 15 (S. 180 ff.) werden aktuelle, von Fachberaterinnen formulierte Anforderungen und Anregungen für das Arbeitsfeld Fachberatung vorgetragen, und im Abschnitt 16 (S. 184 ff.) gibt Hilmar Hoffmann einer Fachberaterin aus dem Jahr 2010 Gelegenheit, auf die vergangenen zwei Jahrzehnte seit 1996 zurückzublicken.
Im Anhang wird mit dem „magischen Viereck" eine Arbeitsform zur Reflexion des Beratungsalltags und zur Belebung der Fortbildungsarbeit geliefert. Das Literaturverzeichnis bietet eine nach derzeitigem Kenntnisstand vollständige Liste der bisher vorliegenden Veröffentlichungen, die sich konkret auf Fachberatung im Kindertagesstättenbereich beziehen.
Die abgebildeten Wandzeitungen aus der Kursarbeit des MFT-Projektes geben einen nur sehr kleinen Ausschnitt aus der vielfältigen Arbeit der Kurse wieder; die Zuordnung der Fotos zu den einzelnen Abschnitten ist eher zufällig.
Bei der Herstellung der einzelnen Beiträge zu diesem Buch waren sowohl die Mitteilungsfreude der Beteiligten als auch das Ringen um ehrliche, praxisbezogene und nachvollziehbare Darstellungen unverkennbar. Ich danke allen Autorinnen und Autoren dieses Bandes für ihre gelungene Mitwirkung.

Karl Haucke

Teil 1

Das Projekt „Multiplikatoren-Fortbildung Tageseinrichtungen für Kinder (MFT)" – Eine Antwort auf die spezifische historische Situation

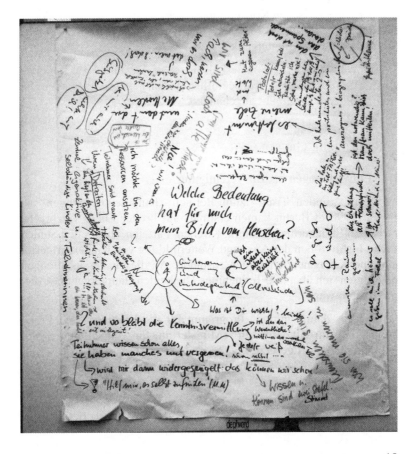

1. Veränderungen in den Tageseinrichtungen für Kinder in den neuen Bundesländern nach 1989[1]

Dorothee Engelhard, Heide Michel

Im Gegensatz zu vielen anderen Institutionen der ehemaligen DDR wurden die Tageseinrichtungen für Kinder nicht ersetzt oder aufgelöst, sondern einem Wandlungsprozeß unterzogen, der sich insbesondere vollzog in den Bereichen:

(1) der rechtlichen Grundlagen,
(2) der organisatorischen Strukturen,
(3) der pädagogischen Konzeptionen,
(4) der pädagogischen Fachkräfte,
(5) der Rahmenbedingungen.

Dieser Wandlungsprozeß dauert bis heute an. Die einzelnen Bereiche greifen dabei ineinander und beeinflussen sich gegenseitig, auch wenn sie im folgenden getrennt abgehandelt werden.

1. RECHTLICHE GRUNDLAGEN

1.1. Entwicklungen bis zur Vereinigung

Mit dem „runden Tisch" zum Bereich „Kindereinrichtungen" ab Januar 1990 in Berlin kamen erstmals auf breiter Ebene Gespräche zwischen Erzieherinnen, Eltern, Kirchen, Parteien, staatlichen Stellen sowie Institutionen der Aus- und Weiterbildung von Kindergärtnerinnen und Krippenerzieherinnen zustande. An diesen Veranstaltungen beteiligten sich über 500 Teilnehmer. Die beiden Hauptergebnisse dieser Treffen waren:

(a) Das bis dahin gültige „Programm für die Bildungs- und Erziehungsarbeit im Kindergarten" (Ministerium für Volksbildung 1986) wurde außer Kraft gesetzt.

---

[1] Überarbeitete Fassung des Beitrags „Entwicklungen in den Tageseinrichtungen der östlichen Bundesländer seit 1990" in: Tietze, W./Roßbach, H. G. (Hrsg.): Erfahrungsfelder in der frühen Kindheit, Freiburg 1993

(b) Der Kindergarten wurde als familienergänzende bzw. familienbegleitende Lebenswelt für Kinder definiert.

Auf der Grundlage dieser Entscheidung wurde am „runden Tisch" auch die Frage nach dem Menschenbild, das für den Erziehungsprozeß bestimmend ist, thematisiert. Im „Programm für die Bildungs- und Erziehungsarbeit im Kindergarten" waren Inhalt und Methoden dem Leitbild der „sozialistischen Persönlichkeit" verpflichtet. In Abkehr von diesem Leitbild erfolgte eine Neuorientierung, die das Kind in den Mittelpunkt stellte, das als Individuum in seiner Einzigartigkeit zu achten sei, aber auch gleichzeitig den Anspruch habe, befähigt zu werden, in Gemeinschaft mit anderen zu leben.

Zeitlich mehr oder weniger parallel zu diesen Begegnungen am „runden Tisch" hat das Bundesministerium für Jugend, Familie, Frauen und Gesundheit am 26. Januar 1990 den ersten vorsichtigen Kontakt mit dem Ministerium für Bildung und Wissenschaft der DDR (ehemaliges Volksbildungsministerium) mit dem Ziel aufgenommen, zu einem ersten Gedankenaustausch zu kommen. Am 11. und 12. April 1990 fand dieses Gespräch im Ministerium für Bildung und Wissenschaft in Ost-Berlin auf Fachebene statt, das insbesondere Fragen bezüglich Kindergärten und Horten betraf. Der Bereich „Krippen" wurde im Ministerium für Gesundheit besprochen, das für diese Einrichtungen zuständig war. Die Ereignisse danach überstürzten sich. Am 1. Juni 1990 wurde im Bundesministerium für Jugend, Familie, Frauen und Gesundheit eine deutsch-deutsche Arbeitsgruppe eingesetzt, mit dem Auftrag, erstens zum Erhalt bzw. Wiederaufbau bewährter jugendpolitischer Einrichtungen und Leistungen in der DDR auf demokratischer Grundlage, und zweitens zur Annäherung der rechtlichen, organisatorischen und fachlichen Strukturen der Jugendhilfe in beiden deutschen Staaten beizutragen.

Diese Arbeitsgruppe setzte Fachkommissionen ein, die der Vorbereitung auf das neue Rechtssystem dienen sollten. Die Fachkommissionen wurden jeweils mit Mitgliedern aus beiden deutschen Staaten besetzt. Auch für die Tageseinrichtungen für Kinder wurde eine deutsch-deutsche Fachkommission gebildet, die am 20. Juni 1990 zum ersten Mal tagte.

In den insgesamt drei Sitzungen bis zum 3. Oktober 1990 hat die Fachkommisssion im wesentlichen das Ministerium für Bildung und Wissenschaft der DDR dabei unterstützt, die rechtlichen Grundlagen für die Tageseinrichtungen für Kinder nach dem Beitritt zur Bundesrepublik Deutschland zu schaffen. So wurde der Entwurf einer Verordnung über Tageseinrichtungen für Kinder und Tagespflege erörtert, der sich bereits am Kinder- und Jugendhilfegesetz orientierte. Am 18. September 1990 hat der Ministerrat der DDR die „Verordnung über Tageseinrichtungen für Kinder" sowie die „Verordnung über die Betreuung von Kindern in Tagespflege" verabschiedet und am 26. September 1990 im Gesetzblatt veröffentlicht (Gesetzblatt der DDR 1990 g, h).

1.2. Entwicklungen nach der Vereinigung

Mit dem 3. Oktober 1990 galt für die DDR das bundesdeutsche Recht. Grundlage hierfür war der zwischen der Bundesrepublik Deutschland und der Deutschen Demokratischen Republik ausgehandelte Einigungsvertrag (Presse- und Informationsamt der Bundesregierung 1990). Das Kinder- und Jugendhilfegesetz vom 26. Juni 1990 (KJHG) (Bundesgesetzblatt 1990), das in den westlichen Bundesländern am 1. Januar 1991 in Kraft trat, wurde in den östlichen Bundesländern bereits ab 3. Oktober 1990 angewendet. Ein Überleitungsgesetz hierzu sollte den Übergang von den bisher gültigen Bestimmungen zu dem neuen Gesetz erleichtern (Gesetzblatt der DDR 1990 d).
Für die Tageseinrichtungen für Kinder war damit die Rechtsgrundlage dem Grunde nach geklärt. Rechtskraft hatte das Kinder- und Jugendhilfegesetz mit seinen einschlägigen Paragraphen; ferner galten die im Einigungsvertrag aufgenommenen Verordnungen über Tageseinrichtungen für Kinder und über die Tagespflege (vom 18. September 1990) mit den dazugehörigen Durchführungsvorschriften (Gesetzblatt der DDR 1990 b, c, e, f, g, h). Diese Verordnungen blieben bis zum Erlaß von landesrechtlichen Regelungen in den neuen Bundesländern rechtskräftig.
Auch die Finanzierung der Tageseinrichtungen für den Rest des Jahres 1990 war gesichert, da die im Staatshaushalt der DDR vorgesehenen Mittel für die Tageseinrichtungen Teil des Bundeshaushaltes wurden. Diese Mittel wurden den Kommunen über die Bezirksverwaltungen global zugewiesen. Für 1991 war im Einigungsvertrag Artikel 31 Abs. 3 festgelegt worden, daß der Bund sich bis zum 30. Juni 1991 an den Kosten der Tageseinrichtungen für Kinder beteiligt, um dadurch ihre Weiterführung zu gewährleisten. Die Höhe der Kostenbeteiligung des Bundes belief sich auf insgesamt 1 Mrd. DM. Sie wurde anteilig zwischen den fünf neuen Bundesländern und Ost-Berlin aufgeteilt. Auf der Grundlage von Berechnungen sollten mit diesem Betrag rund 30 % der Gesamtkosten der Tageseinrichtungen für Kinder finanziert werden.
Die neu gebildeten Länder haben unter großen Kraftanstrengungen landesgesetzliche Regelungen erarbeitet, um auch nach dem 30. Juni

1991 die Tageseinrichtungen für Kinder rechtlich und finanziell zu sichern. Die Länder Sachsen- Anhalt, Sachsen und Thüringen konnten zum 1. Juli 1991 Ausführungsgesetze zum Kinder- und Jugendhilfegesetz für die Tageseinrichtungen für Kinder verabschieden und in Kraft setzen (Gesetz- und Verordnungsblatt für das Land Sachsen-Anhalt 1991; Sächsisches Gesetz- und Verordnungsblatt 1991; Gesetz- und Verordnungsblatt für das Land Thüringen 1991). In Mecklenburg-Vorpommern wurde das Gesetz zur Förderung von Kindern in Tageseinrichtungen und Tagespflege am 19. Mai 1992 (Gesetz- und Verordnungsblatt für des Land Mecklenburg-Vorpommern 1992) und in Brandenburg das Kindertagesstättengesetz am 10. Juni 1992 (Gesetz- und Verordnungsblatt des Landes Brandenburg 1992) verabschiedet. Bereits ab Mitte 1992 zeichnete sich ab, daß für die Kindergartengesetze Novellierungen unvermeidbar wurden.

2. Aufbau von Strukturen der Jugendhilfe

In den Prozeß der Umstrukturierung aller gesellschaftlichen und staatlichen Bereiche waren auch die Tageseinrichtungen für Kinder einbezogen. Von Anfang an bestand weitgehend Konsens darüber, daß das flächendeckende Angebot für die Kinderbetreuung erhalten bleiben sollte.

Den Kreisen und kreisfreien Städten oblag die Aufgabe, Jugendämter einzurichten, die nach geltendem Recht für die Aufgaben der Jugendhilfe, so z. B. für die Bedarfsplanung, das Angebot und den Betrieb von Tageseinrichtungen für Kinder die Gesamtverantwortung tragen. Einen wichtigen Beitrag zum Aufbau dieser neuen Behördenstruktur hat der Informations-, Beratungs-, Fortbildungsdienst Jugendhilfe (IBFJ) geleistet. Er wurde im Oktober 1990 vom Bundesministerium für Jugend, Familie, Frauen und Gesundheit gemeinsam mit den kommunalen Spitzenverbänden eingerichtet und aus Bundesmitteln finanziert. Er hatte die Aufgabe, Fachkräfte der Jugendhilfe, insbesondere in den neuen Jugendämtern, für ihre Aufgaben zu qualifizieren. Inzwischen führt der Verein für Kommunalwissenschaften, Berlin, den IBFJ fort.

Der Aufbau länder- und trägerspezifischer Fortbildungsstrukturen erwies sich dagegen als sehr viel komplizierter. Die Landesjugendämter nahmen erst allmählich die ihnen nach dem Kinder- und Jugendhilfegesetz (KJHG) zugedachte Aufgabe der Fortbildung des Personals wahr. Das Land Brandenburg gründete als erstes der neuen Bundesländer bereits im Oktober 1991 ein sozialpädagogisches Fortbildungswerk, das der Fortbildung von Fachkräften dienen soll, die vor Ort das Personal in den Einrichtungen beraten. Inwieweit mit dieser Einrichtung die Aufgaben des Landesjugendamtes übernommen werden, muß die Praxis zeigen. Auch in Sachsen (1993) und Mecklenburg-Vorpommern (1995) wurden ähnliche Fortbildungsstrukturen entwickelt.

Vom 1. Oktober 1992 an wurde das von der Bundesarbeitsgemeinschaft der Freien Wohlfahrtspflege und der Bundesvereinigung der kommunalen Spitzenverbände verantwortete Projekt „Multiplikatoren-Fortbildung Tageseinrichtungen für Kinder (MFT)" durch das Bundesministerium für Frauen und Jugend für vier Jahre gefördert. Ziel des Projektes war es, Länder und Einrichtungsträger dabei zu unterstützen, ihre Fachkräfte so fortzubilden, daß sie als qualifiziertes Personal sukzessiv für die landes- und trägerspezifischen Beratungs-, Organisations-, Planungs- und Fortbildungsaufgaben zur Verfügung stehen. Durch das Zusammenführen von Multiplikatorinnen und Fachberaterinnen aus dem freien und öffentlichen Trägerbereich sowie der Landesbehörden wurde besonders die partnerschaftliche Zusammenarbeit der unterschiedlichen Träger vor Ort und in den Regionen gefördert.

3. INHALTLICH-KONZEPTIONELLE ENTWICKLUNGEN

3.1. Erste Versuche pädagogischer Neuorientierungen

Das Ministerium für Bildung und Wissenschaft der DDR wollte in der Umbruchphase die Kindergärten nicht ohne Hilfen für die pädagogische Arbeit lassen. Es hat daher vier Projektgruppen beauftragt, Rahmenorientierungen für die pädagogische Arbeit in den Tageseinrichtungen für Kinder zu erarbeiten (Ministerium für Bildung und Wissenschaft 1990), und zwar

(a) die „Arbeitsstelle für Vorschulerziehung" der Akademie der Pädagogischen Wissenschaften der DDR, Berlin, den Wissenschaftsbereich „Vorschulpädagogik", Sektion Pädagogik an der Humboldt-Universität zu Berlin und das Bezirkskabinett für Weiterbildung, Leipzig,

(b) das Institut für Aus- und Weiterbildung von Fachschullehrern für Pädagogische Schulen an der Pädagogischen Hochschule Halle/Köthen in Zusammenarbeit mit der Pädagogischen Schule für Kindergärtnerinnen, Halle,

(c) Kindergärtnerinnen des Stadtbezirks Dresden-Süd, die Pädagogischen Schulen für Kindergärtnerinnen Leipzig, Dresden, Chemnitz,

Waldenburg, die entsprechende Abteilung am Sorbischen Institut für Lehrerbildung Bautzen und das Bezirkskabinett für Weiterbildung Dresden sowie

(d) für die evangelische Kindergartenarbeit Christa-Maria Rahner, Schwerin, unter Mitarbeit von Helga Benner und Annette von Bodecker, Berlin.

Diese Rahmenorientierungen – als „graues Material" an die Kindergärten verteilt – sowie Konzepte und Materialien, die in der Bundesrepublik Deutschland entwickelt worden waren, sollten eine erste orientierende Grundlage sein für eine Reihe von Fachveranstaltungen für Multiplikatoren, um ihnen für die pädagogische Ausgestaltung der Arbeit in den Tageseinrichtungen Hilfen zu geben. Diese Rahmenorientierungen blieben jedoch ohne Resonanz, denn inzwischen hatten ganz andere Entwicklungen und Veränderungen eingesetzt.

3.2. Grundlegende gesellschaftliche Veränderungen

In der DDR gehörte es zu den „Selbstverständlichkeiten" junger Menschen, sowohl Kinder zu haben als auch berufstätig zu sein. Dies wurde ermöglicht und unterstützt durch sozialpolitische Maßnahmen, wie z. B. durch den Anspruch auf Wohnraumversorgung, Kindergeld, einen Krippenplatz für Alleinerziehende, durch Lohnfortzahlung bei der Pflege eines erkrankten Kindes, Babyjahr oder die kostenlose Betreuung der Kinder in den Kindereinrichtungen. Diese Leistungen standen allen Müttern und Vätern zu. Die Frauen wollten überwiegend auch nach der Geburt von Kindern berufstätig sein, was aus finanziellen Gründen auch häufig erforderlich war. Diese doppelte Verantwortung prägte ihr Selbstwertgefühl. Heute dagegen fühlen sich junge Mütter, die aufgrund von Arbeitslosigkeit zu Hause bei den Kindern bleiben müssen, häufig als überflüssig und nutzlos, die Berufstätigkeit fehlt ihnen (Bundesministerium für Frauen und Jugend 1993); den ihnen gegenüber vorgebrachten Hinweis, daß sie ihre Verantwortung gegenüber kleinen Kindern in vielen Fällen besser wahrnehmen könnten, wenn sie die Kinder nicht in eine Einrichtung abgeben, empfinden nicht wenige als Versuch, sie vom gesellschaftlichen Leben auszuschließen (Bund-Länder-Kommission für Bildungsplanung und Forschungsförderung 1993).

Die weitverbreitete Berufstätigkeit der Mütter in der DDR hatte zur Folge, daß die Bedeutung der Kindereinrichtungen in der Sache und in den Augen der Eltern und Fachkräfte groß war. Inzwischen verstehen sie sich immer mehr als Einrichtungen, die Eltern bei der Wahrnehmung ihrer Erziehungsrechte und -pflichten unterstützen und darüber hinaus einen Beitrag für die Entwicklung jedes Kindes leisten. In der Praxis gestaltet sich dieses Zusammenwirken zwischen Eltern und Kindergarten jedoch immer noch schwierig. Zum einen sind Eltern häufig in der konkreten Wahrnehmung ihrer Rechte und Pflichten nicht aktiv genug, zum anderen fällt es vielen Erzieherinnen schwer, das Erziehungsrecht bei allen Eltern zu respektieren. Im „besten Wollen" für die Kinder werden Eltern belehrt bzw. die eigenen Vorstellungen zum Maß der Dinge gemacht.

Ein weiteres Kennzeichen für die Situation in den Jahren nach der Wende ist die durch den tiefgreifenden Strukturwandel bedingte Verunsicherung vieler Menschen, insbesondere auch junger Eltern, die auf die (drohende) Arbeitslosigkeit, auf eigene Entscheidungsfindungen in der Pluralität der Wertmuster und die Vielfalt der Angebote, andersartige soziale Sicherungssysteme und vieles andere nicht ausreichend vorbereitet waren. Auch im Kindergarten wirkten und wirken sich die Veränderungen aus. Verlust des Arbeitsplatzes, Ängste vor drohenden Kündigungen, Zusammenlegung von Kindergruppen mit dem Bemühen, Kosten zu reduzieren, sind zentrale Probleme der veränderten Lebenslagen, die auch die Kinder zu spüren bekommen. Kinder erleben so mit ihrer Umgebung die sich breitmachende Unsicherheit und Hilflosigkeit, die Aggressivität, das Besitzdenken, die Auseinandersetzungen in vorher nicht gekannter Form – Lebensbedingungen, die sie in ihren Familien oder in den Kindergärten nicht kannten und auf die sie nicht vorbereitet waren.

Besonders schwierig gestaltet sich der Umgang mit den neuen und vielgestaltigen Wertmustern. Vereinfachende Vorstellungen über gut und schlecht, richtig und falsch erschweren den Umgang miteinander. Erwachsenen fällt es schwer, angesichts der vielen Entscheidungsmöglichkeiten selbst Positionen zu beziehen. So forderten beispielsweise viele Eltern und Erzieherinnen im Zusammenhang mit der pädagogischen Neuorientierung, das in jedem Kindergarten vorhandene militärische Spielzeug (Ministerium für Volksbildung 1985) wegzuwerfen; andererseits ist aber zu beobachten, daß sie, ohne nachzudenken, den Kindern westliche „Superwaffen" kaufen und gegen Gewalt nicht konsequent Stellung beziehen. Nicht wenige Eltern bestärken gegenwärtig ihre Kinder darin, sich durchzusetzen, sich nichts gefallen zu lassen oder schwächere Kinder auszunutzen, weil sie glauben, daß diese damit den veränderten Bedingungen besser gerecht werden.

Auch der Tagesrhythmus hat sich in vielen Familien verändert (z. B. Arbeit des Vaters in einem anderen Bundesland, Kurzarbeit, Reisenotwendigkeiten und -möglichkeiten), teilweise innerhalb kürzester Zeit. Die von Kindern früher erlebte „Regelmäßigkeit" existiert(e) nicht mehr. Bei Schließung von Kindergärten oder der Umsetzung von Kindern in Einrichtungen mit freien Plätzen wird zwar mit Eltern und Erzieherinnen gesprochen, doch wie Kinder dies verkraften, wird kaum gefragt.

3.3. Pädagogische Neuorientierung

Einem fundamentalen Wandel waren auch die Aufgaben, Inhalte und Strukturen des Kindergartens sowie die Rolle der Fachkräfte im pädagogischen Handlungsprozeß unterworfen. Im „Programm für die Bildungs- und Erziehungsarbeit im Kindergarten" (Ministerium für Volksbildung 1986) wurde die sozialistische Persönlichkeit in ihren Grundzügen definiert. Diese, nicht die kindliche Persönlichkeit bestimmte das pädagogische Konzept des Kindergartens; Inhalte und Methoden waren diesem Konzept verpflichtet. Entsprechend war die Pädagogik wesentlich eine „Einwirkungspädagogik". Auf dieses Konzept in der Ausbildung und Praxis verpflichtet, sahen sich nun die Erzieherinnen ab 1990 vermehrt mit neuen Theorien und pädagogischen Konzepten konfrontiert, in denen sich die neuen gesellschaftlichen Verhältnisse widerspiegelten. Die Neuorientierungen bezogen sich insbesondere auf

(a) die Befriedigung der physischen, psychischen und sozialen Bedürfnisse der Kinder,
(b) die Entwicklung und Ausprägung der Individualität jedes Kindes und auf
(c) die Förderung der sozialen Fähigkeiten für ein Leben unter den gegebenen gesellschaftlichen Bedingungen.

Verschoben haben sich insbesondere die grundlegenden Koordinaten, die dem „Kollektiv" gegenüber dem einzelnen („sozialistische Persönlichkeit") den Vorrang gaben, hin zu einer überragenden Betonung des Individuums durch den Aufbau des Selbstwertgefühls beim Kind, insbesondere im Hinblick auf Selbstvertrauen, Selbstachtung, Selbständigkeit, Teilnahme am Leben der Erwachsenen (auch im Spiel), Erfolgsorientierung, Bewältigung von Mißerfolgserlebnissen usw. Dazu sollten die Kinder Erfahrungen im Umgang mit anderen Kindern sammeln, sich mitteilen, sich verständigen und Konflikte möglichst gewaltlos lösen können. Für die weitere Entwicklung des Kindes und das Zusammenleben innerhalb und außerhalb der Familie wurden Aufgeschlossenheit für die Bedürfnisse, Interessen und Probleme anderer, aber auch die Fähigkeit, sich behaupten zu können, sehr bedeutsam. Neue Aufgaben ergaben sich auch im Bereich der Umwelterziehung. Die hierfür wie auch für andere Themen gebotene Zusammenarbeit von Kindern, Erzieherinnen und Eltern sollte durch partnerschaftliches Zusammenwirken erfolgen. Das Erleben und die Erfahrungen zielten nicht nur auf den Erwerb von (kognitiven) Kenntnissen ab, sondern sollten auch sozial und emotional verankert sein. Zur Entwicklung geistiger Interessen und von Neugierverhalten, wie auch für Einsichten, Zusammenhänge und Gesetzmäßigkeiten, braucht das Kind den Erwachsenen. So verstanden, ist Bildung und Lernen Ergebnis und Bestandteil vielfältiger Lebenstätigkeit. Als wichtig wurde weiterhin betrachtet, daß sich das Kind in physischer und psychischer Hinsicht als Einheit erlebt, in der Freude und Bedürfnis an und nach körperlicher Bewegung, Anregung und Ruhe, Stetigkeit und Ordnung, geistige Regsamkeit, ästhetisches Empfinden sowie Sensibilisierung der Sinnestätigkeit sich in einer Balance befinden.

4. ERZIEHERINNEN [2]

4.1. Verletzungen beruflicher Identität

Für die Erzieherinnen hat es nach 1989 Veränderungen und Umwälzungen gegeben, die beunruhigend wirken mußten sowie Anlaß zu Unverständnis gegeben und zu persönlichen Härten geführt haben. Eine dieser ersten „Zumutungen" für die Erzieherinnen in den Einrichtungen, insbesondere in den Kindergärten, war die rechtliche Zuordnung der Einrichtungen zur Jugendhilfe. Die Kindergärtnerinnen waren bisher (im Gegensatz zu den Krippenerzieherinnen) dem Bildungssektor unterstellt und bezogen auch daraus ihr Selbstwertgefühl und ihren Status. Eine Zuordnung zur Jugendhilfe mußten sie erst einmal als Abwertung erleben, denn in der DDR war die Jugendhilfe ein Instrument der Nothilfe, so wie auch in den westlichen Bundesländern der Jugendhilfebereich noch von dieser überkommenen Nachrangigkeit geprägt ist und ein geringeres Prestige als der Bildungssektor genießt. Schwierig war es für sie auch, den Übergang der Beschäftigungsverhältnisse auf neue (kommunale oder freie) Träger der Einrichtungen zu akzeptieren. Vorbehalte von Erzieherinnen und Trägern sowie unsachliche gegenseitige Vorwürfe wirkten sich auch auf Kinder und Eltern aus. Gravierende Veränderungen erfuhren auch die Rahmenbedingungen: War es bisher selbstverständlich, Haushaltsmittel in einer vom Staat verbindlich vorgegebenen Größe für die Tages-

---

[2] Hierzu vgl. auch den Beitrag von Marion Musiol, S. 91 ff.

einrichtungen zur Verfügung zu haben, so galt es jetzt, kostengünstige Lösungen zu finden, nicht immer im Interesse guter Betreuungs- und Erziehungsangebote. Diese schwierige rechtliche und organisatorische Übergangsphase wurde durch die Ländergesetzgebung im wesentlichen beendet.

4.2. Festigung des beruflichen Status

Durch den Bund, die Tarifgemeinschaft deutscher Länder und die Vereinigung der kommunalen Arbeitgeberverbände wurde am 25. Februar 1991 mit den vertragsschließenden Gewerkschaften sichergestellt, daß jeder Angestellte, gleichgültig, ob er über die vorgeschriebene Ausbildung verfügt oder nicht, entsprechend seiner Tätigkeit eingruppiert wird. Dies bedeutet für die in der DDR ausgebildeten Erzieherinnen, daß sie ihrer Tätigkeit entsprechend eingruppiert werden können. Positiv wirkte sich die am 14. Juni 1991 beschlossene Vereinbarung der Kultusministerkonferenz (Kultusministerkonferenz 1991) zur Anerkennung von in der ehemaligen DDR abgeschlossenen Ausbildungen in Erzieherberufen aus. Diese Vereinbarung legt fest, daß Erzieherinnen für den Teilbereich, in dem sie tätig waren und für den sie eine abgeschlossene Fachschulausbildung nachweisen konnten, die staatliche Anerkennung erhalten. Diese staatliche Anerkennung gilt nur für den jeweiligen Teilbereich, z. B. die Krippe, den Kindergarten, den Hort oder das Heim. Die staatliche Anerkennung als Erzieherin für alle sozialpädagogischen Tätigkeitsfelder wird dann ausgesprochen, wenn sie eine „Anpassungsfortbildung" absolviert haben. Diese „Anpassungsfortbildung" beinhaltet im wesentlichen, daß die Bewerber an anerkannten Maßnahmen der Erzieherfortbildung im Umfang von mindestens 100 Stunden in den Bereichen Kinder- und Jugendhilferecht sowie Psychologie und Pädagogik des Kindes- und Jugendalters erfolgreich teilgenommen haben.

4.3. Gefahr zukünftiger Arbeitslosigkeit

Der Rückgang der Kinderzahlen sowie die geringere Inanspruchnahme der Tageseinrichtungen durch die Eltern führte zu einem einschneidenden Abbau von Einrichtungen; die Schließung weiterer Einrichtungen ist zu erwarten. Damit ist ein Teil des Personals von Arbeitslosigkeit bedroht. Für eine Kindergärtnerin oder Krippenerzieherin stellte sich in der DDR die Gefahr möglicher Arbeitslosigkeit nicht. Die jetzige Situation verunsichert und wirkt sich belastend auf das kollegiale Miteinander in den Kindereinrichtungen aus. Insbesondere jüngere Erzieherinnen – häufig qualifizierte und engagierte junge

Frauen – müssen zuerst mit Kündigungen rechnen, wenn aufgrund von Schließungen und Zusammenlegungen von Einrichtungen Personal abgebaut wird. Der Arbeitgeber sieht sich aus sozialen Gesichtspunkten vor allem gegenüber älteren Erzieherinnen verpflichtet; einer qualitativen Erneuerung der pädagogischen Arbeit steht ein solches Vorgehen jedoch entgegen – ein Vorgehen, das Eltern und Kindern kaum verständlich gemacht werden kann.

Auch die Absolventinnen der Fachschulen für Sozialpädagogik sehen einer ungewissen Zukunft entgegen. Die Träger der Einrichtungen können das für die staatliche Anerkennung erforderliche Berufspraktikum der Fachschülerinnen nicht finanzieren. In Kooperation mit westlichen Ländern wird versucht, den jungen Absolventinnen Praktikantenstellen bei westlichen Trägern zur Verfügung zu stellen. Gleichzeitig sollen westliche Fachschulen das Praktikum begleiten und die staatliche Anerkennung nach Abschluß aussprechen. Da im Westen ein Mangel an Berufspraktikantinnen besteht, dürfte dieser Weg einem Teil der Fachschulabsolventinnen den staatlichen Abschluß ermöglichen. Allerdings steht zu erwarten, daß die Rückkehr nach Hause für viele Absolventinnen der Ausbildung in die Arbeitslosigkeit führt.

5. RAHMENBEDINGUNGEN

In den Ausführungsgesetzen der Länder zum KJHG und den entsprechenden Durchführungsvorschriften (Bundesministerium für Frauen und Jugend 1992 b) wurden im wesentlichen die organisatorischen Rahmenbedingungen beibehalten, die in der DDR bis 1989/1990 gegolten hatten (Ministerium für Volksbildung 1983). So blieben die Gruppengrößen von 18 Kindern im Kindergarten, 5 Kindern in der Krippe und 18 bis 21 Kindern im Hort erhalten. Auch die Öffnungszeiten der Einrichtungen (in der Regel 10 bis 12 Stunden) änderten sich kaum, wobei den Eltern gegenüber deutlicher als früher zum Ausdruck gebracht wird, daß die Anwesenheit der Kinder in der Einrichtung nicht zu lange sein sollte. Da jede Gruppe von einer Fachkraft betreut wurde, betrug der Personalschlüssel entsprechend der Dauer der Öffnungszeit pro Gruppe ca. 1,6.

Insgesamt ist die Versorgung mit Plätzen in Krippen, Kindergärten und Horten nach wie vor besser als in den westlichen Bundesländern. Hinzu kommt, daß – im Gegensatz zum Westen – vorwiegend Ganztagesplätze einschließlich Mittagsbetreuung bereitstehen.

Deutlich zurückgegangen ist allerdings das Angebot an Krippenplätzen, auch in Sachsen-Anhalt, wo der Rechtsanspruch auf einen Krip-

penplatz gesetzlich verankert ist. Dies hängt vor allem mit den gesunkenen Geburtenzahlen zusammen, aber auch mit der Arbeitslosigkeit vieler Frauen mit kleinen Kindern. Ganz offensichtlich spielt auch eine Rolle, daß der Wunsch bei Eltern, ihre kleinen Kinder selber zu betreuen, zugenommen hat.
Mit viel Engagement und Einsatz hat sich das Personal häufig zusammen mit Eltern dafür eingesetzt, daß die Einrichtungen saniert, die Außenanlagen in vielen Fällen durch ABM-Kräfte verschönert und Spielmaterialien angeschafft wurden. Viele Einrichtungen haben ihr Gesicht gewandelt, die Türen zwischen der Krippe und dem Kindergarten in den kombinierten Einrichtungen sind schon lange geöffnet, die strenge Reglementierung im Tagesablauf wurde durch sensibleres Eingehen auf die individuellen Bedürfnisse der Kinder ersetzt. Doch bei allen positiven Anzeichen sind bei den Erzieherinnen Enttäuschungen und Demotivierungen nicht zu übersehen. Zu oft wurden Kolleginnen arbeitslos, Einrichtungen geschlossen, Kindergruppen getrennt und Kinder wegen zu hoher Elternbeiträge von ihren Eltern abgemeldet.
Diese Rahmenbedingungen in Kindertagesstätten, die angeführten rechtlichen Grundlagen und Organisationsstrukturen und der geschilderte Umgang mit pädagogischen Konzeptionen bildeten den politischen und fachlichen Kontext, in dem das Projekt „Multiplikatoren-Fortbildung Tageseinrichtungen für Kinder (MFT)" angesiedelt war.

LITERATUR

Amtsblatt Mecklenburg-Vorpommern: Richtlinie zur Förderung von Kinderbetreuungseinrichtungen in Mecklenburg-Vorpommern. Bekanntmachung des Kultusministers vom 19. März 1991
Antwort der Bundesregierung auf die Große Anfrage der Abgeordneten Ingrid Becker-Inglau, Hanna Wolf, Dr. Rose Götte, ... und der Fraktion der SPD zur „Situation der Kindergärten, Krippen und Horte in den neuen Bundesländern", Bundestags-Drucksache 12/661. Bonn 1991
Bundesgesetzblatt: Gesetz zur Neuordnung des Kinder- und Jugendhilferechts (Kinder- und Jugendhilfegesetz – KJHG) vom 26. Juni 1990. In: BGBL Teil I, Nr. 30 vom 28. Juni 1990, S. 1163–1195
Bundesminister des Innern (Hrsg.): Förderung von Arbeitsbeschaffungsmaßnahmen in Kinderbetreuungseinrichtungen. In: Infodienst Kommunal Nr. 30 vom 26. Juli 1991
Bundesministerium für Frauen und Jugend (Hrsg.): AFT-Aktuell. Jugendpolitisches Programm des Bundes für den Aus- und Aufbau von Trägern der freien Jugendhilfe in den neuen Ländern. Nr. 1 Bonn 1992

Bundesministerium für Frauen und Jugend: Zusammenstellung von landesgesetzlichen Regelungen für den Kindergarten. Bonn 1992
Bundesministerium für Frauen und Jugend: Frauenerwerbstätigkeit in den neuen Bundesländern. In: Materialien zur Frauenpolitik. Nr. 25/1993
Bundesministerium für Jugend, Familie, Frauen und Gesundheit (Hrsg.): Materialien zur Jugendhilfe. Arbeitsunterlagen für Träger der freien und öffentlichen Jugendhilfe. Teil 3. Bonn 1990
Bundesvereinigung der kommunalen Spitzenverbände, Bundesarbeitsgemeinschaft der freien Wohlfahrtspflege, Bundesministerium für Frauen und Jugend (Hrsg.): Tageseinrichtungen für Kinder. Eine Aufgabe der Jugendhilfe. Hinweise und Empfehlungen für die Träger der öffentlichen und der freien Jugendhilfe in den Ländern Brandenburg, Mecklenburg-Vorpommern, Sachsen, Sachsen-Anhalt, Thüringen. Köln 1992
Bund-Länder-Kommission für Bildungsplanung und Forschungsförderung: Entwicklungen und vordringliche Maßnahmen in den Tageseinrichtungen für Kinder/Elementarbereich in den neuen Ländern. Bonn 1993
Ebert, S. (Hrsg.): Zukunft für Kinder. München 1991
Ebert, S. (Hrsg.): Mit Kindern leben im gesellschaftlichen Umbruch. München 1992
Gesetz- und Verordnungsblatt für das Land Brandenburg: Zweites Gesetz zur Ausführung des Achten Buches des Sozialgesetzbuches – Kinder- und Jugendhilfe-Kindertagesstättengesetz (Kita-Gesetz) vom 10. Juni 1992. In: GVBl Brandenburg Teil I Nr. 10 vom 12. Juni 1992
Gesetz- und Verordnungsblatt für das Land Mecklenburg-Vorpommern: Gesetz zur Förderung von Kindern in Tageseinrichtungen und Tagespflege – Erstes Ausführungsgesetz zum Kinder- und Jugendhilfegesetz (KitaG) vom 19. Mai 1992. In: GVBl Mecklenburg-Vorpommern Teil I Nr. 226-1 vom 29. Mai 1992
Gesetz- und Verordnungsblatt für das Land Sachsen-Anhalt: Gesetz zur Förderung von Kindern in Tageseinrichtungen (KitaG) vom 26. Juni 1991. In: GVBl Sachsen-Anhalt Teil I Nr. 14/1991 vom 28. Juni 1991
Gesetz- und Verordnungsblatt für das Land Thüringen: Thüringer Gesetz über Tageseinrichtungen für Kinder als Landesausführungsgesetz zum Kinder- und Jugendhilfegesetz vom 25. Juni 1991. In: GVBl Thüringen Nr. 11 vom 28. Juni 1991
Gesetzblatt der DDR: Gesetz über die Selbstverwaltung der Gemeinden und Landkreise in der DDR (Kommunalverfassung) vom 17. Mai 1990. In: GBL Teil I Nr. 28 vom 25. Mai 1990 (a)
Gesetzblatt der DDR: Verordnung über die Aufrechterhaltung von Leistungen betrieblicher Kindergärten, polytechnischer und berufsbildender Einrichtungen vom 6. Juni 1990. In: GBL Teil I Nr. 32 vom 19. Juni 1990 (b)
Gesetzblatt der DDR: Verordnung über das Errichten und Betreiben von Tageseinrichtungen für Kinder in freier Trägerschaft vom 27. Juni 1990. In: GBL Teil I Nr. 41 vom 17. Juli 1990 (c)
Gesetzblatt der DDR: Gesetz zur Errichtung der Strukturen eines neuen Kin-

der- und Jugendhilferechts (Jugendhilfeorganisationsgesetz) vom 20. Juli 1990. In: GBL Teil I Nr. 49 vom 9. August 1990 (d)

Gesetzblatt der DDR: Erste Durchführungsbestimmung zur Verordnung über das Errichten und Betreiben von Tageseinrichtungen für Kinder in freier Trägerschaft vom 9. August 1990. In: GBL Teil I Nr. 60 vom 18. September 1990 (e)

Gesetzblatt der DDR: Erste Durchführungsbestimmung zur Verordnung über die Aufrechterhaltung von Leistungen betrieblicher Kindergärten, polytechnischer und berufsbildender Einrichtungen vom 9. August 1990. In: GBL Teil I Nr. 56 vom 30. August 1990 (f)

Gesetzblatt der DDR: Verordnung über Tageseinrichtungen für Kinder vom 18. September 1990. In: GBL Teil I Nr. 63 vom 26. September 1990 (g)

Gesetzblatt der DDR: Verordnung über die Betreuung von Kindern in Tagespflege vom 18. September 1990. In: GBL Teil I Nr. 63 vom 26. September 1990 (h)

Kultusministerkonferenz: Anerkennung von nach Rechtsvorschriften der ehemaligen DDR abgeschlossenen Ausbildungen in Erzieherberufen gemäß § 37 Einigungsvertrag. Vereinbarung der Kultusministerkonferenz vom 14. Juni 1991

Ministerium für Arbeit, Soziales, Gesundheit und Frauen des Landes Brandenburg: Vorläufige Richtlinien über die Gewährung von Zuschüssen zu den Betriebskosten von Kindergärten und Kinderkrippen. Potsdam 22. März 1991

Ministerium für Bildung und Wissenschaft (Hrsg.): Vier Empfehlungen für die pädagogische Arbeit im Kindergarten. Berlin 1990

Ministerium für Volksbildung (Hrsg.): Anweisung zu den Aufgaben der sozialistischen Bildung und Erziehung und zur Gewährleistung einer festen Ordnung in den Kindergärten – Kindergartenordnung – vom 23. Juni 1983. In: Verfügungen und Mitteilungen des Ministeriums für Volksbildung (Sonderdruck). Berlin 1983

Ministerium für Volksbildung (Hrsg.): Gesamtausstattungsplan für Spiel- und Beschäftigungsmaterialien des Kindergartens. Berlin 1985

Ministerium für Volksbildung (Hrsg.): Programm für die Bildungs- und Erziehungsarbeit im Kindergarten. Berlin 1986

Presse- und Informationsamt der Bundesregierung: Vertrag zwischen der Bundesrepublik Deutschland und der Deutschen Demokratischen Republik über die Herstellung der Einheit Deutschlands – Einigungsvertrag. In: Bulletin Nr. 104 vom 6. September 1990, S. 877–1120

Sächsisches Gesetz- und Verordnungsblatt: Gesetz zur Förderung von Kindern in Tageseinrichtungen im Freistaat Sachsen (Gesetz über Kindertageseinrichtungen – SäKitaG) vom 3. Juli 1991. In: GVBl Nr. 16/1991 vom 15. Juli 1991

Sommer, B.: Entwicklung der Bevölkerung bis 2030. In: Wirtschaft und Statistik (1992), S. 217–222

Statistisches Bundesamt (Hrsg.): Statistik der Jugendhilfe. Teil III. Einrichtungen und tätige Personen. Statistisches Bundesamt. Wiesbaden 1992

2. Lohnt sich Qualifizierung? Aktivitäten und Erfahrungen im Rahmen des Projektes „Multiplikatoren-Fortbildung Tageseinrichtungen für Kinder"

Karl Haucke

„Und doch ist es so, daß sich jede Veränderung in drei Phasen vollzieht: Zuerst die Phase der Aufregung und Angst; dann die Phase, in der alles verwirrt und unbekannt erscheint – wenn du dir überlegst, daß du dich ja in Neuland bewegst, ist das nur zu verständlich – und zuletzt die Integration, in der sich das Neue in das Bisherige einfügt."
Virginia Satir[1]

AUSGANGSLAGE

Die Umstrukturierung des gesellschaftlichen und politischen Lebens nach der Wiedervereinigung der beiden deutschen Staaten brachte in den östlichen Bundesländern grundlegende Veränderungen mit sich, die auch die Tageseinrichtungen für Kinder, deren Träger sowie deren Beratungs- und Fortbildungssysteme erfaßten. Insbesondere die Fachberatung für Kindertageseinrichtungen in den neuen Bundesländern stand vor tiefgreifenden Veränderungsprozessen, die sich einerseits aus ihrer früheren, stabilisierenden Rolle für das sozialistische Bildungssystem der DDR, andererseits aus ihrer Schlüsselrolle für die konzeptionellen Weiterentwicklungen in den Kindertagesstätten nach der Wende ergaben.

In der Folge der „Anweisung zum Einsatz von Fachberatern für Vorschulerziehung im Pädagogischen Kreiskabinett und zu ihren Aufgaben bei der politisch-pädagogischen Arbeit in den Kindergärten"[2] wurden in der DDR seit 1975 Kindergärtnerinnen, „die eine vorbildliche Bildungs- und Erziehungsarbeit" leisteten, vom Kreisschulrat mit 20 Wochenstunden für die Tätigkeit als Fachberater eingesetzt

---

[1] V. Satir, Meine vielen Gesichter, München 1988
[2] Ministerium für Volksbildung, Anweisung zum Einsatz von Fachberatern für Vorschulerziehung im Pädagogischen Kreiskabinett und zu ihren Aufgaben bei der politisch-pädagogischen Arbeit, Berlin 1975

(zur institutionellen Hierarchie vgl. Abb. 1). Aufgabe der Fachberater war die „operative Anleitung und Hilfe für die Kindergärtnerinnen und Leiterinnen" mit Konzentration auf die sozialistische Erziehung und allseitige Entwicklung der Vorschulkinder. Dabei hatten die Fachberater die Referentinnen für Vorschulerziehung regelmäßig über Stand und Probleme der pädagogischen Arbeit in den Einrichtungen zu informieren. Die weitere Entwicklung wird von Klauke[3] zusammenfassend so geschildert:

> „Durch die Festlegung, daß die Kreisreferentin für ihre (der Fachberater – Anm. d. Verf.) Anleitung verantwortlich war, entwickelte sich neben der eigentlichen Beratung auch eine Kontrolltätigkeit, die regelmäßig abzurechnen und zu werten war. Durch die zunehmende Fülle von Anleitungs- und Kontrollaufgaben war oftmals der kontinuierliche Einsatz in einer Kindereinrichtung nicht möglich. Die Fachberater wurden aber im Stellenplan jeweils eines Kindergartens eingesetzt, so daß dieser Einrichtung diese 18 Wochenstunden bei der Arbeit mit den Kindern fehlten (...) Dies entsprach natürlich nicht dem Anliegen, selbst Neues in der Pädagogik langfristig zu probieren und Kindergärtnerinnen die Möglichkeit zu geben, von der praktischen Arbeit des Fachberaters zu lernen.

Allmählich vollzog sich eine Verschiebung der Tätigkeit im Hinblick auf die Kontrolle der Einhaltung gesetzlicher Bestimmungen, die zwar einerseits für das Wohl der Kinder notwendig waren, andererseits weniger dem Aufgabenbereich der fachlichen Beratung entsprachen. Solche Kontrollaufträge der Bezirksabteilungen wie z. B. zur Durchsetzung von Ordnung und Sicherheit in den Kindereinrichtungen führten auch dazu, daß die Fachberater nicht mehr als vertrauliche Berater, sondern immer mehr als Kontrolleure angesehen wurden. Das galt zunehmend auch für Einschätzungen, die sie in den Kindergärten zur politischideologischen Lage vorzunehmen hatten und die beim Kreisschulrat gewertet wurden. Viele Fachberater fühlten sich in dieser Stellung zwischen Kindergärten und Kreisabteilung aufgrund sich zuspitzender Forderungen nicht wohl. (...)
Als 1985 das neue „Programm für die Bildungs- und Erziehungsarbeit im Kindergarten[4] als gesetzliche Grundlage vom Minister für Volksbildung, Frau M. Honecker, unterzeichnet und in Kraft gesetzt wurde, vollzog sich eine stärkere Kontroll- und Inspektionstätigkeit der Fachberater bei dessen Umsetzung. Ursache dafür war, daß dieses Programm mit unrealistischen und teilweise überhöhten Inhalten (vor allem beim Bekanntmachen der

---

[3] S. Klaucke, Fachberatung in der DDR, in: Deutscher Verein für öffentliche und private Fürsorge (Hrsg.), Fachberatung zwischen Beratung und Politik, Frankfurt 1992, S. 59 f.
[4] Ministerrat der Deutschen Demokratischen Republik / Ministerium für Volksbildung, Programm für die Bildungs- und Erziehungsarbeit im Kindergarten, Berlin 1985

Kinder mit dem gesellschaftlichen Leben) den Formalismus in der Arbeit begünstigte. Es enthielt die Tendenz der Verschulung und orientierte nicht strikt genug auf eine kindgemäße Arbeit."[5]

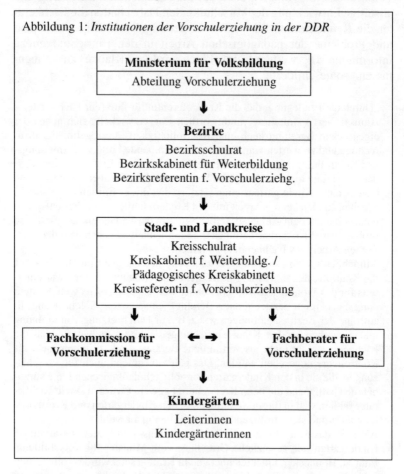

Abbildung 1: *Institutionen der Vorschulerziehung in der DDR*

Im Jahr 1987 erließ das Ministerium für Volksbildung eine Anweisung zur weiteren Optimierung (im Sinne des Systems) der Arbeitsweise der Fachberater[6]. In diesem Material werden Fachberater eindeutig angewiesen, „ihre Kontroll- und Anleitungstätigkeit verstärkt auf die

---

[5] Vgl. auch der Beitrag von Ursula Hartmann im vorliegenden Band, S. 132 ff.
[6] Ministerium für Volksbildung, „Arbeitsmaterial an die Bezirks- und Kreisschulräte zur weiteren Vervollkommnung der Arbeitsweise der Fachberater im Bereich der Vorschulerziehung", Berlin 1987

politisch-pädagogischen Prozesse zu richten", „eine genaue Kenntnis über die Lage in allen Kindergärten des Kreises zu sichern", die Kontrolltätigkeiten vor allem zu konzentrieren „auf die politische Situation in den Kollektiven" und auf die „Ergebnisse und Wirksamkeit der politisch-pädagogischen Arbeit", „durch ständige Kontrollen sich genügend Einsichten in die Qualität der Arbeit ... zu verschaffen" und „in der operativen Anleitung und Kontrolle die Arbeitsweise noch stärker darauf zu richten, den Leiterinnen größere Sicherheit bei der Führung der politisch-pädagogischen Arbeit zu geben und vor Ort auf die Veränderung der Lage einzuwirken".

Fachberatung in der DDR hatte sich also mehr und mehr zu einem Kontroll- und Inspektionsinstrument entwickelt, das in erster Linie dazu diente, die ideologische Arbeit in den Einrichtungen zu überwachen und auf die Einhaltung gesetzlich vorgegebener Normen und Richtwerte der sozialistischen Erziehung zu dringen. Die Programme und Richtlinien verloren mit dem Ende der DDR den Charakter der rechtlichen Verbindlichkeit für Einrichtungen und Fachberater. Das implizit enthaltene Bild vom Menschen aber und besonders das Bild vom Kind wird in vielen Köpfen nicht plötzlich ausradiert sein, wird als „hidden curriculum" weiterwirken.

Demgegenüber standen im Beratungsbereich nach der Wende Modelle von Fachberatung, die auf Vertrauen und Mitwirkung der Erzieherinnen/Teams beruhen, auf Ermutigung und Qualifizierung abzielen, Einflußnahme auf die Trägerebene und den politischen Bereich einbeziehen.

Gleichzeitig war die Situation der Jugendhilfe insgesamt gekennzeichnet durch eine Vielzahl von Veränderungen und Verunsicherungen. Die Jugendhilfestrukturen der DDR gab es nicht mehr. Neue Jugendhilfestrukturen waren im Aufbau begriffen, man versuchte umzugehen mit dem Kinder- und Jugendhilfegesetz, die Möglichkeiten und Grenzen dieses Gesetzes mußten erst ausgelotet und erfahren werden. Die Landesgesetze (Kindertagesstättengesetze und Durchführungsbestimmungen) waren in der Entwicklung begriffen oder wurden gerade in Kraft gesetzt.[7]

---

[7] Zur Differenzierung dieser im rechtlichen, organisatorischen und pädagogischen Bereich wirksam werdenden Veränderungen vgl. den Beitrag von Dorothee Engelhard und Heide Michel, S. 20 ff., im vorliegenden Band

Das Projekt und seine Strukturen

Um für die bei den Trägern der öffentlichen und der freien Jugendhilfe eingesetzten Fachberaterinnen einen Orientierungsrahmen zu schaffen, richteten die in der Bundesarbeitsgemeinschaft der Freien Wohlfahrtspflege und der Bundesvereinigung der kommunalen Spitzenverbände zusammengeschlossenen Verbände[8] 1992 das Projekt „Multiplikatoren-Fortbildung Tageseinrichtungen für Kinder (MFT)" ein; für das vom Bundesministerium für Familie, Senioren, Frauen und Jugend (BMFSFJ) geförderte Projekt trat der Bundesverband der Arbeiterwohlfahrt als Rechtsträger ein. Im politischen Lenkungsgremium, dem MFT-Kuratorium, waren neben den Projektträgern und dem BMFSFJ auch die Fachministerien der neuen Bundesländer vertreten. Dem Fachbeirat gehörten Vertreterinnen und Vertreter der obersten Landesjugendbehörden, bundeszentraler Fortbildungs- und Forschungsinstitutionen, des Fachberatungswesens der verschiedenen Träger und des Ausbildungsbereichs an (vgl. Anhang C, S. 200).

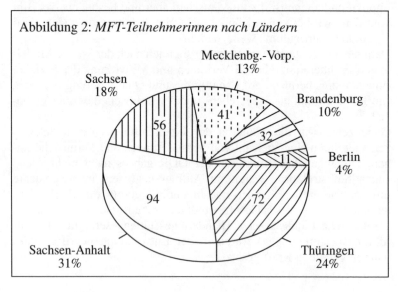

Abbildung 2: *MFT-Teilnehmerinnen nach Ländern*

---

[8] Die Projektträger im einzelnen: Bundesverband der Arbeiterwohlfahrt, Bonn; Der Paritätische Wohlfahrtsverband, Gesamtverband, Frankfurt; Deutscher Caritasverband, Freiburg; Deutscher Landkreistag, Bonn; Deutsches Rotes Kreuz, Bonn; Deutscher Städtetag, Köln; Deutscher Städte- und Gemeindebund, Düsseldorf; Diakonisches Werk der Evangelischen Kirche in Deutschland, Stuttgart; Zentralwohlfahrtsstelle der Juden in Deutschland, Berlin

Als Ziel des Projektes wurde die Unterstützung der Träger und der Länder bei der Qualifizierung von „Multiplikatoren" vereinbart. Als Adressatengruppe galten Fachberaterinnen aus dem Bereich der Kindertageseinrichtungen sowie Mitarbeiterinnen, die von ihrem Träger für Aufgaben der Fachberatung vorgesehen waren, Leiterinnen großer Einrichtungen, die in regionalen Arbeitskreisen auch mit Beratung und Fortbildung beauftragt waren, Fachreferentinnen der obersten Landesjugendbehörden, der Landesjugendämter, der Jugendämter und der Verbände der freien Jugendhilfe sowie Mitarbeiterinnen der Aus- und Fortbildung.

Im Vordergrund stand die Befähigung der Fachkräfte für die landes- und trägereigenen Aufgaben in der Beratung sowie in der Planung und Organisation von Fortbildung. Gleichzeitig waren Ziel des Projektes der Aufbau eines Beziehungsnetzes zwischen den Multiplikatorinnen aus den einzelnen Zuständigkeitsbereichen und die Stabilisierung der Jugendhilfestrukturen.

Abbildung 3: *Standorte der MFT-Kurse*

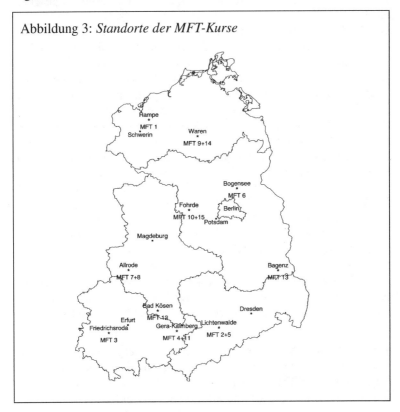

Im Rahmen des Projektes wurden 15 Qualifizierungskurse mit je fünf einwöchigen Kursabschnitten veranstaltet. Als wesentliche Strukturelemente, die bereits in der Vorbereitungsphase der Kurse zum Tragen kamen, sind anzusehen:

(1) Die Auswahl und Zusammensetzung der Moderatorenteams: Antipodisch zu dem Menschenbild und dem Bild von Lernprozessen, das die Kursteilnehmerinnen während ihrer beruflichen Tätigkeit in der DDR vertreten haben oder mit dem sie konfrontiert waren, galt es Erwachsenenbildner einzusetzen, die Stichworte wie „Eigentätigkeit des Lernenden", „Mitwirkung und Mitbestimmung", „Teilnehmerorientierung", „Handlungsbezug", „Methodenreflexion", „berufsbiografische Reflexion" nicht nur auf ihre Fahnen schreiben, sondern sie auch didaktisch umzusetzen und im Alltag der Kursarbeit zu leben wissen. Auch die gemischte Zusammensetzung der Moderatorenteams nach Herkunft (Ost/West) und Geschlecht muß aus naheliegenden Gründen als konstituierendes Moment der Kursarbeit angesehen werden.

(2) Die Kurszusammensetzung nach Herkunftsländern: In jeden Kurs wurden Teilnehmerinnen aus mindestens drei benachbarten östlichen Bundesländern aufgenommen (zur Zusammensetzung der Teilnehmerschaft nach Ländern vgl. Abb. 2); die Chance, „über den Zaun zu schauen", d. h. den unterschiedlichen Umgang mit dem KJHG, die nach Ländern verschiedenen Kindertagesstättengesetze, die unterschiedlichen Vorgehensweisen der Jugendhilfeplanung, der Beratung und Fortbildung kennenzulernen, Kontakte über die eigene Region hinaus zu knüpfen, sollte ermöglicht werden. (Zur Verteilung der Kursstandorte auf die neuen Bundesländer vgl. Abb. 3).

(3) Die Kurszusammensetzung nach Trägerschaft: In jeden Kurs wurden Teilnehmerinnen aus möglichst vielen verschiedenen Trägerbereichen aufgenommen. Die Aufgabe der Fachberatung wird bei verschiedenen Trägern unterschiedlich definiert. Darin lag die Chance, unterschiedliche Berufsbilder kennenzulernen und das eigene Berufsprofil zu entwickeln. Gleichzeitig galt diese Mischung nach Trägerschaft dem Aufbau eines Beziehungsnetzes der Fachberaterinnen aus den verschiedenen Zuständigkeitsbereichen. Die Kursteilnehmerinnen haben diesen Vernetzungsgedanken aufgegriffen und weitergetragen.

In der Abbildung 4 ist die Kursteilnahme aufgeschlüsselt nach Trägerschaft dargestellt. Die Relation zwischen Teilnehmerinnen aus öffentlicher und freier Trägerschaft entspricht den Trägerverhältnissen in den neuen Bundesländern im Zeitraum des Projektes.

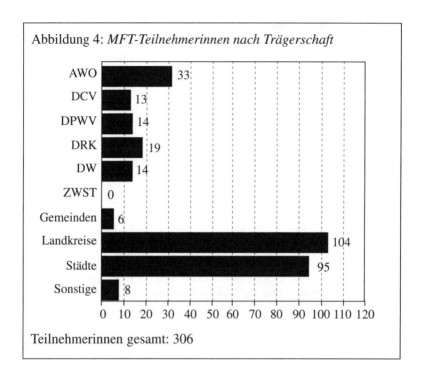

Abbildung 4: *MFT-Teilnehmerinnen nach Trägerschaft*

Teilnehmerinnen gesamt: 306

ZUM KURSGESCHEHEN UND KURSERLEBEN

Insgesamt meldeten sich 443 Fachkolleginnen aus den jungen Bundesländern zur Kursteilnahme an; unter Berücksichtigung der Teilnahmebedingungen konnten 70 % der Anmeldungen angenommen werden. Die Gesamtheit der 306 Multiplikatorinnen, die an den Qualifizierungsmaßnahmen des MFT-Projektes teilgenommen haben, weist bzgl. *Funktion, Ausbildung* und *Alter* folgende Merkmale auf[9]:

(1) 74 % der Teilnehmerinnen waren als Fachberaterinnen in ihrem Arbeitsfeld tätig, 15 % waren Leiterinnen großer Einrichtungen (s. o.); die übrigen Kolleginnen waren als pädagogische Sachbearbeiterin, Referentin im Landesjugendamt oder in der Ausbildung tätig.
(2) 70 % der Teilnehmerinnen brachten eine Ausbildung als Erzieherin mit, daneben waren beteiligt: Diplompädagoginnen (12 %), Sozial-

---

[9] Vgl. dazu K. Haucke, Multiplikatoren-Fortbildung Tageseinrichtungen für Kinder ‚MFT' – Eine Zwischenbilanz, in: Forum Jugendhilfe 2/1994; sowie K. Haucke, Ein Projekt geht zu Ende – die Aufgaben bleiben: Eine Bilanz, in: KiTa aktuell MO 5/1996

pädagoginnen (5 %) und Kolleginnen mit anderen Qualifizierungen aus dem Bildungswesen der DDR (13 %).

(3) 58 % der Teilnehmerinnen waren im Alter zwischen 35 und 50 Jahren, jünger waren 26 %, älter 9 % der Mitwirkenden (die übrigen machten keine Angaben zum Alter).

(4) Es kann hier fast unbedenklich immer von „Teilnehmerinnen" gesprochen werden – insgesamt nahmen drei männliche Fachberater (das ist 1 %) am Projekt teil.

Die *Inhalte* der Qualifizierungsmaßnahmen bewegten sich um folgende Schwerpunkte[10]:

(1) Gesellschaftspolitische und kinderpolitische Entwicklungen wie z. B. veränderte Lebenswirklichkeit von Familien, Vereinbarkeit von Familie und Beruf für Frauen und Männer, Familienleben und Kindheit unter derzeitigen gesellschaftlichen Bedingungen, gesellschaftlicher Umbruch in den neuen Bundesländern;
(2) Berufliche Entwicklung und berufliches Selbstverständnis von Mitarbeiterinnen in Beratung und Fortbildung; Stellenwert der beruflichen und persönlichen Biographie für das eigene Berufsbild und die Entwicklung des Berufsprofils;
(3) Beratungs- und Fortbildungskompetenzen, u. a. Gesprächsführung, Interaktionsmethoden, Krisenintervention, Moderationsmethoden, Projektplanung;
(4) Sozialpsychologische Fragen in Theorie und Praxis, wie z. B. Kommunikationstheorien, Aspekte der Gruppendynamik, Teamarbeit, Mitarbeiterführung, Öffentlichkeitsarbeit, Zusammenarbeit zwischen Institutionen;
(5) Struktur- und Konzeptionsfragen von Tageseinrichtungen für Kinder; sozialpädagogische Grundsätze der Arbeit mit Kindern; traditionelle und neuere Konzeptionsmodelle;
(6) Rechtsgrundlagen zur Kindertagesstättenarbeit, Strukturen der Jugendhilfe, u. a.: Föderalismus, Subsidiarität, Trägervielfalt, Trägerautonomie, Trägerkooperation, Selbsthilfe, Bedarfsermittlung, Jugendhilfeplanung.

Diese Themen standen „offiziell" im Vordergrund der Kursarbeit und waren in jedem Kurs Anlaß für intensive Auseinandersetzung und differenzierte Lernprojekte. Gleichzeitig waren bestimmte „archaische" Themen, Themen der sozialen und psychischen Hygiene immer präsent.

---

[10] Vgl. dazu Bundesarbeitsgemeinschaft der Freien Wohlfahrtspflege/Bundesvereinigung der kommunalen Spitzenverbände (Hrsg.), Multiplikatoren-Fortbildung Tageseinrichtungen für Kinder, Projektinformation, Falkensee o. J. (1993)

Da war zunächst das Bedürfnis der Menschen, ihren Fragen, Vorschlägen und Hoffnungen Ausdruck zu verleihen. Pädagogik stand im Vordergrund der Tagesordnung, dahinter aber verbarg sich oft die Auseinandersetzung mit gesellschaftlichen Werten, mit ihren Konsequenzen und Verbindlichkeiten. Der neue, im Vereinigungsvertrag definierte freiheitliche demokratische Staat bedurfte einer selbst erfahrenen Ergänzung im Bewußtsein der Menschen. Fragen grundlegender Art waren zu beantworten, Fragen, die innerhalb der Orientierungslosigkeit nach der Wende entstanden waren, Fragen, die vom unmittelbaren Tagesgeschehen aufgeworfen wurden.

Auch die Vergangenheit mußte kritisch befragt werden. Eine zentrale Frage für die Kursteilnehmerinnen war die Bestandsaufnahme: Die Analyse der eigenen Biographie und die Reflexion des eigenen Menschenbildes, die Fragen, was in der DDR war, wie sich die Situation geändert hat, wie die eigenen Schwerpunkte unter neuen Blickwinkeln zu sehen sind. Die öffentliche Aufarbeitung der DDR-Vergangenheit forcierte diese Auseinandersetzung: Das Gefühl kollektiver Schuld einerseits und das Erleben kollektiver Schuldzuweisung andererseits setzten z. T. schmerzliche Prozesse in Gang. Die Fachberaterinnen sahen sich veranlaßt, über ihren eigenen Anteil am Bildungssystem der DDR, an der Entwicklung und Ausgestaltung der Kontrollfunktionen nachzudenken. Sie suchten nach Möglichkeiten der Verarbeitung und auch der Trauer – Trauer ganz in dem Sinne, wie Alexander und Margarete Mitscherlich sie bei den Deutschen der Nachkriegszeit vermißt hatten.[11] Dies schlug sich sowohl in Plenar- und Kleingruppensitzungen, als auch – und dort mit anderer Qualität – im informellen Bereich des Kursgeschehens nieder. Die Diskussionen der Kursteilnehmerinnen untereinander und mit den Moderatorinnen und Moderatoren führten gelegentlich zu dem Eindruck, daß Fachberaterinnen der DDR sich zu legitimieren hätten. „Wir haben auch ans Kind gedacht", „Bei uns war auch nicht alles schlecht" waren durchaus gebräuchliche Formeln, die den anstrengenden Prozeß des Umdenkens illustrieren. Wer sich selbstbewußt auf frühere Konzepte und Kompetenzen besann, mußte seine eigenen Fragezeichen, aber auch die Kritik derjenigen aushalten, die unter diesen Konzepten gelitten hatten.

Es ist als Verdienst des MFT-Projektes anzusehen, daß es im Rahmen der Kurse möglich war, sich der Pädagogik der DDR und der eigenen Vergangenheit selbstkritisch und emanzipiert zu nähern, und daß dieser Prozeß durchaus auch als befreiend erlebt werden konnte.

---

[11] Vgl. A. Mitscherlich u. M. Mitscherlich, Die Unfähigkeit zu trauern – Grundlagen kollektiven Verhaltens, München 1967

Hin und wieder kam auch zur Sprache, ob es besser gewesen wäre, diese Qualifizierungsmaßnahme von vornherein für östliche und westliche Fachberaterinnen gemeinsam anzubieten. Wo diese Frage auftauchte, konnte immer wieder schnell Einigkeit erzielt werden: Es galt, in der Auseinandersetzung mit dem berufsbiografischen Hintergrund erst einmal eigene Sicherheit in der Beziehung zu Gleichen zu entwickeln, bestimmte eigene Kompetenzen als immer noch brauchbar zu erleben, bevor man sich der vorurteilsbelasteten Konfrontation zwischen Ost und West stellte. Eine Teilnehmerin brachte es auf den Punkt: „Wir brauchten erstmal Zeit, uns unter uns und mit uns selber auseinanderzusetzen: Wo komme ich her? Wer bin ich? Was will ich?" Solche Fragen waren vielfach auch Gegenstand der Supervisionsarbeit im Rahmen des MFT-Projektes. In rund 300 regional angesiedelten, ganztägigen Sitzungen Gruppensupervision wurden die Kurserfahrungen im Hinblick auf die persönliche Situation und das Praxisfeld der einzelnen Teilnehmerinnen vertieft. Einen Einblick in die Anfangsprobleme („Supervision – was ist das?"), die Themen, Vorgehensweisen und Wirkungen der Supervisionsarbeit gibt Thomas Seitz in seinem Beitrag (s. S. 121 ff.).

EINSCHÄTZUNGEN DER KURSTEILNEHMERINNEN

Das Kurserleben der Teilnehmerinnen wird auch deutlich bei der Betrachtung der Erhebungsergebnisse zur Kursauswertung. An alle Kursteilnehmerinnen wurde ein anonymer *Fragebogen* mit 47 Fragestellungen (27 geschlossene, 20 offene Fragen) versandt, und zwar ca. 7 Wochen nach Abschluß jedes Kurses, um eine Stellungnahme mit einiger Distanz zu ermöglichen. Den Teilnehmerinnen war zugesagt, daß es weder eine kursbezogene noch eine trägerbezogene Auswertung gibt. Erfragt wurden bestimmte Merkmale der Teilnehmergruppe (z. B. Trägerzugehörigkeit, Bundesland, Ausbildung, Alter, Zugang zum MFT-Projekt, Motive für die Projektteilnahme, Unterstützung seitens der Dienststelle) sowie inhaltliche, methodische und atmosphärische Aspekte der Kursarbeit und der subjektiv erlebte Nutzen der Projektteilnahme.
Der *Rücklauf* liegt bei 42,8 % (134 Antwortende), nicht immer wurden alle Fragen beantwortet.[12] Die Gruppe der Antwortenden setzt sich in den Dimensionen Trägerzugehörigkeit, Bundesland, Ausbildung und Alter genau so zusammen wie die Gesamtstichprobe – insofern kön-

---

[12] Die Prozentangaben in der Auswertung beziehen sich auf die gültigen Fälle.

nen die Erhebungsergebnisse als repräsentativ für die MFT-Teilnehmerinnen gesehen werden.
Als *Motive* für die Teilnahme am MFT-Kurs wurden bei erlaubter Mehrfachnennung angegeben:

„Weil ich nach dem gesellschaftlichen und fachpolitischen Umbruch Orientierung suchte" (75,4 %)
„Wegen der Themenangebote" (70,9 %)
„Weil ich Kontakt mit anderen Fachberaterinnen suchte" (64,9 %)
„Weil ich endlich Gelegenheit zur Fortbildung für mich sah" (55,2 %)
„Weil eine meiner Kolleginnen auch teilnahm" (32,1 %)
„Weil ich meine beruflichen Chancen verbessern wollte" (31,3 %)

Die Suche nach Orientierung und Kontakt als starkes Motiv für die Teilnahme deckt sich mit den Darstellungen in den Erfahrungsberichten des vorliegenden Bandes.

Die so definierte Gruppe der Antwortenden äußerte sich differenziert über ihr Kurserleben bezüglich inhaltlicher Arbeit, methodischem Vorgehen und Atmosphäre in den Gruppen. Die im folgenden dargestellte Analyse der geschlossen Fragen vermittelt einen deutlichen Eindruck davon.[13]

Stellungnahmen zur thematischen Arbeit:

		1	2	3	4		Σ
Meine Themenvorschläge wurden berücksichtigt	ja	**102**	11	1	6	nein	120
Die Themenpalette bot	viel	**98**	31	3	2	wenig	134
Die Themen wurden bearbeitet	praxisnah	**110**	12	9	3	zu theoretisch	134
Die thematische Arbeit war	intensiv	**109**	19	4	2	oberflächlich	134

In den absoluten Zahlen kommt zum Ausdruck, daß trotz der Vielfalt der Themen eine praxisnahe und intensive inhaltliche Arbeit in den Kursen möglich war. Auch individuelle Themenwünsche konnten überwiegend in die Kursplanung integriert werden. Insgesamt zeigen die Zahlen eine deutliche Zufriedenheit über die Art und Weise, wie in den Kursen inhaltlich gearbeitet wurde – dies ist im „Zufriedenheitsprofil: Thematische Arbeit" ausgedrückt (Abb. 5).

---

[13] Die Auswertung der rd. 600 Antworten auf die offenen Fragen würde den hiesigen Rahmen einer zusammenfassenden Darstellung sprengen. Eine gesonderte Veröffentlichung ist vorgesehen.

Abbildung 5: *Zufriedenheitsprofil: Thematische Arbeit*

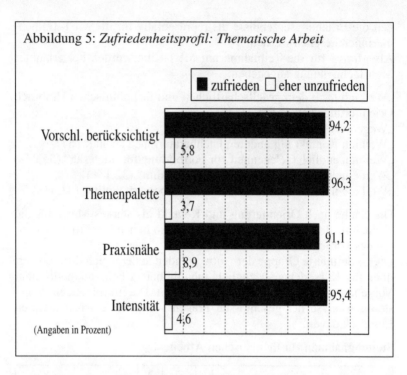

Stellungnahmen zu den Vorgehensweisen:

		1	2	3	4		Σ
Diskussionsgelegenheiten gab es	viel	99	19	9	3	wenig	130
Einzelprobleme von TN fanden Platz	ja	101	4	12	3	nein	120
Die Arbeitsformen waren	abwechslungsreich	124	5	3	1	einseitig	133
Die Arbeitsunterlagen waren	hilfreich	59	60	11	2	unzureichend	132

Die Chance, eine Vielfalt von Arbeitsformen der Erwachsenenbildung kennenzulernen, wurde von den Teilnehmerinnen wahrgenommen. Gleichzeitig gibt es auch hier den deutlichen Hinweis darauf, daß die Befragten die Kursarbeit als sehr teilnehmerorientiert erlebt haben. Bei der Nützlichkeit der im Kursverlauf zur Verfügung gestellten Arbeitsunterlagen ist die Zufriedenheit nicht ganz so groß (s. Abb. 6).

Abbildung 6: *Zufriedenheitsprofil: Vorgehensweisen*

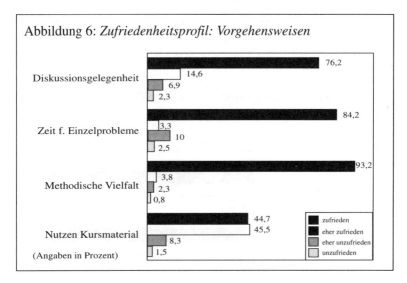

Stellungnahmen zur Atmosphäre

		1	2	3	4		Σ
Ich empfand das Arbeitsklima im Kurs als	warm offen	73	31	28	2	verschlossen, kalt	134
Der informelle Bereich im Kurs war für mich	wichtig	71	50	8	1	unwesentlich	130
Ich habe zu anderen Kursteilnehmerinnen Vertrauen gewonnen	ja	38	72	12	6	nein	127
Die Dynamik in der Kursgruppe war für das gemeinsame Lernen	förderlich	55	49	12	11	hinderlich	127
Zu den Moderatoren habe ich ein Vertrauensverhältnis aufgebaut	ja	41	59	11	21	nein	132

Als wesentlicher Erfolgsfaktor für Lernprozesse in der Erwachsenenbildung wird allgemein das Klima im formellen und informellen Bereich gesehen sowie die Möglichkeit, Vertrauen herzustellen. Für die MFT-Teilnehmerinnen war der informelle Bereich nicht uneingeschränkt wichtig, wie die Zahlen ausweisen; es liegt nahe, den Grund dafür in der Gewöhnung an die anders organisierten Lernprozesse in der Vergangenheit zu sehen. Ähnlich einzuschätzen ist der Stellenwert, den die Teilnehmerinnen den gruppendynamischen Prozessen im Verlauf der Kurse zuschreiben.[14]

---

[14] Vgl. dazu den Beitrag von Annemarie Schinke, S. 104 ff.

Die Entwicklung des Vertrauens innerhalb der Kursgruppe schätzen die Teilnehmerinnen vorsichtig ein – dies ist eine Bestätigung dafür, daß die Befragten ihre Antworten nicht leichtfertig geben. Bemerkenswert ist, daß man sich in der Lage sah, mit den Moderatorinnen und Moderatoren ähnlich vertraut umzugehen wie mit den Kurskolleginnen. In der Abbildung 7 sind die Angaben der Teilnehmerinnen als Profil dargestellt.

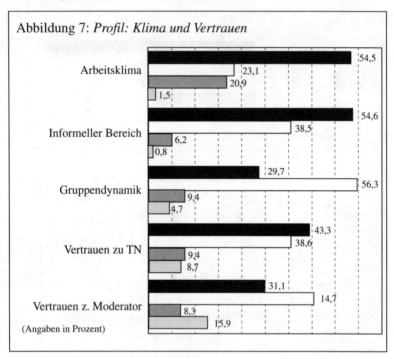

Abbildung 7: *Profil: Klima und Vertrauen*

Im Verlauf der Kursarbeit kristallisierten sich bestimmte Problembereiche der Fachberatung von grundsätzlicher Bedeutung heraus, die immer wieder auftauchten. Das MFT-Projekt hat darauf mit der Veranstaltung zusätzlicher, kursübergreifender Fachtagungen reagiert[15].

---

[15] Die Themen „Kooperation zwischen Fachberaterinnen", „Konzeptionsberatung", „Konfliktberatung", „Gesprächsführung", „Jugendhilfeplanung", „Bau- und Umbauberatung", „Trennung und Koppelung von Beratung und Aufsicht", „Aufgabenvielfalt von Fachberatung", „Stellenwert der Fachberatung in den Trägerstrukturen" wurden mit insgesamt ca. 220 Kursteilnehmerinnen bzw. deren Vorgesetzten und ca. 60 Mitarbeiterinnen anderer Träger in mehrtägigen Veranstaltungen bearbeitet (März 1994 in Blankensee, in Kooperation mit dem Sozialpädagogischen Fortbildungswerk des Landes Brandenburg; März 1995 in

Eines dieser Themen soll hier aufgrund seiner Komplexität nochmals kurz angesprochen werden: Der Stellenwert der Fachberatung innerhalb der Trägerstrukturen.

STELLENWERT DER FACHBERATUNG INNERHALB DER TRÄGERSTRUKTUREN

Fragt man Fachberaterinnen, welche Erwartungen sie bezüglich ihres Arbeitsfeldes an ihre Vorgesetzten in Ämtern und Verbänden hegen, so wird sehr bald deutlich, daß sie sich und ihre Aufgaben innerhalb der Trägerstrukturen oft genug unterschätzt oder sogar unbeachtet sehen. Vor allem die Vielfalt der in ihrem Arbeitsfeld geforderten Tätigkeiten[16] wird häufig nicht wahrgenommen, und aus dieser Unterbewertung heraus formulieren sich Erwartungen zu einer besseren Gestaltung des Arbeitsfeldes. Im Rahmen des MFT-Projektes haben 60 Fachberaterinnen in kommunaler Trägerschaft Stellung genommen zu der Frage „Welche Erwartungen haben Sie an die Jugendamtsleitung?" (AL)[17]. Die Sammlung der Antworten (hier in vier Kategorien zusammengefaßt, in Klammern jeweils die Häufigkeit der Angaben) ist aufschlußreich:

(1) Erwartungen an AL bzgl. Verständnis für das Arbeitsfeld Fachberatung, bzgl. Aufgabendefinition und Zeitaufwand (Σ 155)

– Selbständigkeit der Fachberatung als Arbeitsfeld, ohne Zuordnung in andere Sachgebiete / Fachberatung soll Hauptaufgabe sein, ich bin kein Verwaltungswirt / Mein Aufgabengebiet soll kein Eintopf sein aus wirtschaftlicher Jugendhilfe, Rechtsaufsicht und Kita-Beratung / Ich will nicht

---

Dresden, in Kooperation mit dem Sächsischen Staatsministerium für Soziales, Gesundheit und Familie; Juni 1995 in Templin, in Kooperation mit dem Landesjugendamt Mecklenburg-Vorpommern; Aug. 1995 in Klein-Machnow, in Kooperation mit dem Verein für Kommunalwissenschaften Berlin; Nov. 1995 in Suhl, in Kooperation mit dem Staatsinstitut für Frühpädagogik München).

[16] Vgl. dazu I. Lehner, Wie kommen wir zu dem, was wir brauchen – Erwartungen und Ansprüche von Fachberaterinnen, in: KiTa aktuell MO, 7/8 1995

[17] Die Befragung erfolgte in Vorbereitung des Seminars „Führen und Leiten" für Jugendamtsleiterinnen und Jugendamtsleiter der neuen Bundesländer (Aug. 1995, in Kooperation mit dem Informations-, Beratungs- und Fortbildungsdienst Jugendhilfe-IBFJ Berlin). Die zweite offene Frage dieser schriftlichen Erhebung, „Welche Probleme/Behinderungen erfahren Sie in der Zusammenarbeit mit der Amtsleitung?", erbrachte in der überwiegenden Mehrzahl Antworten, in denen das Gegenteil der „Erwartungen" formuliert wurde und ist deshalb hier nicht gesondert ausgewertet.

so viele Verwaltungsaufgaben erfüllen, für pädagogische Beratung bleibt dann keine Zeit (46)
– Einsehen in die Notwendigkeit von Fachberatung / Verständnis / Akzeptanz für Fachberatung (21)
– Interesse zeigen für die pädagogischen Aufgaben der Fachberatung (21)
– Es soll deutlich unterschieden werden zwischen Beratung und Aufsicht (13)
– Daß mir eine bestimmte / eine ausreichende Zeit für Beratung in den Kitas / für die Vorbereitung eingeräumt wird (13)
– Genehmigung zum Austausch mit Fachberaterinnen anderer / freier Träger / Anschub für den regionalen / überregionalen Fachberateraustausch (10)
– Zeit für Hospitationen in den Kitas (6)
– Anerkennung / Achtung meiner Tätigkeit / meiner Leistung / Akzeptanz meiner Fachkompetenz (5)
– Ermöglichung der Zusammenarbeit mit Landesjugendämtern (4)
– Selbständigkeit in der Kontaktaufnahme mit anderen Trägern und Institutionen (3)
– Verständnis für den öffentlichkeitswirksamen Charakter der Fachberatung (3)
– Verständnis für Probleme in den Einrichtungen / AL soll sich den Problemen der Kita-Mitarbeiterinnen stellen (3)
– Möglichkeiten der fexiblen Arbeitszeiteinteilung (abends, samstags) (3)
– Akzeptanz von Kleingruppenarbeit (Es kann nicht alles mit 30 / 50 / 80 Leiterinnen durchgeführt werden) (3)
– Reale Einschätzung meiner Tätigkeit / Erstellung einer Arbeitsplatzbeschreibung / Änderung meiner Stellenbeschreibung (3)
– Verständnis für das Vertrauensverhältnis zwischen Fachberaterin und Ratsuchenden, d. h. auch Verständnis für die Schweigepflicht (3)
– Genehmigung zur Organisation und Durchführung von Fortbildungsveranstaltungen (2)

(2) Erwartungen an AL bzgl. der Arbeitsbeziehung zwischen Amtsleitung und Fachberaterin (Σ 77)

– Daß AL sich Zeit nimmt, inhaltlich in meine Arbeit Einblick zu nehmen / daß es Dienstbesprechungen gibt, um Aufgaben / Vorgehen abzustimmen (21)
– Gesprächsbereitschaft seitens AL / Fachdiskussion / inhaltliche Anregungen für den Kita-Bereich / Setzung gemeinsamer Perspektiven (13)
– Unterstützung / Beratung bei Problemen / Konflikten (9)
– Regelmäßige Dienstberatungen (8)
– Daß AL mir Eigenständigkeit / Eigenverantwortlichkeit gewährt (7)
– Besserer Informationsfluß im Amt (6)
– Mitsprache seitens Fachberaterin bei Entscheidungsprozessen, die Kitas betreffen / Transparenz von Entscheidungen der AL (6)

- Lösung von Problemen soll auf partnerschaftlicher Ebene erfolgen (2)
- Feedback von AL (2)
- Unbürokratische Vorgehensweisen (2)
- Daß AL Vertrauen hat in meine Tätigkeit als Fachberaterin (1)

(3) Erwartungen an AL im finanziellen Bereich (Σ 41)

- Mittel für meine Weiterbildung / Genehmigung zur Teilnahme an Fortbildungen (16)
- Höherer Stellenwert der Kitas bei der Haushaltsplanung (9)
- Bereitstellung von Mitteln für Materialien und Literatur (6)
- Weniger „stures" / rein wirtschaftliches Denken (3)
- Genehmigung zur Nutzung / größere Verfügbarkeit des Dienstfahrzeuges (3)
- Einhaltung des Personalschlüssels bei Kita-Personal / Beratungspersonal (2)
- Den Aufgaben der Fachberatung entsprechende Eingruppierung nach BAT (2)

(4) Erwartungen an die persönliche Qualifikation der Amtsleitung (Σ 7)

- Keine Diskriminierung aus weltanschaulicher Sicht / AL soll sich wertfrei für alle Einrichtungen einsetzen (2)
- AL muß in der Lage sein, persönliche Ansichten von dienstlichen Entscheidungen zu trennen (1)
- Engagement (1)
- Teamfähigkeit (1)
- Freundlicher Umgangston (1)
- Angemessene formale berufliche Qualifikation (1)

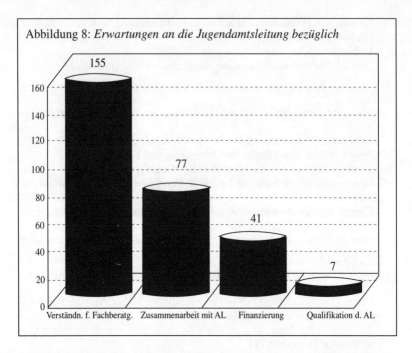

Abbildung 8: *Erwartungen an die Jugendamtsleitung bezüglich*

Unter den 77 Statements, die sich auf die Arbeitsbeziehung zwischen Amtsleitung und Fachberatung beziehen, dokumentieren allein 42 Erwartungen („Zeit nehmen", „Gesprächsbereitschaft", „Dienstberatungen"), daß im Zeitbudget der Amtsleitung die Arbeit der Fachberaterin keinen angemessenen Stellenwert hat – jedenfalls nicht aus Sicht der Fachberaterin. Dies korrespondiert mit dem Verständnis, das die Amtsleitung dem Aufgabenbereich Fachberatung entgegenbringt – fordern doch die Fachberaterinnen deutlich mehr davon: Die meisten der Erwartungen (155 = 55 %) beziehen sich darauf, daß Fachberaterinnen sich mehr Einsehen in die Tätigkeitsbereiche der Fachberatung von ihrer Amtsleitung wünschen. Einige der häufigsten Wortmeldungen sollen hier im Hinblick auf den Stellenwert von Fachberatung näher betrachtet werden:

	Erwartung N = 60	Anzahl
1	Fachberatung als eigenständige Aufgabe, Abgrenzung zu anderen Arbeitsfeldern, zur Verwaltungstätigkeit, mehr Zeit für Beratung	46
2	Einsicht in die Notwendigkeit von Fachberatung, Akzeptanz	21
3	Unterscheidung zwischen Beratung und Aufsicht	13
4	Chance zur Kooperation mit den Fachberaterinnen der Region	10

Fachberaterinnen fühlen sich vielfach überfordert von dem *breiten Aufgabenspektrum* (Zeile 1), das sie abdecken müssen[18]. Dies gilt nicht nur für die neuen Bundesländer. Und dies hat nur zum Teil damit zu tun, daß (trotz der Angebote der Träger- und Spitzenverbände) die Möglichkeiten der Weiterqualifizierung für Fachberaterinnen begrenzt sind. Vielmehr hat das Aufgabengebiet der Fachberatung in den letzten Jahren eine deutliche Ausweitung erfahren und fordert gleichzeitig eine Spezifizierung auf bestimmte Kompetenzen. Wenn dann noch, wie die obige Tabelle zeigt, dazukommt, daß auch Aufgaben wahrgenommen werden müssen, die nicht originär Aufgaben der Beratung von Einrichtungen, Fachkräften oder Trägern sind – Aufgaben, die nicht die Kindertageseinrichtungen betreffen – dann weist dies darauf hin, daß sowohl der Umfang der Beratungsaufgaben als auch die jugendhilfepolitische Bedeutung der Beratung noch nicht erkannt ist. Daß Fachberatung durch kindbezogene und konzeptionsbezogene Beratung der Einrichtungen, durch Mitwirkung in den trägereigenen Ausschüssen und Gremien, bei der Bedarfsermittlung, bei der Jugendhilfeplanung als Lobby für Kinder auftritt und somit Vertreter kinderpolitischer, familienpolitischer und jugendhilfepolitischer Interessen sein kann, liegt dann fern. Ein deutlicher Hinweis darauf ist die Tatsache, daß die aus dem KJHG abgeleitete Verantwortung des örtlichen Jugendhilfeträgers für die Fortbildung und Beratung der Kindertageseinrichtungen überhaupt noch diskutiert werden muß (vgl. dazu die Beiträge von Jochem Baltz und Karl-Heinz Wolf im vorliegenden Band) – die Fachberaterinnen klagen auch die *„Einsicht in die Notwendigkeit von Fachberatung"* ein (s. obige Tabelle, Zeile 2). Von ihrer Amtsleitung wünschen sich die befragten Fachberaterinnen, wie die Tabelle zeigt, auch eine Unterscheidung zwischen *Aufgaben der Beratung und der Aufsicht* (Zeile 3). Dafür haben die Kolleginnen eindeutige, historisch und in der beruflichen Erfahrung verankerte Gründe[19]. Die Gefahr, Aufsichtsfunktionen in die Beratung einfließen zu lassen und damit Beratung zu verhindern, wird deutlich gesehen und ist verbunden mit der Sorge, vom Klientel als Berater nicht ernst-

---

[18] Die Vielfalt der Fachberatungsaufgaben ist z. B. dargestellt bei (die folgenden Quellenangaben verweisen auf das Literaturverzeichnis im Anhang D des vorliegenden Bandes): Arbeiterwohlfahrt Bundesverband 1994; Arbeitsgruppe kommunaler Fachberaterinnen 1997; Behnke/Kosik 1995; Fürstenberger/Müller 1985; Härtzsch 1979; Jakubeit 1985; Manderscheid 1989; Siebenmorgen 1977; Diese Aufgabenvielfalt wird eher kritisch in den Blick genommen z. B. von Bringewald 1985; Müller 1985

[19] Vgl. zur Geschichte der Fachberatung in der DDR auf den S. 34 ff., S. 132 ff.

genommen zu werden, eben wegen dieser Risiken[20]. In den alten Bundesländern ist das Thema der Trennung / Koppelung von Beratungs- und Aufsichtsfunktionen, auch ohne einen vergleichbaren historischen Hintergrund, ein „Dauerbrenner"[21]. Daß beide Modelle ihre Berechtigung haben, zeigen die ausführlichen Analysen und Fallbeispiele von Ursula Hartmann (S. 132 ff.) und Birgit Ludwig-Schieffers (S. 147 ff.) im vorliegenden Band; daß beide Positionen von den MFT-Teilnehmerinnen differenziert hinterfragt und auf ihre Brauchbarkeit in spezifischen Trägerkonstellationen geprüft wurden, illustrieren die Stellungnahmen der Fachberaterinnen aus den Kolloquien der MFT-Kurse (s. Anhang B).

Abschließend soll angesprochen werden, daß MFT-Teilnehmerinnen immer wieder begeistert von den *Kooperationsmöglichkeiten* berichtet haben, die ihnen die Kurszusammensetzung, die Kontakte mit Fachberaterinnen anderer Träger, anderer Regionen und der eigenen Region eröffnet haben. In vielen Kreisen und Städten wurden trägerübergreifende Fachberater-Arbeitskreise gebildet und regelmäßige Fachberatertreffen initiiert. Die darauffolgende Ernüchterung kommt in der obigen Tabelle (Zeile 4: 10 Erwartungen an die Jugendamtsleitung zur „Chance zur Kooperation mit den Fachberaterinnen der Region") nur ungenügend zum Ausdruck: Fachberatertreffen zum Erfahrungsaustausch, zur Bedarfsermittlung und Jugendhilfeplanung, zur Abstimmung jugendhilfepolitischer Maßnahmen kosten Zeit; sie kosten einen Raum und manchmal den Einsatz von Referenten. Die diesbezügliche Investitionsbereitschaft der Träger von Fachberatung ist begrenzt. Gleichzeitig „kostet" solche Zusammenarbeit die jeweiligen Vorgesetzten den Verlust von unmittelbarem Einfluß und von Wissensvorsprüngen – bzw. die Befürchtung davor; hier ist die Leidensfähigkeit mancher Funktionsträger durchaus eingeschränkt. Beides hängt offensichtlich eng mit dem schon früher konstatierten spezifischen Verständnis von Fachberatung zusammen.

Der Nachholbedarf in diesen vier Bereichen (Klärung der Notwendig-

---

[20] G. Prüfer berichtet dazu: „Berater kommen aus ihrem Denkschema ‚kontrollieren müssen' nicht heraus, da ihre Aufgabe vereint im Beraten und Kontrollieren bestehen soll. Berater werden daran gehindert, ‚echte' Berater zu sein. Zu Beratende werden daran gehindert, ‚neue' Aspekte der Fachberatung wahrzunehmen, z. B. sie freiwillig anzufordern und sich somit zu öffnen und Schwachstellen der eigenen Arbeit zu zeigen." G. Prüfer, Bericht vor dem Fachbeirat MFT über Erfahrungen in der methodischen Gestaltung der MFT-Seminare, Kurs 2, Falkensee 14.11.1994, unv. Manuskript

[21] Vgl. z. B. D. Greese, Das Thema ‚Aufsicht und Beratung' – ein Dauerbrenner, in: Deutscher Verein für öffentliche und private Fürsorge (Hrsg.), Fachberatung zwischen Beratung und Politik, Frankfurt 1992, S. 109

keit von Fachberatung, Abgrenzung des Arbeitsfeldes, Positionierung bzgl. Beratung und Aufsicht, Vernetzung) kennzeichnet den derzeitigen Stellenwert der Fachberatung – zumindest nach unseren Erfahrungen aus dem MFT-Projekt in den neuen Bundesländern.

QUALIFIZIERUNG LOHNT SICH!

Damit ist die Antwort auf die Titelfrage dieses Beitrags gegeben. Geht es nun um das berufliche Selbstverständnis der Fachberaterin, um Kenntnisse über Strukturen der Jugendhilfe, um den Aufbau eines Beziehungsnetzes, geht es um Konzeptionsfragen der Kindertageseinrichtungen, um das Bild vom Kind, oder geht es um Beratungs- und Fortbildungskompetenzen, Methoden der Erwachsenenbildung, Aufgaben der Jugendhilfeplanung – überall haben die Fachberaterinnen in den jungen Bundesländern wesentliche Schritte unternommen. Es hat sich, wie Virginia Satir es bezeichnet, „das Neue in das Bisherige eingefügt"[22]. In der bereits erwähnten Fragebogenerhebung drückt sich das folgendermaßen aus:

Stellungnahmen zum Nutzen der MFT-Arbeit

		1	2	3	4		Σ
Die im Kurs gewonnenen Kenntnisse und Erfahrungen sind mir bei meiner derzeitigen Tätigkeit	hilfreich	99	31	3	1	nicht hilfreich	134
Ich habe die Reflexion persönlicher Stärken und Schwächen in der Supervision erlebt als	hilfreich	65	45	13	11	überflüssig	134
Heute empfinde ich meine Teilnahme und mein Engagement im MFT-Kurs als	erfolgreich	38	72	12	6	nicht erfolgreich	127

Die Teilnehmerinnen beschreiben die Lernerfahrungen aus der Kursarbeit überwiegend als hilfreich für ihre derzeitige Tätigkeit im Berufsfeld. Auch die Supervision wurde, trotz aller Anfangsschwierigkeiten, nur von sehr wenigen Fachberaterinnen als „eher überflüssig" erlebt. Insgesamt wird die Projektteilnahme von 92,5 % der Teilnehmerinnen als „erfolgreich" oder „eher erfolgreich" bezeichnet (s. Abb. 9)

---

[22] V. Satir, a. a. O.

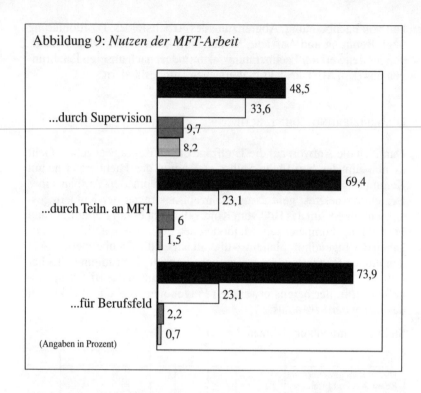

Abbildung 9: *Nutzen der MFT-Arbeit*

...durch Supervision: 48,5 / 33,6 / 9,7 / 8,2

...durch Teiln. an MFT: 69,4 / 23,1 / 6 / 1,5

...für Berufsfeld: 73,9 / 23,1 / 2,2 / 0,7

(Angaben in Prozent)

Dieser subjektiv empfundene hohe Gewinn durch die Teilnahme am MFT-Projekt darf nicht darüber hinwegtäuschen: Es gibt Bereiche, in denen Fachberaterinnen sich behindert fühlen: Die trägerübergreifende Kooperation mit den übrigen Fachberaterinnen der Region kostet Zeit und Geld – beides wird nicht in ausreichendem Maße gewährt. Jugendhilfeplanung wird als Aufgabe der Statistiker und der Führungsebene angesehen – die Kenntnisse der Fachberaterinnen über die Versorgungssituation vor Ort werden dabei oft genug nicht abgerufen. Insgesamt wird dem breiten Aufgabenspektrum der Fachberatung nicht genügend Aufmerksamkeit entgegengebracht – oder nur dann, wenn es irgendwo im Kindertagesstättenbereich Konflikte gibt, für welche die Zuständigkeit gerne abgewälzt wird.

Gleichzeitig müssen Fachberaterinnen und deren Anstellungsträger sich darüber im Klaren sein, daß durch die gesellschaftlichen Entwicklungen, durch die Weiterentwicklung der Organisationen und Konzeptionen der Jugendhilfe sich neue Beratungsbedarfe ergeben, die kurzfristig (z. B. im Bereich der Jugendhilfeplanung) oder mittelfristig (z. B. im Bereich der Umsetzung neuer Steuerungsmodelle[23] im Bereich der Umsetzung der Ergebnisse von Modellversuchen) spezifische Anforderungen stellen. Qualifizierung kann sich nie mit dem Status Quo zufrieden geben. Qualifizierung lohnt sich immer wieder und immer neu.

---

[23] Vgl. dazu den Beitrag von André Dupuis S. 171 ff.

Teil 2

Zwischen Kontinuität und Veränderung

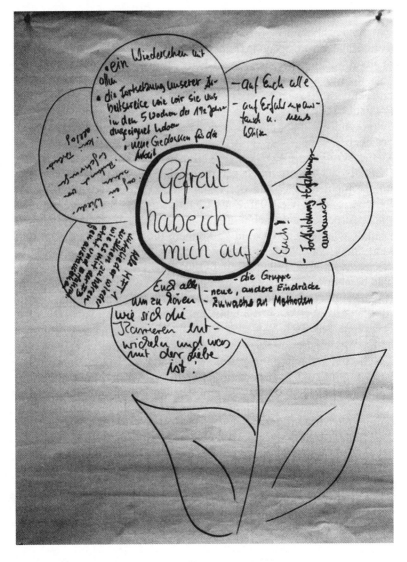

3. „Ich wurschtelte mich weiter durch ..."
Eine MFT-Teilnehmerin berichtet über ihre Qualifizierungsbestrebungen

Roswitha Kunze

Ich bin Fachberaterin für Kindertageseinrichtungen im Jugendamt Cottbus, gegenwärtig auch Teilnehmerin des Modellprojektes „Impulse aus Brandenburg"[1]. Ich bin 53 Jahre alt und nach meiner Meinung noch nicht zu alt für Qualifizierung, obwohl es mir nicht mehr so leicht fällt wie vor 20 Jahren. Aber es ist nicht nur in meiner Tätigkeit als Praxisberaterin notwendig, sich ständig fortzubilden – ohne Weiterbildung kann bei den ständig steigenden Anforderungen keiner mehr bestehen.
Meine berufliche Entwicklungs verlief wie bei vielen Frauen in der ehemaligen DDR ziemlich geradlinig. Ich interessierte mich schon immer für neue Wege in der Pädagogik. Anfangs arbeitete ich als Erzieherin, dann viele Jahre als Leiterin in mehreren Kindergärten. 1981 wurde ich als Fachberaterin in der Stadt Cottbus eingesetzt. Damals glaubte ich, viel tun zu können, um den Erzieherinnen und Leiterinnen neue Wege in Kindererziehung, die auf das Wohl des Kindes gerichtet sind, erläutern und empfehlen zu können. Aber schon bald bemerkte ich, daß es eigentlich darum ging, von allen Erzieherinnen die Pädagogik zu fordern, welche die allseitig entwickelte sozialistische Persönlichkeit bei jedem Kind zum Ziel hatte. Damals war ich überzeugt, daß dieser Weg richtig war, und es gab auch keine Möglichkeit, etwas anderes zu sehen oder zu lesen. Heute weiß ich, daß jedes Gesellschaftssystem ganz gezielt Einfluß auf die Bildung und Erziehung nimmt, um später die Menschen zu haben, die es braucht. Damals versuchte ich, aus den gesetzlichen Vorgaben und dem, was ich in den Kindertageseinrichtungen antraf, das Beste zu machen; oft fungierte ich als Mittler zwischen Vorgesetzten und Mitarbeiterinnen der Kindergärten, versuchte, Widrigkeiten mit mir selbst auszufechten.

---

[1] „Impulse aus Brandenburg" ist eine vom Ministerium für Bildung, Jugend und Sport des Landes Brandenburg geförderte Qualifizierungsmaßnahme, deren Abschluß für die länderseitige Förderung der Praxisberatung Voraussetzung ist. Die Autorin berichtet weiter unten über den Zusammenhang zum MFT-Projekt (Anm. d. Hrsg.).

Wie alles anfing

Das Jahr der Wende kam, und mit ihr einerseits Freude über die gewonnene Freiheit und andererseits große soziale und berufliche Verunsicherung – ich glaube, das erlebten alle Menschen in ähnlicher Weise. Wir waren damals fünf Fachberaterinnen, drei entschieden sich, wieder als Erzieherin zu arbeiten, zwei blieben, darunter auch ich. Sicher war ich mir nicht, daß diese Entscheidung die richtige für mich war. Aber wer wußte das damals überhaupt. Mit der Angst im Kopf, von den Erzieherinnen beschimpft zu werden, und ohne zu wissen, welche Aufgaben in der nächsten Zeit von mir erfüllt werden sollten, begann ich mich nach Alternativen und neuen Inhalten meiner Tätigkeit, vor allem nach Fort- und Weiterbildung in den alten Bundesländern umzusehen. Cottbus liegt nur reichlich 100 km von Berlin entfernt. Es lag für mich nahe, in Berlin bei der Evangelischen Kirche in Berlin und Brandenburg (EKiBB) nachzufragen. Es klappte auch – sogar kostenlos.

Dort lernte ich alternative, moderne Inhalte der Kleinkindpädagogik kennen, eine Menge nette, aufgeschlossene Erzieherinnen und vor allem, was für mich besonders wichtig war, Aufgaben und Arbeitsweisen von Fachberaterinnen im Westteil von Berlin. Ihre Professionalität, ihr Optimismus, ihr begeisterndes Auftreten ließen auch bei mir wieder Zuversicht und Selbstwertgefühl wachsen. Es entstand auch bei mir wieder der Wille, die neue Sache auszuprobieren und mich dafür zu engagieren. Das Risiko, nach dem was war, nicht angenommen zu werden, begleitete mich täglich. Ich ging zweimal wöchentlich wieder selbst in die Praxis und probierte wieder, mit Kindern zu arbeiten. Die Arbeit war schwer, aber bereitete mir viel Spaß – mit den Erzieherinnen dieser Gruppe fand ich eine gute Ebene der Zusammenarbeit. Auch sie interessierten sich mehr und mehr dafür, Neues auszuprobieren.

Ich „wurschtelte" mich weiter durch, suchte nach weiteren Möglichkeiten für Weiterbildung. In einer Fachzeitschrift stieß ich auf einen Hinweis auf das MFT-Projekt, beschäftigte mich mit den Projektzielen, den Themenschwerpunkten und fand heraus, daß ich zur Zielgruppe gehörte.

Ich fand die geplante Zusammensetzung der Teilnehmer aus den unterschiedlichen Tätigkeitsbereichen interessant und vielversprechend. Die vorgeschlagene Themenwahl sollte sich mit Rechtsgrundlagen, gesellschaftspolitischen und kinderpolitischen Entwicklungen unter den sich verändernden gesellschaftlichen Bedingungen, dem beruflichen Selbstverständnis, den Beratungs- und Fortbildungskompetenzen, psychologischen Fragen der Mitarbeiter sowie Struktur- und Konzeptionsfragen beschäftigen. Das entsprach meinen Wünschen und motivierte mich, die Zustimmung meines Amtsleiters für die Teilnahme einzuholen. Ich bewarb mich, wurde angenommen und begann im März 1994 als Teilnehmerin im Kurs 10 des MFT-Projektes. Aufgrund meines Alters war auch die Dauer des Kurses von eineinhalb Jahren mit ausschlaggebend.

Erwartungsvoll fuhr ich Ende März 1994 zum ersten Wochenkurs von MFT nach Buckow. Dort lernte ich die weiteren 17 Teilnehmerinnen kennen. Alle kamen aus unterschiedlichen Regionen, von verschiedenen Trägern und aus Tätigkeitsbereichen mit verschiedenen Schwerpunkten. Im Alter lagen wir sehr weit auseinander. Sogar ein Mann saß unter den Teilnehmerinnen – ein für mich ganz ungewohntes Bild. Es begann – überraschend anders, als ich es bisher bei Fortbildungen zu DDR-Zeiten erlebt hatte – in aufgelockerter Form mit der Vorstellungsrunde. Unter den Teilnehmerinnen traf ich auch eine ehemalige Studienfreundin aus meiner Ausbildungszeit vor 30 Jahren wieder.

Es gab viel Neues

Die Moderatorin und der Moderator unseres Kurses waren zu unserem Erstaunen noch sehr jung. Ihre Arbeitsweise verblüffte uns. Es gab viel Neues. Unsere Meinungen, Erfahrungen und Probleme waren gefragt. Sie sollten Beachtung bei der Zusammenstellung der Kursinhalte und bei der Moderationsgestaltung finden. Wer hatte so etwas vorher schon einmal erlebt? Zu diesem Zeitpunkt waren wir alle noch abwartend und zurückhaltend. Ich denke, auch für die Moderatoren war die Situation neu und ungewohnt, mit Fachleuten aus dem Osten zu arbeiten, nicht zu wissen, was sie können und was sie wissen wollen.

Die Art mit uns zu arbeiten war uns fremd. Die gegenseitigen Erwartungen mußten erst einmal zusammengetragen und bearbeitet werden. Es wurde uns klar, daß Toleranz, Flexibilität, Spontaneität, Offenheit, Methodenvielfalt, der Einbezug der Wünsche und Erwartungen der Teilnehmer und Moderatoren zu den wichtigsten Formen der Zusammenarbeit gehören. Bereits in der ersten Kurswoche lernten wir viele Methoden der Moderation kennen, die eine hohe Aktivität von uns verlangten. Nicht alle stießen auf unsere Zustimmung. Oft saßen wir abends zusammen, bis uns die Augen zufielen, und verständigten uns über bestimmte Themen. Trotz allen ernsthaften Lernens gab es auch Zeit für fröhliches oder besinnliches Beisammensein. Besonders nachhaltig blieben mir von meiner MFT-Kursteilnahme die Themen Gesprächsführung, Kommunikation und Regio-Pädagogik in Erinnerung.

Zum ersten Mal in meinem Berufsleben nahm ich während dieses Kurses an Supervision teil. Niemand von uns wußte bis dahin überhaupt, was das war. Es hat uns allen geholfen, Offenheit und Transparenz untereinander zu finden, eigene und Fremdinteressen besser ausbalancieren zu können – ein wichtiges Merkmal unserer Tätigkeit.

Ich denke, in unserer Gruppe waren leistungsstarke Teilnehmerinnen, die genau wußten, was sie wollten. Unser Ziel war, einen Abschluß zu erhalten, der als Berufsqualifikation anerkannt wird. Als wir davon hörten, daß die Teilnahme am MFT-Kurs vom brandenburgischen Ministerium für Bildung, Jugend und Sport (MBJS) für die Förderpraxis in Brandenburg nicht anerkannt wird, bemühten wir uns ernsthaft um ein Gespräch mit dem zuständigen Referenten des MBJS. In der Januarwoche 1995 hatten wir ein langes Abendgespräch mit ihm und der MFT-Geschäftsführung, mit dem Ergebnis, daß die „Impulse aus Brandenburg" erneut aufgelegt wurden, als aufbauende Maßnahme auf den MFT-Kurs. Dies haben wir sicher unserem eigenen Engagement und Mut zur Einmischung, aber auch der Unterstützung des Landes und der MFT-Geschäftsführung zu verdanken.

Heute liegt der Abschluß von MFT für mich schon ein gutes Jahr zurück. Oft denke ich an diese Zeit; ich habe viele Fachkolleginnen und Experten kennengelernt, auf die ich zurückgreifen kann, um Rat zu holen oder Erfahrungen auszutauschen. Eine Menge guter Fachliteratur, die überwiegend kostenlos zur Verfügung gestellt wurde, ist in meinem Besitz – leider noch nicht alles in meinem Kopf. Auf unsere in Arbeitsgruppen gefertigten Kolloquiumsarbeiten greife ich immer wieder für die Fortbildungs- und Beratungsarbeit zurück. Das wichtigste aber ist wohl, daß ich ein neues Verständnis von Kindergartenarbeit und Erwachsenenbildung gewinnen konnte und Chancen hatte, mich für meine Belange einzusetzen.

4. „Ich wollte erfahren, wie man Fachberatung anders machen kann ..."
Gespräch mit einer Fachberaterin über ihre Fortbildungserfahrungen

Birgit Mallmann, Gabi Struck[1]

Waren Sie schon vor 1989 Fachberaterin? Welcher Tätigkeit sind Sie damals nachgegangen?

Nein, ich war früher nicht Fachberaterin. Ein Jahr habe ich als Kindergärtnerin gearbeitet, dann bin ich einige Jahre in einer pädagogischen Schule gewesen, habe anschließend Diplompädagogik an der Humbold-Uni studiert und bin 1982 zurück in den Kreis, wo ich vorher gearbeitet hatte und war dort bis August 1990 als Kindergartenleiterin angestellt. Ab 1990 bin ich ins Schulamt des Kreises als Sachbearbeiterin für Kindertageseinrichtungen / Kindertagespflege und den Bereich der ambulanten Hilfe gewechselt. Seit der Kreisgebietsreform bin ich im Landkreis auch für Kindergärten und für die Fachaufsicht Heime zuständig.

Bitte denken Sie an die Zeit zurück, in der Sie sich entschlossen haben, an der Qualifizierungsmaßnahme teilzunehmen. Wie haben Sie von der ‚Multiplikatoren-Fortbildung Tageseinrichtungen für Kinder' erfahren?

Über eine Kollegin vom Landesjugendamt, die zu einem anderen MFT-Kurs gehörte und sehr begeistert war.

Warum wollten Sie an der Fortbildung teilnehmen? Was haben Sie erwartet?

Weil ich die Fachaufsicht für Heime und alle ambulanten Hilfen hatte,

---

[1] B. Mallmann und G. Struck haben gegen Abschluß des MFT-Projektes strukturierte Interviews mit zufällig ausgewählten Teilnehmerinnen und Moderatorinnen durchgeführt. Themen waren: Die Motivation zur Projektteilnahme, Erfahrungen aus dem Kursverlauf zu Inhalten, Vorgehensweisen und Klima, die Kommunikation zwischen Ost und West, die persönliche und berufliche Weiterentwicklung. Der vorliegende Beitrag ist die gekürzte Wiedergabe eines dieser Interviews; die Veröffentlichung ist mit der Interviewpartnerin abgestimmt (Anm. d. Hrsg.).

hatte ich mich im Vorfeld eigentlich entschieden, eine Qualifikation zur Sozialarbeiterin zu machen. Ich habe auch die Anschlußqualifizierung eines 1200-Stundenprogramms absolviert und hatte eigentlich nicht die Absicht, eine weitere Fortbildung zu machen. Aber es waren ja nur fünf Wochen, verteilt über anderthalb Jahre. Außerdem gab es damals wenig Fortbildungsangebote in unserem Bereich. Andere Kursteilnehmerinnen, mit denen ich mich unterhalten habe, waren auch sehr begeistert, und so habe ich mich dann doch noch entschlossen.

Es ist schon schwierig, wenn man viele Jahre als Leiterin einer Kindereinrichtung gearbeitet hat und kommt dann in den Kreis zurück. Da denkt man ja gleich daran, daß man auch Fachberaterin ist und welche Erwartungen an einen gestellt werden. Obwohl ich mich nicht Fachberaterin genannt habe – auch heute nenne ich mich nicht Fachberaterin, weil es bei uns im Kreis noch nicht alles so klar ist – habe ich in meiner Tätigkeit erlebt, daß Fachberaterinnen mit sehr viel Vorbehalt aufgenommen werden. Es ist eben altlastig, bedingt wohl auch durch die Person, die wir früher hier im Kreis hatten. Man war eben nicht so willkommen. Mir war also klar, was und wie ich nicht sein wollte, aber wie ich denn sein wollte, war mir auch nicht so klar. Von daher habe ich mich für die Fortbildung entschieden. Wie kann man Fachberatung anders machen? Ich habe die Erwartung an den Kurs gehabt, zu erfahren, wie man Fachberatung anders machen kann, welches das Berufsbild der Fachberatung ist. Welche Fähigkeiten muß man dafür haben und wie muß man als Mensch sein, um als Fachberaterin anerkannt zu werden? Ich war neugierig geworden.

Es ist schlimm, wenn man in Einrichtungen geht und nur mit Vorbehalten aufgenommen wird. Das ist dann ein Punkt, wo die Arbeit keinen richtigen Spaß macht, wo man sich jedes Wort überlegen muß und wo man sich jedesmal wieder überlegen muß: wollen sie dich eigentlich, nehmen sie dich an? Wenn man immer wieder diese Frage stellt, kann man nicht allzu viel bewegen. Man muß ein bißchen unbelastet daran gehen können. Und daher die Erwartung: Berufsbild und Fähigkeiten kennenzulernen, die man benötigt, um gute Fachberatung machen zu können.

Waren Sie zum Zeitpunkt der Anmeldung für die Fortbildung mit Ihrer Arbeitssituation zufrieden?

Nein.

Was war nicht zufriedenstellend?

Nicht zufriedenstellend war, daß alles, was mit Kindereinrichtungen zu tun hatte, sich am Geld orientierte; daß Kindereinrichtungen, Erzieher und Leiter, was die inhaltliche Arbeit betrifft, sehr stark verunsichert waren. Das wirkte sich auch auf mich aus. Mir war auch nicht richtig klar, in welche Richtung es nun weitergehen soll. Dann kommt hinzu, daß inzwischen die Trägerschaft der Einrichtungen an die Kommunen übergeben wurde, wenn man es mal positiv ausdrücken will. Es war ja zum Teil eher ein Überstülpen, und da gab es Spannungen zwischen den Kommunen und dem Kreis. Es ging aber auch ums Geld, daß muß man eindeutig so sagen. Ich hatte den Eindruck, es bewegt sich alles nur noch nach unten und es geht überhaupt nichts mehr vorwärts. Um Inhalte ging es in der Zeit überhaupt nicht. Das war das Allerschlimmste. Niemand hat gefragt, wie geht es den Kindern in der Einrichtung, was wollen wir denn für unsere Kinder? Die große Erzieherinnenkündigungswelle setzte ein, der Geburtenrückgang war enorm, wenn ich an unseren Kreis denke. Wir haben nur geschlossen! Das war die Arbeit. Ich kannte viele, und jede hatte dann auch Erwartungen gehabt. Ich konnte überhaupt nichts beeinflussen.

Wir sind jetzt in der Phase der Jugendhilfeplanung, und da erfassen wir auch den Altersdurchschnitt der Erzieherinnen. Das ist erschreckend. Die meisten Erzieherinnen sind zwischen 40 und 50 Jahre alt, der zweite Schnitt zwischen 30 und 40. Zwischen 20 und 30 ist der geringste Anteil. Ich meine das nicht bösartig. Es muß auch ältere Kolleginnen geben, und wenn jemand krank ist, kann er nichts dafür, aber wir haben fast nur noch Alte und Kranke in den Einrichtungen. So stellt sich das im Augenblick dar. Weil ja nur nach sozialen Gesichtspunkten gekündigt wurde und die Fachlichkeit überhaupt keine Rolle spielte. Und das ist schlimm, wenn man so zugucken mußte, wenn sowieso jeder unsicher ist, was eigentlich passieren wird in den Kindereinrichtungen, welches Konzept man für sich erstellt, und dann immer noch die Besten rausfliegen, weil sie jung sind oder weil der Mann vielleicht noch Arbeit hat. Man kann nichts tun, man muß zugucken. Das macht keinen Spaß.

Haben Sie gehofft, daß sich Ihre Arbeitssituation durch die Fortbildung verbessert?

Ja und nein. Ja, denn wenn man ein bestimmtes Handwerkszeug hat, kann man in die Einrichtungen gehen und offensiver arbeiten. Nein, weil mir klar ist, daß man die Kindereinrichtungen nicht „auf Teufel komm raus" halten kann. Man muß schon gucken, wie sind die Geburtenzahlen, welche Einrichtungen kann man erhalten. Mir war von daher schon klar, daß ich immer wieder mit vielen negativen Dingen konfrontiert sein würde, und das ändert sich auch nicht durch die Fortbildung. Bevor ich zu der Fortbildung gegangen war, und auch heute ist das noch so, daß ich mir nicht ganz klar bin, ob ich das, was ich derzeit mache, auf Dauer machen möchte.

Wenn Sie an die ersten Tage der Fortbildungsveranstaltung denken – Welche bemerkenswerten Situationen oder Eindrücke sind Ihnen in Erinnerung geblieben?

An die ersten drei Tage kann ich mich noch sehr gut erinnern. Ich war drauf und dran, die Sache gleich wieder „ad acta" zu legen. Das hing mit unserer Gruppe zusammen. Unsere Gruppe setzte sich zusammen aus Fachberaterinnen, die schon langjährig Fachberaterinnen waren, neuen Fachberaterinnen, aus Mitarbeiterinnen im Jugendamt – dazu würde ich mich auch zählen – und aus Leiterinnen. In der Vorstellungsrunde, als es um Erwartungen ging, da prallten nicht nur Meinungen aufeinander, sondern auch Zeiten. An der Stelle hätte ich mir zum Beispiel gewünscht, daß die Moderatoren die Spannung rausnehmen. Am Ende des Lehrgangs habe ich dann besser verstanden, warum sie das nicht gemacht haben. In dem Moment fühlte ich mich sowas von unwohl, daß ich dachte: In so einer Atmosphäre und dann beim nächsten Mal eine ganze Woche und auf so engem Raum, das kommt hier irgendwann zum großen Knall. Das war am Anfang wirklich schlimm. Ein bißchen neu war für mich, daß wir zu bestimmten Dingen und Tätigkeiten durch Arbeitsgruppen hingeführt wurden. Das hatte ich in anderen Fortbildungen zwar erlebt, aber so intensiv nun wieder auch nicht. Das, denk' ich, war schon richtig so, weil man sich bestimmte Dinge selber erarbeiten muß. Man versteht es dann ja auch viel besser und steht mehr dahinter, als wenn man einen Vortrag dazu gehört hätte. Aber die Erwartung war erstmal eine andere. Da kommen Leute, die halten einen Vortrag, da macht man dann ein Seminar dazu und da geht dann was los! In der Situation aber dachte ich: Denen geht es ganz gut da vorne, die fragen uns jetzt: „Wie hättet Ihr es jetzt gerne und was möchtet Ihr...?" Das kam mir so unvorbereitet vor. Was soll denn unterm Strich dabei rauskommen? Ich konnte mir überhaupt nicht vorstellen, daß andere davon so begeistert waren. Weil ich das ja nun so gehört hatte, daß es so toll sein soll. Ich dachte: „Das kann mit Sicherheit nicht so toll werden." Das war am ersten Tag so das Allerschlimmste.

Den Moderatoren ist es trotzdem gelungen, uns auf die nächste Veranstaltung einzustimmen. Wir haben praktisch die erste Woche genutzt, um uns kennenzulernen und auch gemeinsam abzustecken, was wir während des gesamten Kurses gemeinsam bewältigen wollen. So war dann doch der Ausblick auf die nächste Woche positiv. Das ist den Moderatoren gut gelungen.

Was hat Ihre Stimmung der ersten Tage beeinflußt?

Meine Stimmung ist beeinflußt worden von dieser Konfrontation zwischen „alten Hasen" und „Neueinsteigern". An den ersten zwei Tagen habe ich kein Aufeinanderzugehen gemerkt. Jeder hielt seine Position für berechtigt und hielt daran fest und war nicht bereit, davon abzuweichen und aufeinander zuzugehen. Ich habe mich da sehr zurückgenommen. Ich habe es erstmal so beobachtet, fühlte mich nirgends so zugehörig. Dann kam langsam so ein bißchen Neugierde dazu. Das lag wesentlich an der Methode der Moderatoren. Heute denke ich, daß das eine Sache war, wo wir uns als Gruppe auch mit auseinandersetzten mußten. Viele Dinge, die wir im Verlauf des Kurses dann auch bearbeitet haben, z. B. Gruppendynamik, da wußte ich vorher gar nicht, wie solche Dinge wirken. Aber wenn man sich damit auseinandersetzt, kann man das mit Abstand auch besser betrachten. Heute sehe ich, daß es eine gute Leistung von den Moderatoren war. Wir haben als Gruppe dann die gesamte Zeit gut zusammengehalten. Wie gut wir zusammengehalten haben, wurde dann deutlich, als eine Kollegin durch Krankheit ausgefallen war und nicht am Abschlußkolloquium teilnehmen konnte. Wir haben uns dafür eingesetzt, daß auch sie ihr Abschlußzertifikat bekam. Wir haben gesagt, daß wir alles gemeinsam erarbeitet hatten, auch wenn sie beim Kolloquium nicht dabei sein konnte.

Wie hat sich Ihre Stimmung im Verlauf der gesamten Fortbildung entwickelt?

Ich bin dann immer sehr gern gefahren, war immer gespannt darauf, was an Neuem zu hören sein wird, und so war die Erwartungshaltung ganz schön groß. Ich hab mich auch immer wieder gefreut, die Leute aus der Gruppe zu treffen. Es gab eine Kollegin, die nicht sehr regelmäßig kam. Wir haben dann in der Gruppe darüber gesprochen und gemeint, daß es nicht in Ordnung wäre, wenn sie das Zertifikat bekommt. Es ist nicht in Ordnung. Sie hat einen Platz für eine andere Kollegin blockiert. Aber ansonsten gab es keine, wo ich sagen könnte: mit der würde ich nicht mehr reden. Wir haben nach wie vor lose Kontakte. Es gibt aber auch einige, zu denen man engere Kontakte hat. Also, von der Stimmung her hat es Spaß gemacht.

Gab es Hoch- oder Tiefpunkte?

Ja, die gab es. Es war die dritte Woche, da ging es um Moderationsmethoden. Aus meiner Sicht würde ich sagen, daß das die beste Woche war. Die Woche ist super gelaufen, da haben wir unheimlich viel gelernt, und es hat viel Spaß gemacht. Wir waren allerdings auch unheimlich beschäftigt, das muß ich auch mal sagen. Es gab auch Abschnitte, die waren für mich nicht so wichtig. Aber es gehört auch dazu, daß man sich den Interessen der Gruppe mal unterordnet. Das würde ich nicht als Tief bezeichnen, das halte ich schon für wichtig. Wir haben ein Bergfest gefeiert, wir haben einen tollen Abschlußabend gemacht, wir sind so aufeinander zugegangen. Wenn ich an die Supervisionsgruppen denke, da gab es keine Probleme. Eigentlich war es schön. Tiefpunkte gab es eigentlich keine mehr. In der ersten Woche war das noch so, aber das haben wir dann abgebaut.

Die Grundstimmung war positiv. Es gab hin und wieder, immer dann, wenn die Meinungen „Alt" und „Neu" aufeinanderstießen, schon mal Spannungen. Aber es war nicht so, daß es zum Eklat kam. Man hat immer einen Kompromiß gefunden. Ich hatte auch das Glück, daß meine Arbeitsgruppe und meine Supervisionsgruppe gut waren. Wir hatten eine Kollegin dabei, mit der wir zuerst etwas Probleme hatten, aber wir haben selber auch daran gearbeitet. Wir sind damit offen umgegangen und sie hat das angenommen.

Einen Tiefpunkt hatten wir dann, als unsere Moderatorin einige Zeit ausgefallen ist. Das ist dann zwar gut ersetzt worden, aber schade ist es schon. Wenn man sich für eine Fortbildung entschieden hat, möchte man als Gruppe die ganze Zeit zusammenbleiben. Wir haben zumindest sehr großen Anteil genommen.

Es gab keine einschneidenden Erlebnisse, die man als Tiefpunkte für die Gruppe bezeichnen könnte. Es gab mehr Höhepunkte.

Welche Themen, Inhalte waren für Sie besonders interessant? Können Sie eine Rangfolge festlegen?

Die unterschiedlichen pädagogischen Konzepte: das hat mir viel gegeben und mir viel Spaß gemacht, weil wir in Gruppen gearbeitet, gelesen haben. Das war eine tolle Sache. Dann die Arbeit zur Moderationsmethode. Das waren zwei Sachen, die herausragend waren. Die Rangfolge ist:
(1) Berufsbild,
(2) Pädagogische Konzepte,
(3) Moderation und Moderationsmethoden,
(4) Kommunikationsmethoden (kannte ich vorher schon, habe ich aber vertiefen können).

Warum waren diese Inhalte so interessant für Sie?

Ich hatte mir für mich vorgenommen: Wenn ich in Kindereinrichtungen gehe und berate, dann will ich auch wissen, worüber ich rede, wenn ich z. B. sage „Waldorf". Es gab eine Phase, da hätte ich mich für Waldorf wirklich begeistern können. Oder „Situationsansatz", damit hatte ich z. B. meine Probleme. „Situationsansatz" war das, was die Einrichtungen gehört hatten, was so rübergeschwappt war. Ich wollte zumindest einen Standpunkt dazu haben. Es war für mich ganz wichtig, mich noch mal mit den unterschiedlichen Konzepten auseinanderzusetzen. Zu schauen, was davon in unseren Kindereinrichtungen auch wirklich realisiert werden kann. Klar kann ich sagen: „Waldorf"! Wir hatten einen Dezernenten, der hat die Woche dreimal gesagt: Nun aber in Richtung Waldorf! Na ja, das geht aber nicht so. Das war das eine, und das andere war, daß von unseren Kindereinrichtungen, als die Wende kam, der Bildungs- und Erziehungsplan vollkommen zur Seite gelegt worden war. Das konnte ich irgendwo auch verstehen, aber es war kein Ersatz da, es war nichts da, wo sie nun eigentlich geschaut haben: wenn dies und das nicht geht, was machen wir dann, wo nehmen wir Anregungen her? Wie wollen wir denn mit den Kindern zukünftig arbeiten? Was wollen wir ihnen eigentlich anbieten? Es gab in den Einrichtungen alles, voll durchorganisiert bis zum Chaos. Es wurde in den Tag hinein gearbeitet, ohne zu überlegen, was will man nun eigentlich. Da wollte ich für mich sagen können, wenn ich in die Einrichtungen gehe, will ich ihnen auch sagen können, wo sie hinschauen können, wie sie sich orientieren können. Ich wollte ihnen aus meiner Sicht Orientierungen geben können, ohne zu sagen, das müßt ihr so machen. Deshalb war für mich die Auseinandersetzung mit Konzepten, und wie man Konzepte erarbeiten kann, so wichtig. So eine kleine Frage, wie z. B. sich als Leiterin nicht allein hinzusetzen und sich was auszudenken, sondern mit den Erziehern und Kindern gemeinsam zu überlegen, wie können wir unsere Räume verändern, welche Möglichkeiten bietet unser Haus denn eigentlich. Mitten in einem Stadtzentrum über Natur zu reden, ist zumindest schwierig. Aber wenn ich eine Einrichtung habe, die Wald und Wiesen hat, wo Tiere in der Nähe sind, da bietet sich das viel eher an. Also solche Dinge zu berücksichtigen und zu überlegen, was kann man da machen. Das heißt, die konkreten Bedingungen auch mit einzubeziehen. Es muß also nicht „Waldorf" sein, es muß das sein, was man auch leisten kann, was man will und wofür es Möglichkeiten gibt.

Welche Methoden waren neu für Sie?

Für mich war über die gesamte Strecke die Frage neu: „Was möchten Sie denn eigentlich?". Für den Anfang habe ich das akzeptiert und fand es o. k. Wenn man sich über fünf Wochen mit etwas beschäftigen will, muß man auch wissen, was die Gruppe eigentlich will. Daß man das fragt und das wissen will, erschien mir logisch. Aber daß man innerhalb des Kurses immer wieder die Frage stellt, was wollt ihr eigentlich, wollt ihr das immer noch, nachdem man schon ein bestimmtes Programm absolviert hatte, das war für mich neu.

Neu war auch, daß man sich fast alles in Kleingruppen oder auch alleine über Literaturstudium erarbeitet. [...] Ganz neu war auch die Dokumentation. Wir haben ja nicht nur gearbeitet, sondern auch alles zu Papier gebracht, haben dann im Plenum darüber berichtet und anschließend wurde dann alles fotografiert. Es gab auch Protokolle von jeder Woche, die von den Moderatoren erstellt wurden. Das war für mich neu. Das habe ich in dieser Form auf noch keiner Fortbildungsveranstaltung erlebt. Das finde ich aber sehr gut, weil man auch später mit Abstand nachschlagen kann und sich dann an Episoden erinnern kann, wie z. B. bestimmte Tafelbilder entstanden sind. Das war für mich neu.

Nicht ganz neu, aber nicht in dieser Intensität erlebt, war der Beginn der Veranstaltungen und ihr Ende. Die Anfangsphasen wurden mit den Fragen: „Wie geht es Ihnen? Was ist vom letzten Mal offen geblieben? Welches Ereignis oder Erlebnis hat sie besonders bewegt in dieser Zeit und könnte eventuell diese Woche beeinflussen?" eingeleitet. Auch wie man die Anfangsrunden gestaltet, um immer wieder sofort Atmosphäre zu haben, einen Ball zuwerfen und dabei Einstiegsfragen weitergeben oder eine Mauschelrunde. Da gibt es auch viele Varianten, die ich in der Arbeit gerne einsetze. Und immer wieder auch das Feedback. In der Sozialarbeiterausbildung hatte ich von dieser Methode gehört, aber so immer wieder betrieben und immer wieder gefordert, das hatte ich vorher noch nicht erlebt.

Ganz unbekannt waren mir manche Methoden nicht, aber die Erfahrungen sind sehr intensiv gewesen, so wie ich es vorher noch nicht erlebt hatte. Die Arbeit in Kleingruppen war mir z. B. schon bekannt, ebenso die Arbeit im Kreis. In dem Zusammenhang können auch die Anfangsrunden erwähnt werden und das Sich-Erinnern an das, was schon mal da war und gewesen ist; sich zu besinnen. Daß die eigene Befindlichkeit auch die Fortbildung beeinflußt, das war auch neu. Sonst wird keine Rücksicht darauf genommen. [...]

Gab es Methoden, die für Sie weniger relevant waren? Welche Vorgehensweisen haben Sie besonders angesprochen?

Ich denke, jede Methode, die eingesetzt wurde, hatte ihre Berechtigung. Selbststudium z. B. ist auch eine Methode, die mir bekannt war. Die mußte ich nicht erst lernen. Aber da eingesetzt, war sie wichtig. Oder auch der Vortrag: das ist auch eine Methode, die ich kannte. Aber es war wichtig, daß man lernt und immer wieder übt, vor der Gruppe zu sprechen. Ein anderes Beispiel sind z. B. die Regeln der Kommunikation: „ich" und nicht „wir" sagen. Davon hatte ich im Vorfeld auch schon gehört, aber so intensiv betrieben und so intensiv daran gearbeitet hatte ich vorher noch nie. Es kam den Moderatoren auch immer wieder darauf an, egal ob wir jetzt im Plenum oder in der Gruppe waren, daß man wirklich seine eigene Meinung sagt: Wenn man „wir" sagt, daß man das als Meinung der Gruppe vertritt, wenn man z. B. gemeinsame Ergebnisse vorgetragen hat. Dann kann ich schon „wir" sagen. Aber es wurde immer darauf geachtet, daß „ich" jetzt hier stehe und das „ich" jetzt meine Meinung sage.

Besonders angesprochen haben mich die Anfangsphasen, und damit verbunden die Berücksichtigung der persönlichen Befindlichkeit. Und dann das selbständige Erarbeiten von Inhalten.

Es ist den Moderatoren sehr gut gelungen, ihre Meinungen und Standpunkte einzuarbeiten, und ich hatte nie den Eindruck, mit irgendwas überrollt zu werden. Ich habe immer die Möglichkeit erhalten, mich selber einzubringen, und ich hatte auch mal die Möglichkeit – und das wurde akzeptiert – zu sagen: nein, da mache ich jetzt nicht mit, das möchte ich jetzt nicht.

Es war ein gutes Zusammenspiel von Einzelarbeit, Gruppenarbeit und Arbeit im Plenum. Besonders wenn ich den Eindruck hatte, jetzt wird es langweilig, jetzt flaut es ab oder jetzt wissen wir als Gruppe nicht mehr weiter. Irgendwie hatten die beiden Moderatoren ein Gespür dafür – es gab ja schließlich einen Zeitplan – und wenn wir meinten, die Zeit sei zu kurz für die Aufgabe und wir bräuchten sehr viel länger – Na, wir sollten erstmal beginnen, hieß es dann, und es war tatsächlich so, das diese Phasen, die sich abwechselten, gut geplant waren. Der Zeitplan war sehr gut durchdacht.

Rollenspiele sind eigentlich nicht ganz so mein Ding. Ich schaue es mir gerne an und muß nicht unbedingt beteiligt sein, aber letztendlich ist es eine Methode, über die man sehr vieles erfahren, sehen und lernen kann. Weil man die Gruppe über eine längere Zeit kannte und sich so die Hemmungen abgebaut hatten, habe ich dann doch mal mitgemacht.

In bestimmten Situationen war es sicherlich erforderlich, daß die beiden Moderatoren bestimmte Dinge demonstriert haben. Sie haben uns unheimlich viel Material zur Verfügung gestellt. Sie hatten z. B. Diareihen und Filme dabei, und abends konnten wir uns dann auch mal Filme anschauen. Sie hatten Bücher für uns dabei, sie haben für uns fotokopiert. Sie haben einfach alles, was wir gemacht und erstellt haben, fotografiert und dokumentiert. Das war wirklich enorm. Wir haben von MFT viel Material zur Verfügung gestellt bekommen, besonders wenn ich an die Arbeit zu den verschiedenen pädagogischen Konzeptionen denke. Es war Material zusammengestellt und zur Verfügung gestellt worden, so daß jeder Lesestoff hatte und damit auch weiterarbeiten konnte und kann.

Die Sitzordnung war eine Sache, da haben wir bis zum Schluß geschimpft. Wir haben im Stuhlkreis gesessen. An Tischen gearbeitet hat man nur, wenn man in Kleingruppen mit Papier und Schere gearbeitet hat. Das haben wir immer wieder ein bißchen moniert, nicht weil wir nicht mit der Methode einverstanden waren, sondern weil, wenn man so frei sitzt, viel zu sehen ist, und manchmal war bei mir schon das Bedürfnis da, mich hinterm Tisch zu verstecken. [...]

Kommen wir zu einem neuen Thema. Hat sich Ihr Arbeitsfeld (Inhalte, Aufgabenstellung) im Verlauf der Qualifizierungsmaßnahme verändert?

Ja, wobei das weniger mit der Fortbildung zu tun hat, als vielmehr mit der Kreisgebietsreform. Seit der Kreisgebietsreform bin ich zumindest mit einem Teil der Stunden als Fachberaterin tätig. Auch wenn es sich banal anhört: bei mir steht jetzt immerhin „Sachbearbeiterin KITA/Fachberaterin". Das ist neu.

Hat sich Ihre Stellung als Fachberaterin, z. B. dem Vorgesetzten oder dem Team gegenüber, verändert?

Schwer zu sagen. Sowohl im alten Kreis als auch jetzt, hatte ich eine gute Stellung im Team. Vielleicht insofern, daß es mir gelungen ist, auch im neuen Fachkreis für die Fachberatung ein bißchen Bahn zu brechen, und daß diese Bezeichnung im Stellenplan zumindest mit drin ist. Das hängt letztendlich mit dem Verständnis des Arbeitgebers zusammen: Fachberatung hier und nicht woanders? Ansonsten bin ich vorher akzeptiert worden und heute auch.

Mir ist durch bessere Argumentation gelungen, den Bereich Fachberatung zu unterstützen. Das wird auch so akzeptiert, aber man muß berücksichtigen, wir sind ein Landkreis, wir haben noch 76 Kindereinrichtungen, für die ich zuständig bin und wo ich auch noch für die Fachaufsicht verantwortlich bin. Im Grunde genommen kann man dann Fachberatung gar nicht ernst nehmen, zumindest nicht so, wie ich sie verstehe. Aber sie steht erstmal da und das ist ein erster Schritt.

Wie ist das mit den Rahmenbedingungen? Haben sich die verändert?

Fachberatung wird aus meiner Erfahrung sehr gerne angenommen und von freien Trägern gewünscht – obwohl die eigentlich eine eigene

Fachberatung haben. Aber wahrscheinlich gerade deshalb. Die Fachberaterin ist wahrscheinlich nicht leicht zu erreichen, sie sitzt weit ab und ich sitze eben hier vor Ort, habe Feldkenntnisse und werde daher auch gefragt. Kommunen wollen Fachberatung nicht so gerne. Das hängt wohl damit zusammen, daß inhaltliche Arbeit auch immer mit Rahmenbedingungen zusammenhängt. Diese Rahmenbedingungen müssen dann auch etwas verändert werden und das ist nicht immer zum Nulltarif, das kostet manchmal ein bißchen Geld. Man kann auch viel ohne Geld machen, aber manches kostet eben doch.

Die Übernahme der Einrichtungen durch freie Träger (als Landkreis liegen wir wie im Landesschnitt bei ca. 26 %). Wir sind immer noch dabei, Einrichtungen zu übergeben, und wir haben recht viele Elterninitiativen oder Vereine, die nicht den großen Wohlfahrtsverbänden angeschlossen sind, und da ist natürlich schon inhaltliche Begleitung gewünscht. Da ist der Kopf frei, da kann ich ganz unbefangen hingehen. In der Regel möchte der Arbeitgeber das. Zum Teil sind sie ihre eigenen Arbeitgeber, wenn man jetzt z. B. die Vereine sieht.

Zu den Veränderungen gehört auch, daß die Erzieher feste Arbeitsplätze haben. Sie sind zumindest im Augenblick nicht von Kündigung bedroht. Es gibt immer Veränderungen in der Kinderzahl, aber das meine ich jetzt nicht. Wichtig ist, den Kopf frei zu haben für die inhaltliche Arbeit und sich nicht von Kündigung bedroht zu fühlen.

Eltern können heute wählen, wo sie ihre Kinder hingeben. Da spielt Qualität zunehmend eine große Rolle. Jede Einrichtung weiß, daß sie nur dann Kinder bekommt, wenn sie qualitativ gute Arbeit macht. Und da brauchen sie einfach Unterstützung und erwarten sie auch. Elternarbeit spielt eine Rolle. Nicht daß ich jetzt mit Eltern arbeite, aber Eltern schauen hin, welche Leistungen sie für ihr Geld kaufen. Eltern kommen auch zu uns und fragen, welche Einrichtung wir ihnen empfehlen können. Sie fragen, worauf man achten muß, wenn man seine Kinder in eine Einrichtung gibt. Die Konkurrenz, die durch die Trägervielfalt da ist, ist neu. Jeder will sein eigenes Konzept finden. Ich denke jetzt an das KITA-Gesetz. Darin ist z. B. das Wunsch- und Wahlrecht festgelegt. [...]

Das KITA-Gesetz spielt eine Rolle, Fachberatung ist zumindest in den Regelkosten mit enthalten, wenn auch Fachberatung nicht den Stellenwert hat, den wir uns gewünscht hatten.

Insgesamt glaube ich, daß ein kleines bißchen mehr Ruhe eingetreten ist. Wir haben noch 76 Einrichtungen; bedingt durch die Gebietsreform bahnen sich zwar noch Schließungen an, doch in unserem Gebiet haben wir ungefähr die Struktur, die wir vorerst behalten werden. Diese gewisse Kontinuität an Einrichtungen bedingt, daß man sich mal auf

was Positives konzentrieren kann und nicht immer nur mit Schließungen konfrontiert ist.
Daß Fachberatung im Stellenplan steht – wenn auch nicht mit 100 % – trägt dazu bei, daß die Kollegen und Erzieher wissen: da sitzt jemand, der macht neben allen anderen Dingen, die mit Kindereinrichtungen zu tun haben, eben auch die fachliche Begleitung von Kindereinrichtungen, wenn es denn gewünscht ist. [...]

Kommen wir jetzt zu Fragen der beruflichen und persönlichen Weiterentwicklung. Haben Sie sich in Ihrer Rolle als Fachberaterin verändert?

Ja. Ich habe z. B. keine Probleme mehr damit, mich Fachberaterin zu nennen. Anfangs habe ich mich lieber anders genannt, z. B. „Sachbearbeiterin KITA" oder „Mitarbeiterin im Jugendamt". Ich bin auch locker in den Einrichtungen. Mir ist klar geworden, daß ich nicht diejenige bin – wollte ich auch nie sein –, die per Daumendruck bestimmte Dinge durchsetzt. Ich weiß, daß ich viel Geduld haben muß, immer wieder bestimmte Dinge ansprechen muß. Das ist auch etwas das Problem. Ich hatte noch nie die Möglichkeit, über längere Zeit eine Einrichtung zu begleiten, obwohl ich mir das sehr wünsche. Dann könnte man all die Dinge auch ausprobieren, die man gelernt hat. Die Kontakte sind in der Regel eher sporadisch. Es gibt ein Problem, und dann werde ich gerufen und bin auch da. Meistens ist es auch so, daß der Träger immer dabei ist. Und dann war mir am Anfang nicht so ganz klar: Auf welcher Seite stehst Du nun eigentlich? Wenn ich heute zu einer Beratung gehe, dann sage ich im Vorfeld klipp und klar: Sie sind der Träger, sie schauen nach den Finanzen! Das ist ihre Aufgabe und das ist auch o. k. so. Ich nicht! Ich bin auch nicht Interessensvertreter der Erzieher, und ich kämpfe nicht dafür, ob sie nun 6 oder 7 Stunden oder vollbeschäftigt tätig sind. Ich schaue, was ist für Kinder gut, was für sie zu tun ist und was für die Kinder verändert werden muß. Mit dem Blick gehe ich daran. Wenn sie mir dann erzählen, daß sie kein Geld haben, nun ja, das höre ich mir an. Und dann müssen wir einen Kompromiß finden. Manches geht ohne Geld nicht, und da sage ich schon auch mal: hier geht es um die Sicherheit der Kinder, und da sind sie als Träger verantwortlich. Die Positionen sind mir jetzt klar.
Sicherlich hat das auch was zu tun mit einem veränderten Bild vom Kind. Ob als Leiterin oder Fachberaterin, was man macht und wie man es macht, hängt auch stark davon ab, wie man sich selber und wie man sein Berufsbild sieht und welches Bild man vom Kind hat. Ob man es wahrhaben will oder nicht, auch zu DDR-Zeiten hatte ich ein be-

stimmtes Bild vom Kind. Ich selber, mit meiner Mentalität und meinem Wissen, habe bestimmte Dinge so umgesetzt, ein anderer hat sie anders umgesetzt. Trotzdem hat sich für mich durch die Fortbildung gerade da eine Veränderung vollzogen. Aber ich habe auch nicht zu denjenigen gehört, die am Kind vorbei was gemacht hätten. Heute schaue ich viel intensiver gerade auch da. Wo ich früher Kompromisse gemacht habe, vielleicht auch mehr auf die Erzieher gesehen habe, da sage ich heute zu den Erzieherinnen, daß das Allerwichtigste ist, erstmal nach den Kindern zu gucken. [...]

Welche neuen persönlichen Erfahrungen und Entwicklungsschritte haben Sie durch die Fortbildung machen können?

Eine Erfahrung ist vielleicht, daß ich mit Trägern und Kommunen viel ruhiger und sachlicher umgehen kann, und daß oft auch die besseren Argumente auf meiner Seite sind. Früher kam ich mir manchmal hilflos vor. Ich hab gelernt zu sagen: „Das ist meine Position und das ist Eure Position!" Ich kann auch damit leben, wenn jemand nicht meine Position hat. Ich kann auch einen Strich ziehen und deutlich machen, wo ich bereit bin, einen Kompromiß zu suchen und auch einzugehen, und wo ich keinen Schritt von meiner Position abweiche. Das hängt vielleicht auch damit zusammen, daß wir ein kreisliches Jugendamt sind, und die Träger der Einrichtungen sind die Kommunen. Da gibt es immer irgendwelche Querelen. Zu Anfang hatte ich die Haltung: „Mein Gott, du darfst jetzt nichts falsch machen. Du mußt versuchen, es den Kommunen recht zu machen...". Das war eine ganz blöde Situation. Ich habe gedacht: „Wenn du jetzt hier an dieser Stelle ein falsches Wort sagst, dann kriegst du gleich von allen Seiten einen vors Schienbein gedonnert." Diese Ängstlichkeit und Unsicherheit, die ist weg. Wie schon gesagt: Ich bin jetzt hier, und da reden wir entweder drüber oder nicht. Das ist ein ganz anderes Gefühl. Ich weiß, ich brauche nicht mehr dienern und ich brauche auch nicht um gut Wetter bitten, sondern ich kann auch schon mal etwas fordern! Das, denke ich, ist wichtig. Ich habe mir mittlerweile einen Stand erarbeitet, da wissen sie, es gibt eine Grenze, und da gibt es auch keinen Kompromiß mehr. Da sage ich: „Also nein, wenn es um Personal geht, da mach' ich nicht mehr mit, das ist eben sofort zu machen." Aber, z. B. Sanitäranlagen, wenn eben zwölf Kinder im Hort keine verschließbare Toilette haben, das ist mir wurscht, wenn ich weiß, daß es den Kindern in der Einrichtung viel besser geht als vielleicht in der Schule nebenan. Dann sag ich: „Also paßt mal auf: Das nehmen wir langfristig zwar auf, aber ich will, daß die Kinder hierher kommen, daß für sie hier ordentliche Angebote gemacht werden und es den Kindern hier gut geht." Das wird von den Trägern angenommen. Wir arbeiten mittlerweile gut zusammen.

Aus all diesen Erfahrungen heraus – würden Sie Ihren KollegInnen empfehlen, an einem MFT-Kurs teilzunehmen?

Ja, würde ich tun. Einerseits wegen der Inhalte, aber andererseits ist es auch eine wichtige persönliche Erfahrung, in der Gruppe sich etwas anzueignen und bestimmte Dinge zu diskutieren. Solche Dinge zu lernen und auszusprechen wie: „Nein, das ist wirklich nicht mein Ding, das tue ich nicht mehr. Das mach ich nicht, das will ich nicht." Oder zu sagen: „Das ist eben mein Standpunkt, und ich bin im Augenblick nicht bereit, davon abzuweichen, und wenn ihr mir noch zehn Argumente sagt! Ich akzeptiere aber das, was ihr sagt". Also, solche persönlichen Erfahrungen sollte jeder machen. Ich merke das hier im Amt, daß es schon eine Rolle spielt, wie man bestimmte Dinge diskutiert. Ob man sich mal zurücklehnen kann und schmunzeln kann. Dann wird man natürlich gefragt: „Warum grinst du denn jetzt so?" Und dann sagt man: „Also, sich über eine solche Banalität zu streiten, da halte ich mich doch lieber raus." [...] Aber ich kann nicht die Probleme, die andere haben, zu meinen machen, das habe ich auch gelernt. Neben den inhaltlichen Dingen war gerade der Umgang mit anderen eine sehr positive Erfahrung, die ich im MFT-Kurs gemacht habe. Was habe ich die ersten Jahre gegen Windmühlen gekämpft, wenn ich das heute so mit Abstand betrachte. Wo von vornherein klar war, es ist sinnlos zu kämpfen. Wo man sich heute von außen neben sich stellt und sagt: „Es wird in die Richtung gehen, nun sei doch gescheit, setz' dich dafür ein, daß es in die Richtung vernünftig geht, anstatt für eine Sache zu kämpfen, die sinnlos ist." Seine Kräfte einzuteilen und zu schauen, wo es sich lohnt, sich zu engagieren und zu kämpfen. Und wo man Sachen laufen lassen und einsehen muß, das änderst du nie. Prioritäten zu setzen ist wichtig. [...]

Welche Rahmenbedingungen könnten die Anwendbarkeit und Umsetzbarkeit Ihrer Lernerfahrungen behindern?

Ich gehe motivierter an die Arbeit seit dieser Multiplikatoren-Fortbildung. Aber nach wie vor ist es so, daß Fachberatung von seiten der Gesetzgebung nicht eindeutig formuliert ist. Es wäre vieles einfacher – auch für mich – wenn an irgend einer Stelle stehen würde: „Fachberatung muß geleistet werden." Wer sie dann leistet, darüber kann diskutiert werden. Ich bin z. B. der Meinung, daß Fachberatung nicht unbedingt hier im Jugendamt angesiedelt sein muß. Mir wäre wichtig, daß die Aufgabe eindeutiger formuliert wäre.

Wir haben immer noch keine festen Strukturen. Es ist nach wie vor sehr viel in Bewegung. Und wenn man kontinuierlich arbeiten will, braucht man diese – allerdings keine starren – Strukturen. Zumindest sollte klar sein, wo es Kindereinrichtungen geben soll, wo es hingehen soll und was man konzeptionell machen will. Dazu braucht man ein bißchen Stabilität. Die ist im Moment noch nicht vorhanden, und das spielt hier eine Rolle. Unsicherheiten bezüglich der festen Stellen im Zusammenhang mit der Gebietsreform sind auch ein wesentlicher Faktor.

Sehen Sie Möglichkeiten der Veränderung Ihres Arbeitsfeldes?

Ich könnte mir vorstellen, daß sich die Relationen Fachberatung und Sachbearbeitung positiv verändern. Das bedeutet aber auch Lobbyarbeit zu leisten. Ich muß gute Argumente haben und mich unentbehrlich machen; dann würde ich Chancen sehen. Ich habe Unterstützung von seiten des Amtsleiters und einiger kommunaler und freier Träger.

Welche beruflichen Perspektiven streben Sie langfristig an?

Ich bin mir da nicht sicher. Ich glaube, daß ich das, was ich jetzt mache, nicht immer machen werde. Das hängt aber auch ein bißchen mit der Struktur im Haus zusammen. Irgendwo habe ich den Absprung verpaßt. Fachberatung, beim Kreis angesiedelt, wird nie ganz den Status von Kontrolle verlieren. Das ist mein Eindruck. Es braucht viel Kraft, wenn man jetzt in Einrichtungen geht, um rüberzubringen, daß man kein Kontrollorgan ist und das auch gar nicht sein will. Und das muß man immer wieder neu machen. Von daher wäre es meiner Meinung nach günstiger, Fachberatung auszulagern, am besten freiberuflich. Dann könnte man sich wirklich anbieten und würde unvoreingenommen angenommen werden.

5. „Ich bin wer, und ich kann was!" MFT-Moderatoren berichten über Entwicklungsschritte der Teilnehmerinnen

Frank Mühlinghaus, Verena Sommerfeld

„Ich bin wer und kann was!"
„Von ängstlich zu selbstsicher."
„Ich bin doch nicht allein."
„Neue Methoden kennengelernt."
„Es hat gut getan, hier gewesen zu sein."
So stand es unter anderem als Rückmeldung auf den Auswertungsplakaten der Teilnehmerinnen unserer MFT-Kurse zu den Fragen „Mein persönlicher Zugewinn in diesem Kurs" oder „Wie würden Sie Ihre persönliche Entwicklung beschreiben?"
Die Antworten zeigen, daß die Entwicklung der Teilnehmerinnen ganzheitlich gesehen werden muß, als persönlicher, fachlicher und sozialer Lernprozeß.
In der Einladung zur Teilnahme am MFT-Projekt standen viele Themen – von den Rechtsgrundlagen der Jugendhilfe bis zur Konzeptionsentwicklung in Kindertagesstätten. Mit der Motivation, viel Sachwissen zu erwerben und eine Orientierung zu erhalten („Ich will wissen, ob ich richtig liege", drückte es eine Teilnehmerin aus), kamen die Teilnehmerinnen an. Doch was nützt das umfangreichste Wissen, wenn man es nicht anwenden kann? Viele Fachberaterinnen äußerten zu Beginn des Kurses, daß die Fachberatung in ihrem Amt oder bei ihrem Träger noch nicht den erforderlichen Stellenwert habe oder sogar geringgeschätzt werde. Veränderungen wurden aber eher von außen erwartet, zum Beispiel durch eindeutigere gesetzliche Vorgaben oder als Wunsch, jemand möge den Trägern mal klarmachen, was Fachberatung eigentlich soll. Daß auch das eigene Rollenverständnis und professionelle Handeln das Arbeitsfeld beeinflussen und verändern könne, hielten einige Teilnehmerinnen am Anfang für unwichtig oder beinahe unmöglich. Eine Kursteilnehmerin beispielsweise beschrieb ihren Arbeitsplatz als Sammelsurium verschiedener Sachgebiete. Genaugenommen war sie bei ihrem Träger gar keine Fachberaterin, sie konnte aber auch keine andere Bezeichnung ihrer Stelle angeben. Dieser Zustand schien ihr unabänderbar. Sie sah für sich auch keinen Handlungsspielraum, aus Angst um ihren Arbeitsplatz

und weil die Kommunikation mit Kollegen und Vorgesetzten darüber einfach nicht gelänge.
Wir werden im folgenden beschreiben, wie wir die Entwicklung der beruflichen Identität im Laufe der Kurse wahrgenommen haben. Dabei beziehen wir uns im wesentlichen auf Erfahrungen aus zwei MFT-Kursen und einer Fachtagung sowie auf den fachlichen Austausch mit anderen Moderatoren.

Vom „Mädchen für alles" zur Fachberaterin

Die Teilnehmerinnen hatten unterschiedliche Ausgangsbedingungen: Einige waren und sind noch Kindertagesstättenleiterinnen, die von ihren Trägern Beratungsaufgaben übertragen bekommen haben; andere hatten Sachbearbeitungskompetenz mit Weisungsrecht, einige hatten reine Fachberatungsaufgaben.
Der Druck, unter dem die Kolleginnen standen, wird in einer Aufgabenstellung aus der ersten Kurswoche deutlich. Jede sollte für sich aufschreiben, was sie eigentlich den ganzen Tag tut und wieviel Zeit sie für die verschiedenen Tätigkeiten aufwendet. Ergebnis war eine erstaunliche Fülle von Aufgaben, vor allem aber das Gefühl, in der Arbeit stark fremdbestimmt zu sein. Dies zeigte sich an Äußerungen wie: „Das, was ich eigentlich machen will, dazu komme ich nicht", „Ich bin ein Selbstbedienungsladen für andere", „Mein Tag organisiert sich von selbst".
Diese Rollenüberlastung ist sicher auf die teilweise unklaren Stellenbeschreibungen vieler Fachberaterinnen und organisatorische Schwierigkeiten beim Aufbau der Jugendhilfe in den neuen Bundesländern zurückzuführen. Wichtiger ist wahrscheinlich aber, daß Rollendiffusität und -überlastung auch selbstgemacht sind.
Zu Beginn unserer Kurse stand ein eher unklares Berufsprofil mit sehr hohen ideellen Zielsetzungen. Die Möglichkeit, Aufgaben zurückzuweisen und sich abzugrenzen, wurde bei der Fülle von dringenden Aufgaben in den Tageseinrichtungen kaum gesehen. Die Teilnehmerinnen empfanden sich als „Mädchen für alles" oder auch als Kita-Feuerwehr und Prellbock für verschiedene Interessen.
Im Verlauf der Kurse erlebten die Kolleginnen in Übungen und Fallbesprechungen die sich daraus ergebenden Konflikte. Beispielsweise fragte sich eine Leiterin, von ihrem Träger mit Beratungsaufgaben für eine Gruppe von Einrichtungen betraut, warum sie in einem Konflikt unter Teammitgliedern einer anderen Tagesstätte nicht als Beraterin akzeptiert werde. Eine „kollegiale Beratung" verdeutlichte verschie-

Absender

Name, Vorname

Straße/Postfach

PLZ/Ort

Antwort

Luther-Verlag GmbH
Postfach 14 03 80

33623 Bielefeld

Reihe HANDBÜCHEREI FÜR DIE SOZIALPÄDAGOGIK

- Expl. Band 4 **Elisabeth Noack, Wir musizieren mit Kindern** 12,80 DM
- Expl. Band 7 **Erika Hoffmann, Vorschulerziehung in Deutschland** 12,80 DM
- Expl. Band 8 **Erich Psczolla, Biblische Geschichten . . .** 19,80 DM
- Expl. Band 9 **Klara Stoevesandt, Bauen und Legen** 19,80 DM
- Expl. Band 10 **Georg Klusmann, Vom Baby zum Kleinkind** 16,80 DM
- Expl. Band 11 **Lackner/Kuklau, Wertorientierte Heimpädagogik** 19,80 DM
- Expl. Band 12 **Gabriele Däschner, Miteinander im Kleinstkindalter** 24,80 DM
- Expl. Band 13 **Historisches zu gegenwärtigen Aufgaben der Sozialpädagogik** 24,80 DM
- Expl. Band 14 **Kristina Johanna Zapp, Wenn Kindheiten zu Wort kommen** 38,00 DM

dene Konfusionen: So hatten sich die Beraterin und ein Teammitglied einmal um die gleiche Stelle beworben, wobei die Beratende unterlag. An diesem Beispiel wurde diskutiert, welche Beratungsanfragen eine Fachberaterin ablehnen oder an eine Kollegin delegieren muß. Daß Engagement und guter Wille ohne ein professionelles Rollenverständnis oft ins Leere laufen – dies wurde im Verlauf des Kurses zunehmend deutlich.

Veränderungen des beruflichen Tätigkeitsfeldes

Für etliche Teilnehmerinnen veränderte sich das berufliche Tätigkeitsfeld im Laufe des Kurses.
So zeichnete sich bei einigen (meist älteren) Teilnehmerinnen vor allem aufgrund der Zusammenlegung von Kreisen und Gemeinden ab, daß sie vermutlich bald nicht mehr originäre Fachberatungs-Aufgaben wahrnehmen, sondern mit gänzlich anderen Aufgaben der Jugendhilfe betraut werden würden. Um Mißverständnisse zu vermeiden: Es geht nicht um die häufig geschilderte und beklagte Situation, daß Fachberaterinnen mit anderen Aufgaben zusätzlich belastet werden, weil Vorgesetzte aus Personalnot oder Unkenntnis der umfangreichen Fachberatungsaufgaben sich dazu gezwungen sehen, sondern um die Übernahme eines neuen Aufgabengebietes (z. B. Tagespflege oder eine reine Verwaltungstätigkeit), da keine weitere Fachberatungsstelle mehr vorhanden war. Für diese Teilnehmerinnen stand nun nicht mehr die Entwicklung ihres Fachberatungsprofils an, sondern der Abschied von ihrer bisherigen Aufgabe und die Akzeptanz einer neuen Position. In einem Fall konnte dieser äußerst schwierig zu bewältigende und schmerzhafte Prozeß (die Facharbeiterinnen in den neuen Bundesländern lieben ihre Arbeit und die Kinder) durch den Umgang der Gruppe miteinander und intensivste Lernprozesse auf der persönlichen Ebene aufgefangen werden. Die betreffende Teilnehmerin äußerte zuletzt, nun sehr zufrieden mit ihrem neuen Arbeitsgebiet zu sein und entdeckt zu haben, daß auch diese Tätigkeit sie ausfülle.

Ratschläge sind auch Schläge:
Das berufliche Selbstverständnis verändert sich

Aus der Tradition der DDR stammt ein berufliches Selbstverständnis, in dem Eingreifen und Korrigieren im Mittelpunkt der Fachberatung standen. Für die Teilnehmerinnen war der Widerspruch zwischen eigenen fachlichen Ansprüchen und Alltagspraxis oft kaum auszuhalten. Die Beraterinnen sahen sich selbst als Motor der Umgestaltung und griffen, teilweise auch an den Leiterinnen der Kindereinrichtungen vorbei, in das Geschehen ein. Hier war die heterogene Zusammensetzung des Kurses hilfreich. An einigen Stellen thematisierten die anwesenden Leiterinnen, wie sie Fachberatung „von oben" erleben. Die Fachberaterinnen konnten dadurch die angebliche Passivität einiger Leiterinnen in einem anderen Licht sehen. Dieser Perspektivenwechsel wurde auch durch Rollentausch in Fallbesprechungen möglich. Die Teilnehmerinnen erkannten, warum eine Leiterin sich gegen die noch so gut gemeinten Ratschläge der Beraterin wehrt.

Im Laufe des Kurses wurden der Begriff „Beratung" und das eigene Beratungsverhältnis immer wieder thematisiert und hinterfragt. Die Praxisbeispiele und Diskussionen der ersten Kurswochen waren noch stark vom Bedürfnis nach schnellen Lösungen geprägt. Die Teilnehmerinnen konnten dabei ihre in der DDR erworbenen Führungs- und Leitungskompetenzen gut anwenden. Diese Kompetenzen sind im komplexen Berufsfeld Fachberatung nicht überflüssig, allerdings auch nicht ausreichend. Die Entwicklung der Teilnehmerinnen verdeutlichen Diskussionen über „Wer führt in der Beratung?" oder Feststellungen wie „Wer definiert das Beratungsanliegen?", „Wie weit reicht mein Beratungsauftrag: berate ich nur zu den Fragen, mit denen die Anfragenden kommen?"

Schwieriger, als Antworten zu geben, ist es, die richtigen Fragen zu stellen. Als sich die Kursteilnehmerinnen mit Lebenssituationen von Kindern und Familien in den neuen Bundesländern auseinandersetzten, nahm der Bereich Medien (vor allem Mediengewalt) einen großen Raum ein. Aus Kindereinrichtungen kommen dazu häufig Anfragen wie „Wie können wir den Medienkonsum der Kinder einschränken?" Aufgabe von Fachberatung sind keine schnellen Antworten und Rezepte, sondern die Fragen hinter den Fragen (der Erzieherinnen) zu stellen, Fragen aus verschiedenen Blickwinkeln (z. B. auch Eltern Kindern) zuzulassen und Lernprozesse zu strukturieren. Wir forderten die Fachberaterinnen deshalb auf, möglichst viele verschiedene Fragen zu formulieren, die sich pädagogische Fachkräfte zum Thema Medien stellen sollten. Dabei kamen an neuen Aspekten hinzu: Können und wollen wir den Kindern helfen, den Inhalt der Sendungen zu verstehen? Kenne ich die Sendungen und den Charakter der Figuren? Können die Filmfiguren positiv genutzt werden?

Zu Beginn des Kurses war es manchmal mühsam, sich mehr mit Fragen als mit Antworten zu beschäftigen. Die zeitweise Ungeduld der

Teilnehmerinnen ist vermutlich ein Spiegel der Situation in den Einrichtungen, in denen Erzieherinnen von einer zweistündigen Fortbildung umfassende Klärung erwarten. Das beharrliche Fragen zahlte sich jedoch aus. Beispielsweise griff eine Gruppe das Thema Medien auf und entwickelte dazu zum Abschluß des Kurses (im Rahmen des Abschlußkolloquiums) eine Fortbildungskonzeption. Der Ansatz der Fachberaterinnen war dabei, Erzieherinnen neue Sichtweisen zu ermöglichen. So schlagen sie beispielweise vor, sich Action-Filme in der Fortbildung anzusehen und aus der Sicht der Kinder zu bewerten. Die Fachberaterinnen sahen es nicht als ihre Aufgabe an, endgültige Antworten zu geben, sondern die Wahrnehmung der Erzieherinnen zu erweitern.

Entwicklung fachlicher Positionen: Kindererziehung zwischen Staatsinteresse und Privatangelegenheit

Einen großen Raum nahm die Diskussion über den Auftrag der Kindereinrichtungen ein. So sehr die Teilnehmerinnen auch die neuen Spielräume für Erzieherinnen und die Rechte der Eltern begrüßten, empfanden sie ihren eingeengten Handlungsspielraum auch als hinderlich. Die umfassende staatliche Lenkung sei nun abgelöst worden durch öffentliches Desinteresse an Kindern und Familien. Es könne doch nicht sein, daß Kinder eine reine Privatangelegenheit seien und man nicht eingreifen könne, wenn Eltern ihre Verantwortung nicht wahrnähmen.
Wahrscheinlich ist es für Menschen in den neuen Bundesländern ein wichtiger Schritt, diese Gegensätze erst mal zu benennen und auch das eigene Befremden zu spüren („Das kann doch nicht wahr sein!"), bevor sie ihre eigene Position dazu entwickeln können. Uns fiel auf, daß die Teilnehmerinnen dabei die West-Position als genauso absolut und unveränderbar darstellten, wie westliche Fachleute die DDR-Pädagogik oft wahrnehmen. Eine Aufgabe des Kurses war auch, die Struktur der Jugendhilfe als Ergebnis gesellschaftlicher Auseinandersetzungen und damit als veränderbar und gestaltbar zu verdeutlichen. In unserem Kurs brachte die Reggio-Pädagogik eine dritte Sichtweise ein: weder seien Kinder ein Besitz des Staates – so Loris Malaguzzi – noch seien sie Eigentum der Eltern (wie eine beschränkte Sicht auf die Elternrechte nahelegt), sondern „Kinder gehören vor allem sich selbst".

Auf der persönlichen und fachlichen Ebene erkannten die Teilnehmerinnen die Rolle von Emotionen im beruflichen Verhalten. In vielen der von ihnen vorgestellten Praxisbeispiele verhinderten Angst, Enttäuschung, Konkurrenz oder andere Gefühle Veränderungen. Die sich daraus ergebenden Konflikte wurden zunächst vorwiegend auf der Sachebene betrachtet. In einer Beratungsübung intervenierten die Teilnehmerinnen immer wieder nur auf dieser Ebene und betrachteten die schwierige und konflikthafte Beziehungskonstellation der Ratsuchenden in diesem Fall als nicht wesentlich. Erst als alle Beteiligten am Ende Unzufriedenheit mit der Beratung äußerten, wurde nach einer weitergehenden Analyse des Konfliktes deutlich, welche Rolle die eigenen Emotionen und die Beziehungsebene zwischen den Konfliktbeteiligten gespielt hatte.

An die Stelle des „Das muß doch unter vernünftigen Menschen mit gesundem Menschenverstand zu regeln sein" trat so mit der Zeit ein mehrdimensionales analytisches und professionelles Herangehen an schwierige berufliche Situationen. Dies bewirkte in einigen Fällen auch scheinbar banale Erkenntnisse: Konflikte überhaupt als solche wahrzunehmen und nicht mehr zu verdrängen, Arbeitszeit für Konfliktanalyse und -klärung einzuplanen und Vereinbarungen zwischen den Konfliktbeteiligten auszuhandeln.

Verändert hat sich auch die Wahrnehmung von Konfliktursachen. An Stelle monokausaler Erklärungen wie „Mein Vorgesetzter verhindert, daß ich effektiv arbeiten kann!" sahen die Teilnehmerinnen nun auch Wechselwirkungen und bezogen beispielsweise ein: „Wie trägt mein eigenes Verhalten dazu bei, daß ich so viele fachfremde Aufgaben habe?" Ihre zunehmende Konfliktfähigkeit zeigte sich in „Aha"-Erlebnissen in Trainings- und Beratungssituationen, in Übungen zur kommunikativen Kompetenz und besonders im Rückblick auf den gesamten Kursverlauf, den Gruppenprozeß und die Veränderungen im beruflichen Verhalten in dieser Zeit. In der Auswertung solcher Übungen sprachen die Teilnehmerinnen auch das Nichtbearbeiten von Konflikten in ihrer beruflichen Vergangenheit an. Sie erkannten, daß Konfliktfähigkeit erlernt werden kann und die Wahrnehmung der eigenen Person und eigener Gefühle dazu notwendige Voraussetzungen sind.

Ich und die Gruppe

Teilnehmerinnen aus den neuen Bundesländern sind es stärker gewohnt, sich gegenseitig abzustimmen und dann den Leitern bereits eine Gruppenmeinung zu präsentieren. Anders als in den alten Bundesländern sind Profilierungsverhalten und offene Konkurrenz wenig sichtbar. Dieser Unterschied wurde sowohl mit Neid – „Die Westler können sich einfach viel besser darstellen" – aber auch mit eigenem Selbstbewußtsein festgestellt, weil darin auch Kooperationsfähigkeit liegt.

Wir bemerkten eine hohe Kompetenz, Arbeits- und Übungsaufgaben in der Gruppe anzugehen. Stellten wir etwa Kleingruppen eine Aufgabe, so gingen diese ohne großen „Reibungsverlust" an die Arbeit. Selten stellte eine Gruppe die Aufgabe in Frage oder kam mit dem Ergebnis zurück „Wir haben über etwas ganz anderes diskutiert". Die Aufgabe wurde zunächst akzeptiert, bei Unklarheiten baten die Teilnehmerinnen um Präzisierung. Soweit wir das beobachten konnten, organisierten Kleingruppen ihre Arbeit rasch und effektiv, ohne lange Diskussion wurde verteilt, wer mitschreibt, vorträgt.

Unsere Beobachtungen gaben wir an die Gruppe zurück; daraus ergaben sich Diskussionen über Team- und Kooperationsfähigkeit im Westen und Osten. Abweichende Meinungen wurden zunächst nur verhalten, eher als Bitte an die Kursleitung oder als Nachfrage vorgetragen. Im Selbstverständnis der Teilnehmerinnen hatte es wenig Sinn, etwas zu „zerreden", wenn man als einzelne nicht einverstanden ist, denn das hält nur die Gruppe auf.

Zunehmend ergab sich hier ein differenzierteres Bild. Feed-Back- und Blitzlicht-Methoden forderten die Teilnehmerinnen immer wieder auf, sich darzustellen. Im vorletzten Kursabschnitt kündigte eine Teilnehmerin an, bei einer Feed-Back-Übung als einzige nicht mitzumachen, weil ihr dies „zu nah" sei. Wir alle bewerteten ihr Verhalten als persönlichen Mut, eigene Grenzen zu zeigen und eine Minderheitenposition in der Gruppe einzunehmen.

„Mit kleinen Schritten kommt man auch ans Ziel!"

Die Teilnehmerinnen brachten zu Beginn des Kurses sehr hohe Erwartungen mit, die sich in einer Fülle von Themen und Fragestellungen äußerten. Auf der anderen Seite war immer Skepsis vorhanden, wie sich das im Kurs Gelernte überhaupt im Alltag umsetzen ließe. Als hinderlich sahen die Teilnehmerinnen ihre Arbeitsplatzunsicherheit und unklare Stellenbeschreibungen an.

Die Entwicklung realistischer Zielsetzungen wurde vor allem beim Herangehen an die Praxisaufgaben deutlich, die sich die Teilnehmerinnen zwischen den einzelnen Kursabschnitten stellten. Zwar hatten wir Moderatoren als Kriterien für diese Praxisaufgabe (zwischen zwei Kursabschnitten) vorgegeben: „konkret – realistisch – machbar"; jedoch waren die gewählten Aufgaben größtenteils sehr komplex, zum Teil unter Beteiligung mehrerer Hierarchieebenen. Warum solche Vorhaben dann nicht verwirklicht wurden oder auf Hindernisse stießen, war den Teilnehmerinnen zunächst noch nicht einsichtig. Naheliegend waren dann Schuldzuschreibungen und Vorwürfe an andere. Im Rückblick zeigte sich dann, wieviel professionelle Kompetenz die Teilnehmerinnen im Laufe des Kurses entwickelten und dadurch ihre Arbeit genauer gestalteten. Als Erkenntnisse nannten sie am häufigsten:

(1) ein Ziel in kleinen überschaubaren Schritten anzugeben;
(2) verschiedene Lösungswege zu entwickeln und flexibel zu handhaben (auf Umwegen zum Ziel);
(3) flexibel und kreativ mit Bedenken und Widerständen umzugehen.

Die Teilnehmerinnen konnten nun zunehmend die verschiedenen Bausteine des Kurses integrieren. Sie entdeckten, daß Erfolg sich nicht nur aus fachlicher (pädagogischer) Kompetenz, sondern immer auch aus kommunikativen Fähigkeiten (z. B. Vorgesetzte zu überzeugen) und Arbeitstechniken (wie z. B. Zeitmanagement) ergibt. Die Ansprüche an die eigene Arbeit veränderten sich im Laufe des Kurses.

„WIR SIND WER, UND WIR SIND WICHTIG"

Diese Äußerung auf einem Kursauswertungsplakat verdeutlicht das gestiegene Selbstwertgefühl und Selbstbewußtsein als Fachberaterin. Sie steht stellvertretend für viele ähnliche Aussagen dieser Art und hat uns sehr gefreut, weil sie deutlich macht, daß im Kurs eine persönliche und fachliche, d. h. auf Sachwissen gegründete Stärkung geschehen konnte.
Nach der Wende waren die Fachkräfte in Kindertageseinrichtungen und Beraterinnen in hohem Maße verunsichert. Der Begriff „Fachberaterin" war aus der Vergangenheit eher belastet. Dazu kamen die rechtliche Unsicherheit und Schwierigkeiten wie Einrichtungsschließungen und Kündigungen nach Sozialplan aufgrund drastisch sinkender Geburtenzahlen. Viele Teilnehmerinnen schilderten uns ihre völlige Isolierung im Amt, mangelnde fachliche Unterstützung, fehlende

Arbeitsplatzbeschreibungen, Unsicherheit über die rechtlichen Grundlagen ihrer fachlichen Arbeit, Verwirrung über die unterschiedlichen neuen konzeptionellen Ansätze („Was ist denn nun ‚richtig‘: Situationsansatz, Montessori oder Reggio etc.?") und vor allem auch Ängste, fachpolitisch in die Offensive zu gehen und Beratung „nach oben" innerhalb der Trägerstrukturen zu leisten. Diese auch subjektiv als sehr hohe Belastung empfundenen Arbeitsbedingungen waren in jeder Kurswoche mehr oder weniger Thema. Sie äußerten sich vor allem zu Beginn der Kurswochen, wenn die Teilnehmerinnen ‚frisch‘ aus ihrer Praxis kamen.

Wenn wir jetzt die Kolloquiumsthemen und -präsentationen aus den jeweils fünften Kurswochen dagegenhalten, läßt sich die Entwicklung der Teilnehmerinnen deutlich ablesen. Fachwissen, Mut, auch auf den politischen Ebenen zu arbeiten, Stellenwert der Beratung vor Ort, intensive Auseinandersetzung mit Konzepten der pädagogischen Arbeit, Bedarfs- und Entwicklungsplanung sowie Szenarien zur realistischen Umsetzung: In der Darstellung und Behandlung ihrer Themen zeigten die Fachberaterinnen ihr deutlich gewachsenes Selbstbewußtsein.

Doch die Arbeitsbedingungen für Fachberaterinnen in den neuen Bundesländern sind vermutlich auf geraume Zeit noch als schwierig einzuschätzen – die Fachberatungsarbeit und die in ihr tätigen Personen bedürfen weiterer Unterstützung und Vernetzung.

NEUORIENTIERUNG: AUCH MODERATOREN SIND MODELLE

In einer Auswertungsrunde fragte eine Teilnehmerin, wie wir Moderatoren es denn bewerkstelligen würden, daß wir „so emotional streßfrei" wirkten. Diese Frage gibt Aufschluß darüber, welchem emotionalen Streß Fachberaterinnen sich in ihrer Praxis ausgesetzt fühlen. Neue Orientierungen und Vorbilder für die Gestaltung ihrer Rolle zu bekommen, haben wir als wichtiges Motiv der Teilnehmerinnen durch alle Kurswochen hindurch wahrgenommen. Dies hat sich zum Teil erfüllt, wie wir an den Rückmeldungen und Arbeitsergebnissen sahen, leidet aber auch noch unter der Diskrepanz zwischen der eigenen Wirklichkeit und dem Wunsch, neue Akzente setzen zu wollen.

Als Moderatoren waren wir Modelle, mit denen sich die Teilnehmerinnen kritisch auseinandersetzten. Sie forderten immer wieder Bewertungen und Anteilnahme ein bei Berichten über belastende Situationen, Arbeitslosigkeit, Verschlechterung der Lebensbedingungen von Kindern und Familien.

Auch zwischen Moderatoren und Teilnehmerinnen gab es ein Spannungsverhältnis, pendelnd zwischen Abstinenz und Betroffenheit. Die Frage nach dem Streß thematisierte die professionelle Distanz der Fachberatung. Ist es herz- und gefühllos, wenn man nicht bei allem mitleidet, oder kann dieser Abstand ein Werkzeug sein, das Erzieherinnen zur Verfügung steht? Vor allem in den Kursabschnitten, in denen es um Kommunikation ging, kamen dabei neue Verhaltensweisen in den Blick.

Auch beim Umgang mit Gruppenprozessen nahmen die Teilnehmerinnen Unterschiede wahr. Einige forderten zunächst, „die Gruppe straffer zu führen". Es war ungewohnt, eigene Gefühle und Befindlichkeiten einzubringen und wurde teilweise als Zeitverschwendung angesehen. Auch hier differenzierte sich das Bild. Nannten die Teilnehmerinnen zu Beginn des Kurses als wichtiges Motiv „Neue Kenntnisse erwerben", und waren sie stark an Informationsvermittlung interessiert, rückte später ein anderer Aspekt von Fortbildung in den Vordergrund: „Der Kurs ermöglicht mir, im Alltagsstreß innezuhalten und Atem zu holen."

Wichtige neue Orientierungen und Werte wurden begreifbar durch den Besuch einer Fachberaterin aus den neuen Bundesländern, die schon weitgehend eine neue Berufsidentität verkörperte. Teilnehmerinnen konnten dadurch Visionen für ihren Berufsstand entwickeln; dies wurde durch die Referentin spür- und erlebbar.

ZWISCHEN NEUGIER UND SKEPSIS

Durch den Einsatz vielfältiger und kreativer Methoden im Kurs wuchsen das Methodeninstrumentarium und die (durch Praxisvorhaben geübte) Anwendungskompetenz der Teilnehmerinnen. Ein Nebenprodukt war für einzelne die Wiederentdeckung persönlicher Fähigkeiten; ein Beispiel dafür war das „Malen des beruflichen Lebensflusses", bei dem eine Teilnehmerin als Aha-Erlebnis ihre ‚alten' Fähigkeiten des Malens wiederentdeckte und dies auch Einfluß auf die Ausgestaltung ihrer beruflichen Praxis hatte. Zu Beginn eines Kurses bestand aber auch viel Skepsis gegenüber den neuen Methoden aus dem Westen. In unserer Methodenauswahl ging es um die anregende Balance zwischen Bestätigung und Verunsicherung, Bekanntem und Unbekanntem – auch hier waren wir Modell. Am markantesten war sicherlich die Einführung des Stuhlkreises ohne Tisch für eine Lernsituation. In einem Seminarhotel, in dem überwiegend Schulungen einer Krankenkasse durchgeführt wurden, schauten in einer Pause

Angestellte des Hotels in unseren Seminarraum mit dem Stuhlkreis und bunten Wandzeitungen an allen Wänden und fragten dann erstaunt uns Moderatoren, ob denn hier auch gearbeitet und gelernt würde. Die anfänglich fremden Vorgehensweisen wurden von den Teilnehmerinnen häufig hinterfragt und kritisch geprüft. Zum Ende des Kurses zeigte sich, welche große Entwicklung im Verständnis von Lern-, Methoden- und Seminarkultur für die MFT-Teilnehmerinnen stattgefunden hatte, die als positiv und hilfreich zurückgemeldet wurde.

„ICH STEHE NICHT ALLEINE"

Wir beobachteten einen stetigen Ausbau informeller guter Kontakte unter den Teilnehmerinnen. So berichteten uns Teilnehmerinnen zu Beginn neuer Kurswochen zunehmend von Telefonaten und teilweise auch Treffen zwischen den Kurswochen, die über die Absprachen und Treffen zur Supervision hinausgingen. Die Klage über die isolierte Arbeit „zwischen allen Stühlen" veränderte sich – die gegenseitige Vernetzung wurde als notwendig und hilfreich erkannt. Einschränkend wirken in diesem Zusammenhang allerdings die strukturellen Schwierigkeiten der Kreise und Träger, diese Zusammenarbeit weiter zu fördern. Es ist kein Geheimnis, daß das Verhältnis zwischen freien und öffentlichen Trägern in den neuen Bundesländern noch sehr gespannt ist. Subsidiarität wird oft als Bedrohung, als Kampf der Träger um Marktanteile und von Fachberaterinnen als Gefährdung des eigenen Arbeitsplatzes erlebt. Insofern ist nicht auszuschließen, daß im Kurs als hilfreich erlebte Kooperationen und Vernetzungen – z. B. zwischen Fachberaterinnen öffentlicher und freier Träger eines Landkreises – in der Berufspraxis nur schwer aufrechterhalten werden können.

VIELES IST IN BEWEGUNG GERATEN, VIELES BRAUCHT NOCH ZEIT UND UNTERSTÜTZUNG

Entwicklungsschritte der Teilnehmerinnen nahmen wir vor allem in folgenden Dimensionen wahr:
(1) bei der Herausbildung eines eigenen beruflichen Selbstverständnisses,
(2) im Wahrnehmen und Zulassenkönnen von Unterschieden,
(3) beim Einsatz professioneller Strategien im Beruf.

Viele Prozesse bedürfen allerdings weiter stützender Maßnahmen. So benannten Teilnehmerinnen insbesondere Bedarf an fest institutionalisierten Vernetzungs- und Transfermöglichkeiten, um Entwicklungen einordnen und sortieren zu können, von neuen Entwicklungen und Konzepten in anderen Kreisen und in den (alten) Bundesländern zu erfahren und teilzuhaben an der Vermittlung von Erkenntnissen anderer Projekte.

Die Frage „Liege ich richtig?" richtete sich immer seltener an die Moderatoren als Autoritäten, sondern gleichermaßen an alle Gruppenmitglieder und als Selbstbefragung an die eigene Person. Statt nach Gewißheit und Eindeutigkeit zu suchen, akzeptierten die Teilnehmerinnen Komplexität und Mehrdeutigkeit als Merkmale ihres beruflichen Kontextes.

Die Entwicklungsprozesse im Kurs sind auch Modell für die Prozesse, welche die Facharbeiterinnen in den Einrichtungen erleben und begleiten. Wir Moderatoren befinden uns dabei in einer ähnlichen Situation wie die Fachberaterinnen in ihrem Praxisfeld. Wir stehen außerhalb und können die persönliche Entwicklung der Teilnehmerinnen nur ausschnitthaft wie in einem „Guckkasten" sehen. Wir nehmen das Kursgeschehen dabei durch unsere subjektive Brille wahr. Da keiner von uns das gesamte Feld sieht, können wir nicht wissen, wie sich Veränderungen und Entwicklungen genau und zu welchen Zeitpunkt vollziehen. Unsere Wahrnehmung ist immer unvollständig.

Manches scheinbar Festgefügte verändert sich aber doch. Zu Beginn erwähnten wir eine Teilnehmerin, die sich aus Angst um ihren Arbeitsplatz mit einer diffusen Aufgabenhäufung zufriedengab. In einem Pausengespräch während des letzten Kursabschnitts erzählte diese Teilnehmerin eher beiläufig, ihr Arbeitsgebiet habe sich inzwischen sehr verändert. Sie habe jetzt endlich die Arbeitsgebiete abgegeben, die nicht ihrer Qualifikation entsprechen, und sie habe Fortbildungs- und Beratungsaufgaben übernommen.

6. Kontinuität und Wandel
Über die Berufsbiographien von Frauen in erzieherischen Berufen in den neuen Bundesländern[1]

Marion Musiol

Auch nach fünf Jahren deutsch-deutscher Vereinigung ist das Ende des Transformationsprozesses noch immer nicht in Sicht. Die gravierenden gesellschaftlichen Veränderungen brachten einschneidende berufliche Veränderungen mit sich. Das gilt uneingeschränkt für alle, die auf verschiedenste Weise und in verschiedenen Institutionen mit dem Beruf Erziehung verbunden sind.

Erwartet, und im Wort „Umbruch" verankert, wird ein radikaler Wechsel aller gesellschaftlichen Verhältnisse; und zwar kein langsamer, ausgehandelter Prozeß einer beiderseitigen Annäherung dieser so unterschiedlichen Systeme, sondern eine einseitige Anpassung (Löw, Meister, Sander 1995). So sind bei dem Prozeß der Transformation die im Beruf Erziehung Tätigen mit ihren institutionellen und sozialen Strukturen sowie Lebensformen, ihren vertrauten Milieus und tradierten Mentalitäten zu Hause geblieben und das Fremde, so Andere ist einmarschiert (Rabe-Kleberg 1995). So wechselte der Bereich der öffentlichen Kindererziehung aufgrund von Strukturveränderungen bzw. -anpassungen aus dem Bereich der Bildung in die Zuständigkeit des Bereichs „Soziales". Im Ergebnis dieses Wechsels wurde den Fachkräften eine Reihe von materiellen und immateriellen Vorteilen entzogen, die bislang an ihren bis dahin gültigen Status gekoppelt waren. Ebenso tiefgreifend ist der damit verbundene Wechsel der grundlegenden Orientierung der beruflichen Arbeit, der auch als inhaltliche Entwertung der bisherigen beruflichen Qualifikation begriffen werden kann.

Um Tendenzen innerhalb der tiefgreifenden Wandlungs- und Veränderungsprozesse aufzuzeigen, richte ich in einem ersten Schritt noch ein-

---

[1] Dieser Beitrag gibt den Vortrag wieder, den Marion Musiol bei der Abschlußveranstaltung des MFT-Projektes im Juni 1996 in Potsdam referierte; sie stützt sich dabei auf Ergebnisse aus dem Forschungsprojekt „Berufsbiographie in der Transformation" (Leitung Prof. Dr. Ursula Rabe-Kleberg) an der Universität Halle.

mal den Blick zurück auf das, was der Beruf Erziehung in Krippe, Kindergarten, Hort oder Kinderheim war oder auch sein sollte. Dieser Blick zurück, die berufliche Reflexion ist dringend erforderlich, um z. B. Verdrängungstendenzen möglichst auszuschließen und sich erfolgreich auf den unausweichlich anstehenden Veränderungsprozeß einzulassen. In einem zweiten Schritt versuche ich, die gegenwärtige berufliche Situation zu kennzeichnen und im Anschluß daran einen Ausblick zu wagen.

1. DER BERUF VOR DER WENDE

„Ich war wer in meinem Beruf!" So oder ähnlich ist der Grundtenor in vielen Interviews mit den Erzieherinnen. Im Unterschied zu dem geringen Image und Prestige des Erzieherinnenberufs in der „alten" Bundesrepublik hatte diese Berufsgruppe in der DDR ein hohes Ansehen, was in einer Reihe von Merkmalen zum Ausdruck kommt.
Kindergärten waren, wie Schulen und Horte, Einrichtungen des Volksbildungswesens. Kindergärtnerinnen und Hortnerinnen waren in den letzten Jahren der DDR den Grundschullehrerinnen nach Ausbildung, Status, Verdienst und sozialer Absicherung nahezu gleichgestellt worden. Heimerzieherinnen in der DDR verdienten z. B. im Vergleich zu den Grundschullehrerinnen (bedingt durch Schichtsystem) sogar ca. 10% mehr (9. Jugendbericht). Der Beruf bot den Frauen – und es waren nahezu ausschließlich Frauen – nicht nur eine lebenslange Berufsperspektive, sondern auch die Möglichkeit des Aufstiegs und der beruflichen Karriere sowie der systematischen Weiterqualifizierung bis hin zur Delegierung zu einem Hochschulstudium. Die Erzieherinnen waren in ihrem pädagogischen Alltagshandeln eingebettet in ein in sich geschlossenes Geflecht verschiedenster Institutionen wie Krippe, Kindergarten und Hort, in denen Ziele, Aufgaben und Inhalte der Erziehung klar formuliert, aufeinander aufbauend und in staatlichen Programmen definiert waren. Somit war ihr berufliches Handeln formal gesellschaftlich legitimiert.
Am Beispiel einer ehemaligen Kindergärtnerin will ich exemplarisch etwas näher das pädagogische Alltagshandeln skizzieren; ich bin mir sicher, daß vieles auch auf die anderen Teilberufe bezogen werden kann. Zu keiner Zeit gab es in der DDR eine eigenständige, nur auf die Altersstufe drei- bis sechsjähriger Kinder zugeschnittene Kindergartenpädagogik. Basierend auf theoretischen Erkenntnissen der Sowjetpädagogik sowie aus der Diskussion zur Allgemeinbildung Anfang der 80er Jahre, erfolgte der Transformationsprozeß hinsichtlich der

Gestaltung von Erziehungsprozessen im Kindergarten (Neuner 1989). Was unter dem Dach des Kindergartens tagtäglich praktiziert wurde, mußte demzufolge von allgemeingültigen Prozeßaussagen abgeleitet werden, und nur dieses war für die praktische Umsetzung relevant. Ausgangspunkt der Prozeßbetrachtung war die Auffassung von Erziehung und ihrer allgemeinen Charakterisierung, d. h., daß es sich um eine Tätigkeit in Bezug auf andere Menschen handelt, und das mit der Absicht, auf deren Entwicklung Einfluß zu nehmen (APW UdSSR und DDR 1978). Diese Einflußnahme – in der Literatur finden wir dafür auch solche Begriffe wie Einwirkung, Lenkung oder Führung – hatte entsprechend gesellschaftlich relevanter Ziele zu erfolgen, die u. a. im „Bildungs- und Erziehungsprogramm" ausgewiesen waren. Diese Erziehungsziele, Inhalte und methodischen Empfehlungen gaben dem Pädagogen Legitimation und Orientierung sowie Sicherheit für sein pädagogisches Handeln. Unterstützt und bekräftigt wurde diese Betrachtungsweise durch das in der DDR gültige Bild vom Kind – nämlich einem Defizitmodell. Das Kind wurde – im Vergleich zum Fähigkeitsniveau eines Erwachsenen – als defizitär angesehen.

In diesem Modell kommt unter anderem die Auffassung zum Ausdruck, daß Kinder, was immer sie denken, fühlen, wie sie handeln, stets dem Erwachsenen hinterherhinken und somit als etwas noch „Unfertiges" bestimmt werden müssen. Obwohl gerade in der Diskussion vor der Wende immer wieder auf die stärkere Beachtung der Subjektposition des Kindes verwiesen wurde – zahlreiche Schriften belegen dies – stand die führende Rolle der Erzieherin nie wirklich zur Disposition. Sie war die entscheidende „Macherin", „Initiatorin" von Prozeßabläufen im Kindergartenalltag. Gerade die bereits ausgeführte Betrachtungsweise über das Bild des Kindes war eine entscheidende Ursache dafür, daß das einzelne Individuum zu wenig in seiner eigenständigen Produktivität und Kreativität im kindlichen Denken und Handeln beachtet und befördert wurde.

Tendenziell spielte im Erzieherinnenverhalten die stärkere Beachtung der kindlichen Individualität immer dann eine Rolle, wenn z. B. einerseits Defizite in der Entwicklung bemerkt wurden oder andererseits Entwicklungsvorsprünge durch zusätzliche Angebote kompensiert bzw. befördert werden sollten. Die Einsicht in noch vorhandene Planungsunterlagen der befragten Erzieherinnen bestätigen diese Aussage.

Erzieherinnen wurden in dieser Rollenzuschreibung noch zusätzlich durch das für alle gültige „Programm" bekräftigt. Bereits in den Hauptaufgaben der Bildung und Erziehung finden wir solche Aussagen wie: Die Erzieherin lenkt, befähigt, leitet an, macht vor, korrigiert usw., mit dem Ziel, die Kinder z. B. zum freundschaftlichen Miteinander, zur Hilfsbereitschaft, Ehrlichkeit, Bescheidenheit und ähnlichem zu führen. Durchgängig sind im „Programm" Erwartungshaltungen an kindliche Entwicklung formuliert, die auf der Grundannahme basieren, daß alle von der Erzieherin initiierten Erziehungsprozesse im Ergebnis diese vorprogrammierten Entwicklungsschübe aufzeigen (Bredow 1990). Anders ausgedrückt: Alle durch die Erzieherin angeregten Tätigkeiten lösen entsprechende Eigenaktivitäten bei jedem einzelnen Kind aus und dies wiederum sichert seine Entwicklung entsprechend staatlicher Vorgaben.

Nimmt das Kind diesen ihm zugeworfenen „Spielball" der Erzieherin für seine Eigenaktivität nicht an, ist in diesem gemeinsamen Interaktionsprozeß etwas nicht stimmig. Da der Erzieherin die führende Rolle zukommt, ist sie aufgefordert, ihre pädagogische Rolle kritisch zu betrachten, da sie den Fehler in erster Instanz bei sich zu suchen hat.

Erzieherinnen registrierten in der Reflexion ihres pädagogischen Handelns die gegebene Unterschiedlichkeit in der Entwicklung der Kinder durchaus. Durch individuelle Führungsmomente, z.T. auch kompensatorische Erziehung, wurden in einem Jahreszyklus alle Kinder annähernd an das gleiche Entwicklungsniveau herangeführt und Unterschiede weitestgehend „ausgebügelt". Meßlatte dafür waren die im „Programm" verankerten Ziele der Persönlichkeitsentwicklung, die als Abrechnungsgrundlage dienten. Zumal, und das sei an dieser Stelle noch einmal betont, die Einteilung in die Altersgruppen durchaus die physischen und psychischen Entwicklungsbesonderheiten der Kinder berücksichtigten und Erzieherinnen somit in ihrem pädagogischen Wirken positiv bekräftigt wurden.

Erzieherinnen verstanden sich einerseits als Vermittlerinnen gesellschaftlicher Anforderungen und andererseits als Fachfrauen zur Sicherung kindlicher Bedürfnisse, Wünsche und Interessen. So war es für viele ein Balanceakt, wenn sie auf der einen Seite oftmals zu hoch gesteckte Erziehungsaufgaben im Tagesablauf durchsetzen mußten und auf der anderen Seite kindliche Spontaneität, Taten- und Forschungsdrang, kindliche Bedürfnisse stärker berücksichtigen wollten. So gab es schon vor der Wende kritische Stimmen seitens der Erzieherinnen, was die Programminhalte und die zum Teil restriktiven Tagesabläufe anbelangt. Sie verspürten allerdings auch, daß ihnen die Orientierung am „Programm" Sicherheit und Bestätigung in ihrem Tun gab. Somit ist das, was in der Praxis passierte und in der Wahrnehmung des eigenen pädagogischen Rollenverständnisses durch die Erzieherinnen selbst bemerkt wurde, zu diesem Zeitpunkt als ambivalent zu bezeichnen.

2. Die gegenwärtige berufliche Situation

In der Denkschrift zum Erzieherinnenbild in Deutschland des Pestalozzi-Fröbel-Verbandes 1993 finde ich die Aussage, daß der Erzieherinnenberuf von tiefgreifenden Veränderungen und Wandlungen erfaßt ist und sich in einer Krise befindet.
In meiner Arbeit – ich beschäftige mich mit Berufsbiographien von Erzieherinnen – habe ich herausgearbeitet, daß gesellschaftliche Brüche immer auch zur Konsequenz haben, daß sich gravierende Einschnitte in den Berufsverläufen vollziehen. So erleben die Fachfrauen bis zum heutigen Tage in ihrem Beruf eine Bedrohung in zweifacher Hinsicht:
Zum einen eine existentielle Bedrohung, da es immer noch zu Schließungen oder Zusammenlegungen von Einrichtungen kommt, die unausweichlich auch Entlassungen von Fachpersonal mit sich bringen. Die ehemals gewohnte berufliche Sicherheit ist abrupt weggebrochen, und die Frauen müssen sich mit Ängsten, aber auch mit einem sich entwickelnden Konkurrenzverhalten untereinander auseinandersetzen. Zum anderen die beruflich-fachliche Bedrohung, das heißt, ihr bisheriges berufsbiographisches Wissen wurde entwertet. Viele Erzieherinnen sehen eine Abwertung ihres bisherigen Wissens und ihrer beruflichen Erfahrungen unter anderem in der sogenannten „Anpassungsqualifizierung" zur staatlich anerkannten Erzieherin. Mit Hilfe eines mindestens 100 Stunden umfassenden „Notprogramms" wurde ihnen ein bundesdeutsches einheitliches Etikett aufgedrückt. Diese fremdbestimmte Qualifizierung brachte für viele keinen Statusgewinn, sondern bestenfalls eine breitere berufliche Einsatzmöglichkeit in anderen sozialpädagogischen Handlungsfeldern mit sich.
Erzieherinnen sind nunmehr gezwungen, diese für sie so andere und neue Berufssituation zu meistern, und viele erlebten den durch die Wende eingeleiteten Veränderungsprozeß als einschneidenden berufsbiographischen Bruch. Dieser oft als schmerzhaft und einschneidend erlebte berufsbiographische Bruch wird (und muß) von vielen Betroffenen verdrängt werden, da sie sich innerhalb ihres Berufsfeldes verschiedenen Herausforderungen stellen müssen, die unter anderem darin bestehen:

(a) Das ehemals gültige in sich geschlossene Curriculum gibt es nicht mehr. Erzieherinnen müssen sich konzeptionell neu orientieren, das heißt, ein verändertes Menschenbild, Auffassungen von Erziehung, verschiedene Erziehungsstile, der Bildungsbegriff, Eltern- und Öf-

fentlichkeitsarbeit müssen ins Zentrum der Auseinandersetzung gerückt werden.
b) Es geht um die institutionelle Weiterentwicklung, das heißt, die Jugendhilfe setzt den Rahmen mit ihren verschiedenen Verwaltungsstrukturen. Orientierung in neuen Trägerstrukturen mit ihren spezifischen Zielsetzungen, Flexibilisierung der Altersgruppen-Öffnung, einzugsspezifische Passung der Einrichtung usw. – all das sind Fragen, auf die Erzieherinnen Antworten finden müssen.
c) Erzieherinnen müssen eine neue berufliche Identität entwickeln.

Diese kurz umrissenen Aufgaben sind durch die Erzieherinnen nicht nacheinander abzuarbeiten, sondern sind als in sich geschlossenes Ganzes zu gestalten. Für mich war und ist es interessant, der Frage nachzugehen, auf welche Handlungsstrategien Erzieherinnen zurückgreifen, wenn ihr berufliches Wissen einerseits entwertet wird und sie andererseits existentiell bedroht sind und Beratungshilfe sowie ideenvermittelnde Fortbildung oftmals nicht greifen konnten. Meine Ergebnisse zeigen: Erzieherinnen entwickeln nunmehr in dieser als Krise zu bezeichnenden beruflichen Situation ein ambivalentes Handlungs- und Bewältigungsverhalten. Die Ergebnisse aus meiner Untersuchung verdeutlichen dabei einen Spannungsbogen im Erzieherinnenverhalten, den ich wie folgt kennzeichnen möchte:
Einerseits kristallisierten sich zwei sich diametral gegenüberstehende Extremfälle in den Handlungsmustern heraus, welche die beiden äußeren Pole im Sample darstellen, und andererseits ein breiteres Mittelfeld, welches seine eigene Handlungsdynamik entwickelt.
Ich werde Ihnen im folgenden diese drei so unterschiedlichen Handlungs- und Bewältigungsstrategien der Erzieherinnen kurz vorstellen. Diese Darstellung basiert auf den Interviewauswertungen zu den Aspekten „Wegfall des staatlichen Programms" und einem weiteren wesentlichen Inhalt, nämlich dem Verhältnis von „Führung und Eigenaktivität des Kindes im pädagogischen Prozeß". Diese beiden Themen kann ich als Schlüsselthemen bezeichnen, da die Interviews mit den Erzieherinnen hierzu die längsten Erzählpassagen ausweisen.

2.1. „Retten, was zu retten ist ..."

So könnte man das erste Muster im Handlungsverhalten der Erzieherinnen umschreiben. Die Befragten halten an ihren erworbenen Berufserfahrungen fest und verdrängen den unausweichlich anstehenden Veränderungsprozeß im Bereich der institutionellen Kindererziehung. Der abrupte Wegfall des „Programms", in dem das Alltagshandeln abgebildet war, löst bei ihnen zum Teil traumatische und depressive Empfindungen aus. Sie fühlen sich ihres beruflichen Handelns beraubt und halten fest an bislang Gewohntem (und aus ihrer Sicht Bewährtem) in der pädagogischen Arbeit mit Kindern. Sie beklagen den Wegfall des „Programms", das ihnen Sicherheit und Halt in der altersgemäßen Auswahl von Lern- und Spielinhalten gab und klagen erneut ein einheitlich und für alle Erzieherinnen verbindliches Erziehungskonzept ein. Nach wie vor ist das ehemalige „Programm" in der Ausrichtung ihrer pädagogischen Arbeit gültig, da es ihrem Erzieherinnenverständnis sowie ihrem Kinderbild entspricht.

Unter oftmals nostalgischer Betrachtung („Es war doch nicht alles schlecht") verharren Erzieherinnen in ihrem beruflichen Wissen, lassen sich nur schwer oder gar nicht auf eine andere Arbeitsweise ein. Ehemals gültige pädagogische Kategorien werden durch andere Begriffe ersetzt, ohne die Bedeutung und Andersartigkeit aufzuschlüsseln. Dazu nehmen Erzieherinnen Streichungen pädagogischer Begriffe vor, füllen die entstandenen Lücken mit westlichen Begriffen (z. B. Beschäftigung vs. Lernangebote oder führende Rolle der Erzieherin vs. Begleitung), das heißt, sie deuten pädagogische Kategorien lediglich um. Dabei stellen sie die führende Rolle der Erzieherin im Tagesprozeß nicht in Frage, sie ist wie eh und je die Initiatorin pädagogischer Prozesse im Kindergarten. Zitat: „Hier kann doch nicht jeder machen, was er will!"

2.2. „Zwei Schritt vor und ein Schritt zurück"

Diese Erzieherinnen verweisen auf ein ambivalentes Verhältnis, was ihre Suche nach einer veränderten Arbeitsweise sowie die Herausbildung ihrer beruflichen Identität anbelangt. Auch sie empfinden den Wegfall des „Programms" als schmerzhaft, als Bruch ihrer bisherigen Berufsverläufe. Zitat: „Es war so in einem drin, nun hatte ich das Gefühl, in ein tiefes Loch zu fallen."

Dennoch begeben sich diese Erzieherinnen auf den steinigen Weg der Aufarbeitung dessen, was ihre bisherige Arbeitsgrundlage war. So trennen sie sich von den oftmals nicht alters- oder kindgerechten gesellschaftlichen Inhalten. Mehr noch, sie versuchen nunmehr, den pädagogischen Prozeß unter stärkerer Beachtung kindlicher Bedürfnisse ohne straffe Zeiteinteilung zu gestalten.

Einerseits ist im Erzieherinnenteam die Erarbeitung eines eigenen pädagogischen Konzepts für die Einrichtung wesentliche Aufgabe, andererseits wählen die Erzieherinnen bewußt geeignete Inhalte aus dem ehemals gültigen Erziehungsprogramm heraus und füllen damit ihr neues Konzept. „Wenn ich meine Aufgabe immer noch schulvorbereitend sehe, dann ist Mathematik, so wie es da drin steht, immer noch richtig. Ich muß ja nicht unbedingt Gesellschaft machen." Ihr berufsbiographisches Wissen zum Verhältnis von Führung und Eigenaktivität des Kindes muß ihrer Meinung nach kritisch betrachtet werden, insbesondere, was ihre Führungsansprüche im Verhältnis Erzieherin – Kind anbelangt. Diese Fachfrauen registrieren ihre eigene Unsicherheit, wenn sie den Kindern Entscheidungs- und Handlungsspielräume gewähren sollen. Sie stoßen dabei an individuelle Grenzen in ihrem pädagogischen Selbstverständnis. Den Kindern mehr Eigenständigkeit zu gewähren, erzeugt Unsicherheit, erfordert Geduld für kindliche Entwicklungsverläufe, Akzeptanz von kindlichem Eigensinn sowie kindlicher Spontaneität. Ihre eigene pädagogische Handlung ist dann z. B. für Außenstehende nicht mehr eindeutig erkennbar, da sie nicht ausschließlich durch sichtbare Aktivitäten deutlich wird. Aber auch die Erzieherin bemerkt, daß es schwieriger ist, pädagogisches Handeln in seiner Andersartigkeit überzeugend zu beschreiben. So erleben diese Erzieherinnen ein erneutes Festhalten an gewohnten Strukturen, welches ihnen die Sicherheit in ihrem pädagogischen Handeln ermöglicht – bevor sie sich wieder auf den Pfad der Ungewißheit begeben. Ungewißheit, eben nicht alle Prozesse genauestens zu durchschauen, muß sich als professionelle Kategorie entwickeln, und diese Erzieherinnen erleben es als einen schwierig auszuhaltenden Prozeß, in dem manchmal nur die Flucht in das „Vertraute" übrigbleibt. Wesentlich ist, daß die Erzieherinnen in ihrem Verhalten beides verbinden: die Reflexion ihrer bisherigen beruflichen Tätigkeit und das Ausprobieren eines sich entwickelnden anderen Verständnisses ihrer Rolle sowie des Kinderbildes.

2.3. „So nie wieder..."

Diese vorher geschilderten Erzieherinnen hatten als Ausgangspunkt für ihr Handlungs- und Bewältigungsverhalten in dieser beruflichen Krisensituation eines gemeinsam: ihnen fehlte nur noch der äußere Anlaß oder anders gesagt: die gesellschaftliche Legitimation, um sich von ihrem bisherigen Berufsverständnis zu distanzieren. Sie erleben die Veränderungsprozesse nicht als berufsbiographischen Bruch im negativen Sinne, sondern als Befreiung von rigiden Bildungs- und Erziehungserwartungen in ihrer Vermittlerinnenrolle zwischen Gesellschaft und dem einzelnen Kind sowie der Kindergruppe. Der Wegfall des „Programms" ermöglicht ihnen auf sehr differenzierte Weise, neue Wege in der pädagogischen Arbeit zu

beschreiten. Das Spektrum reicht dabei von der Bildung territorialer Arbeitskreise, Besuch von westlichen Tageseinrichtungen bis hin zum spontan geplanten und durchgeführten Besuch einer Reggio-Einrichtung in Italien.
Erzieherinnen „puzzeln" sich ihr eigenes pädagogisches Konzept in mühevoller Kleinarbeit zurecht und verwirklichen ihre Vorstellungen von für sie neuen Erziehungsprozessen. Sich im Wirrwarr alternativer Modelle zur Erziehung in Institutionen zu orientieren, sich zurechtzufinden, eine individuell angemessene Entscheidung zu treffen, ist Herausforderung und Anreiz für ihre weitere pädagogische Arbeit. Zitat: „Ich hatte einfach nur das Bedürfnis, mit Kindern zu leben; zu gucken, was die so bewegt, was die so brauchen. Ohne Hektik, mit viel Zeit für alles... das war einfach eine wunderbare Zeit." Aber noch etwas anderes vereint diese Gruppe der Erzieherinnen: In vielen Interviewpassagen wurde deutlich, daß der Ausgangspunkt für ihre berufliche Veränderung sie selbst sind. Zitat: „Wichtig wäre für mich erst einmal die Rolle des Erziehers, welche nimmt er ein? An welcher Stelle führt er das Kind, wo setzt er Grenzen? Das war der Anfang, und da denke ich heute noch drüber nach." Diese Erzieherinnen beginnen den Veränderungsprozeß bei sich selbst, mit dem Ziel, die Entscheidungsräume der Kinder systematisch zu erweitern. Kindern etwas zuzutrauen, ihnen mehr Verantwortung zu geben, sie nicht ständig durch einen stark verregelten Tagesablauf in ihren Bedürfnissen und Aktivitäten einzuengen, dies sind einige Kriterien, die diese Erzieherinnen in ihr nunmehr entwickeltes berufliches Selbstverständnis einfließen lassen.
Mit Kindern in Institutionen zu leben, schließt ein, sich einerseits sehr stark an kindlichen Bedürfnissen zu orientieren und andererseits auch ihre Entwicklung durch zielgerichtete Förderung zu sichern. Viele dieser Erzieherinnen brauchen dafür kein staatliches Programm, sondern sie lassen sich auf einen Analyseprozeß ein, um geeignete Inhalte für die Kinder herauszukristallisieren, welche die Lebenssituation der Kinder und deren Familien berücksichtigen. Daß sich dieser Prozeß auch gegenwärtig als komplizierter Prozeß darstellt, ist unbestritten. Ich stelle beim Lesen pädagogischer Konzepte fest, daß sich Erzieherinnen im Jahreskreis oder innerhalb der vier Jahreszeiten bewegen oder das Spiel zwar in seiner Bedeutung für Kinder erkannt wird, die tiefere Spielauseinandersetzung aber in vielen Fällen völlig fehlt. Wenn diese Erzieherinnen formulieren „So nie wieder!", verdrängen sie ihre Geschichte oder ihre bislang erworbenen Berufserfahrungen nicht; die Reflexion geht einher mit dem Erwerb neuen berufsbiographischen Wissens. Sie nutzen dabei vielfältige Ressourcen, wie Fort- und Weiterbildungen, Teambesprechungen, Erfahrungsaustausch.

Das Ausprobieren, Verwerfen, Suchen, Austauschen, Irr- und Umwege in ihrem pädagogischen Handeln – all das gehört zu ihrem beruflichen Selbstverständnis.

3. Fazit und Ausblick

Für mich war und ist es interessant, durch die Methode des Interviews ein Stück näher an reale Kindergartenprozesse heranzukommen. Dadurch erhalte ich entsprechend meines Forschungsinteresses u. a. Antworten auf die Frage: Wie gehen Erzieherinnen mit diesem für sie prägnanten berufsbiographischen Bruch um?

Die Forschungsergebnisse zu den Berufsbiographien von Erzieherinnen verweisen darauf, daß diese sehr ambivalent auf den Bruch innerhalb ihrer Berufsverläufe reagieren. Sie greifen dabei auf unterschiedliche Handlungs- und Bewältigungsstrategien zurück, um aus dieser krisenhaften Berufssituation einen Ausweg zu finden. Daß dieser Weg ihnen bis zum heutigen Tag erschwert wird, habe ich bereits erwähnt; ich möchte aber noch einmal unterstreichen, daß die ihnen zugefügten Verletzungen, das Infragestellen ihrer bislang erworbenen Berufserfahrungen zum Teil tiefe Wunden geschlagen haben, die längst noch nicht verheilt sind; Fachberatung kann und darf hier nicht einfach zur Tagesordnung übergehen.

Die Ergebnisse signalisieren den unterschiedlichen Ausgangspunkt von Erzieherinnen, sich den anstehenden Veränderungsprozessen im Kindertagesstättenbereich zu stellen. Das Wissen, wie eng auf der einen Seite ein großer Teil der Erzieherinnen noch immer mit dem ehemals gültigen Theorieverständnis verwurzelt ist, auf der anderen Seite Erzieherinnen sich davon gänzlich distanzieren und zwischen diesen extremen Bearbeitungsmustern viele andere Verhaltensstrategien der Erzieherinnen anzutreffen sind, sollte Fachberatung veranlassen, stärker auf deren Befindlichkeiten, aber auch auf ihr nunmehr entwickeltes berufliches Selbstverständnis einzugehen.

Die hohe Identifikation der Erzieherinnen mit ihrem Beruf („Ich war Erzieherin, ich bin Erzieherin, ich werde immer Erzieherin sein!") und die instabile Lage ihres Berufes und des spezifischen Arbeitsmarktes spiegelt sich auch im Handlungs- und Bewältigungsverhalten der Erzieherinnen wider. Oft entwickeln sie eher hilflose und kurzsichtige individuelle Verhaltensstrategien, wie Verleugnen, Umdeuten, Abwarten, sich anpassen usw. Die Entstehung neuen biographischen Wissens aufgrund von kritischer Selbstreflexion wird so erschwert, wenn nicht gar unmöglich (Rabe-Kleberg 1995).

Wenn Fachberatung sich verstärkt als Interessenvertretung von Erzieherinnen versteht, wenn sie ein hohes Maß an Identifizierungs- und Distanzierungsfähigkeit entwickelt, könnte neben Fortbildungen ein weiterer Raum geschaffen werden, der neues berufsbiographisches Wissen produziert und in vielfältiger Weise hervorbringt. Die gravierenden Veränderungsprozesse im Kindertagesbereich selbst, die Entwertung bislang gültigen beruflichen Wissens, fanden in einer Geschwindigkeit statt, bei der Erzieherinnen kaum Zeit für Reflexionsprozesse, insbesondere über sich selbst, fanden. Fachberatung sollte diese Auseinandersetzungsprozesse als immanenten Bestandteil ausweisen und sich sensibilisiert an die Seite der Erzieherinnen stellen. Was zum Teil als Erschütterungen in ihren Berufsverläufen registriert wurde, muß im Prozeß der Veränderung aufgegriffen und bearbeitet werden. In meiner Arbeit sind es die genannten zwei „Erschütterungen" – der Wegfall des einheitlichen Programms und die veränderte Führungsrolle der Erzieherin.

In der gegenwärtigen Diskussion mit den Erzieherinnen – vielleicht ist das auch ein westliches Problem – wird deutlich, daß gerade sie wegen dieser „Erschütterung" in bezug auf ihre berufliche Neuorientierung und Selbstfindung die größten Probleme aufzeigen. Zum einen vermeiden sie es, den Begriff „Führung" zu nennen oder auch näher zu bestimmen, weil er negativ besetzt ist. Zum anderen fehlt ihnen die Sprache, um diesen Begriff neu zu definieren. Im Extremfall fehlt die Reflexion zu dieser Thematik gänzlich, und an alten Handlungsstrukturen wird weiterhin festgehalten. Was bei den meisten Erzieherinnen mitschwingt, ist das Jonglieren mit „modernen" anderen Begriffen, die ihnen Wege für ein verändertes „Wie" anpreisen, wie z. B. Gewährung größerer Freiräume, Partnerschaftsverhältnis, Zurücknahme im Umgang mit den Kindern, Begleitung usw. Wie diese Handlungs- und Verhaltensangebote in konkretes Alltagshandeln umgesetzt werden können, obliegt der pädagogischen Phantasie der Betroffenen. Daß Fachberatung die weitere Konzeptentwicklung in den Einrichtungen unter Beachtung der veränderten Lebenswelten der Kinder und deren Familien und den einzugsspezifischen Zuschnitt der Einrichtung usw. im Blick haben muß, ist unumstritten. Aber dieses Miteinander der Erzieherinnen und Kinder, die Auseinandersetzung mit dem „Wie" erhält für mich ein ganz besonderes Gewicht. Über dieses Miteinander wird so Entscheidendes, insbesonders für kindliche Entwicklung, reguliert, daß die Auseinandersetzung über den pädagogischen Gestus des „Führens" erfolgen muß. Erzieherinnen sollten sich ihres Vorsprungs bezüglich Wissen, Können und Macht bewußt sein, diesen weder negieren noch unterdrücken, sondern durch ihr Verhalten Kindern einen Weg in die Erkenntnis über sich selbst, in ihren Beziehungen zu anderen Menschen, in ihrer Rolle zu den Dingen und Erscheinungen in Natur und Gesellschaft aufzeigen.

Die Erzieherin steht in diesem Interaktionsprozeß nicht „draußen", registriert nicht nur; sie ist in ihrer Rolle jemand der eingreift, indem sie Bedingungen arrangiert, Impulse gibt, Perspektiven eröffnet, vermittelt, auffordert, bewertet. All das heißt, die Erzieherin führt – und doch ist es etwas anderes als „Eingriffspädagogik".

Fachberatung sollte diese Auseinandersetzung produktiv aufgreifen und fortschreiben und den Erzieherinnen Mut machen in der beruflichen Selbstfindung.

LITERATUR

Autorenkollektiv der APW der UdSSR und der DDR (Hrsg.): Pädagogik. Berlin 1978

Bredow, C.: Gemeinsam aus der Vergangenheit lernen – Bilanz und Perspektiven des Kindergartens aus DDR-Sicht, in: ÖTV-Hauptverwaltung (Hrsg.): Mehr ... für Kinder, Stuttgart 1990

Bundesministerium für Familie, Senioren, Frauen und Jugend (Hrsg.): Neunter Jugendbericht, Bonn 1994

Das Programm für die Bildungs- und Erziehungsarbeit im Kindergarten. Berlin 1985

Löw, M. / Meister, D. / Sander, U.: Pädagogik im Umbruch – Kontinuität und Wandel in den neuen Bundesländern, Opladen 1995

Pestalozzi-Fröbel-Verband (Hrsg.): Zur beruflichen Situation der Erzieherinnen in Deutschland, München 1994

Rabe-Kleberg, U.: Berufsbiographien in der Transformation. Vortrag anläßlich der Pädagogischen Woche in Halle, 1995 (unveröffentlicht)

Teil 3

Lernen, anders zu lernen

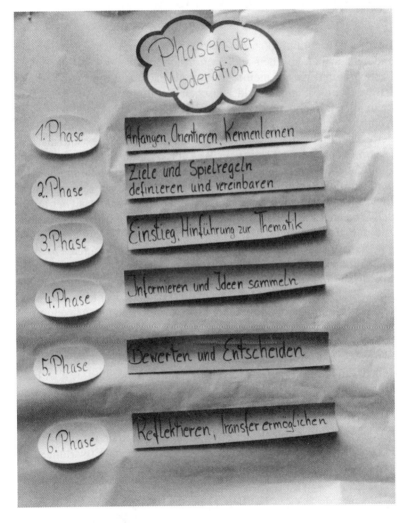

7. „Ich hab' mich darauf eingelassen" Begegnungen mit neuen Lernformen

Annemarie Schinke

„Neue Wege findet man nicht dadurch, daß einem gesagt wird, wo's lang geht, sondern dadurch, daß man in einer liebe- und vertrauensvollen Umgebung Neues riskiert und zu entdecken vermag."

Virginia Satir[1]

Bevor ich die Multiplikatoren-Fortbildung begann, war ich, wie viele andere Fachberaterinnen auch, verunsichert über das Tätigkeitsfeld Fachberatung: Was ist meine Aufgabe als Fachberaterin? Wie verhalte ich mich im Spannungsfeld zwischen Beratung und Aufsicht? Wie kann ich der Fachberatung das aus der DDR nachwirkende Image der Kontrolle nehmen? Welche Rolle spiele ich im Gefüge zwischen Kindertageseinrichtungen, Verwaltung und Politik? Welches sind die Ziele von Fachberatung? Welchem Weg im Wirrwar der Beratungskonzeptionen soll ich folgen? Wie helfe ich den Kolleginnen in den Kindertagesstätten, zur für die Einrichtung angemessenen Konzeption zu finden? Was bedeuten Qualitätsstandards und Qualitätssicherung in der Arbeit der Fachberaterin? – Dies ist nur ein Teil der Fragen, die uns alle damals bewegten. Als Teilnehmerin am MFT-Kurs 3 erwartete ich, gemeinsam mit 19 anderen Fachberaterinnen, einen Orientierungsrahmen und Hilfe bei der Entwicklung von Handlungsstrategien. Mit dieser Erwartungshaltung verbunden war auch eine bestimmte Vorstellung über die Art der Kursarbeit. Für mich war klar: Viel Wissensvermittlung durch Frontalunterricht und fleißiges Mitschreiben werden Antworten auf meine Fragen und Klärung bringen. Ich habe bald gemerkt, daß es anders gehen muß.

In der Vorstellungsrunde zum Auftakt des ersten Kursabschnittes sollten wir ein Portrait vom jeweiligen Gegenüber malen und sie über Herkunft, Arbeitsfeld, Erwartungen an das Kursgeschehen interviewen. Danach galt es, anhand des Bildes und der Informationen aus dem Gespräch vor dem Plenum über die Interviewpartnerin zu berichten. Da das Anfertigen der Bilder einige Zeit in Anspruch nahm, kam die Frage auf, ob man bei der Vielzahl von Problemen und Erwartungen an den Kurs nicht rationeller zum Ergebnis kommen könnte. Auch ich

---

[1] V. Satir: „Meine Vielen Gesichter", München 1988

selbst konnte meinen anfänglichen Widerstand gegen diese fremde Vorgehensweise nicht verhehlen. Es stellte sich aber bald heraus, daß es sich lohnte, sich auf dieses Verfahren einzulassen: Zum einen machte die entspannte Atmosphäre das Vertrautwerden miteinander leicht – dies hatte positive Auswirkungen auf das gesamte folgende Kurslernen; zum anderen erfuhren wir voneinander über die Vielfältigkeit der Arbeitsfelder der Fachberaterinnen, über unterschiedliche verbandliche und kommunale Trägerstrukturen, über die unterschiedlichen fachlichen und persönlichen Voraussetzungen – dies alles waren Erkenntnisse, die uns niemand hätte referieren können und deren Darstellung ohne Handlungsbezug (Malen) und Spiegelung (Partnerinterview) langatmig und oberflächlich geblieben wäre.

In einer weiteren Arbeitsphase sollte jede Teilnehmerin für sich ihre eigene Lebens- und Berufserfahrung reflektieren. Als diese Aufgabenstellung erfolgte, herrschte erneut Skepsis: Was sollte das schon wieder? Schließlich wußte doch jeder Bescheid über seine eigene Entwicklung. Und außerdem hatten wir solche „Spielchen" ja nun schon mehrfach in westlich geprägten Fortbildungen hinter uns. Diesmal aber war es anders. Zum einen gab man uns nicht nur den nebulösen Auftrag „Reflexion der Berufsbiografie", sondern spezifische Fragen, mit denen wir unsere Reflexion strukturieren konnten, Fragen nach konkreten Erfahrungen, nach eigenen Grenzen, nach individuellen Lernbedürfnissen. Zum anderen wurde uns ausreichend Zeit eingeräumt – ich konnte mich vertiefen in die Auseinandersetzung mit diesen Fragen. Ich wurde sensibel dafür, meine persönliche und berufliche Entwicklung als Bestandteil meines beruflichen Profils als Fachberaterin zu sehen; ich erkannte die Bedeutung dieser Prozesse für die Klarheit meines Auftretens; ich konnte die Hintergründe meiner Rolle als „Einzelkämpferin" in der Fachberatung ausmachen. Die Vorsicht in der darauffolgenden Plenarsituation im Umgang mit den individuellen Erkenntnissen der einzelnen hat dazu beigetragen, diese Einsichten in mir zu verankern.

Im weiteren Verlauf der Kurswoche mußte ich mich mit einer weiteren Methode auseinandersetzen: mit dem Rollenspiel. Das Drehbuch hieß: Eine Fachberaterin stellt sich in der Kindertagesstätte vor, bietet dem Team Beratung und Fortbildung an, versucht, erste gemeinsame Schritte abzuklären. Die nicht direkt im Rollenspiel Beteiligten beobachteten unter bestimmten Gesichtspunkten, um ihre Wahrnehmungen in die abschließende Diskussionsrunde einzubringen. Die Angst, sich in das Rollenspiel einzubringen, unter der „Aufsicht" der ganzen Kursgruppe zu handeln, zu argumentieren, vielleicht etwas „falsch" zu machen, war groß. Aber wir haben uns darauf eingelassen. Und wir haben davon profitiert: Es war eine Situation, der die Fachberaterin täglich begegnet. Wir Beobachter gewannen Erkenntnisse über Art und Weise der Gesprächsführung; Merkmale von Beziehungen zwischen Fachberaterin und Team (Offenheit, Bereitschaft, Ablehnung, Skepsis, Vertrauen, Freiwilligkeit, Methode, Professionalität) wurden sichtbar und standen uns danach zur Analyse zur Verfügung: Wir konnten sie auf das eigene Verhalten beziehen. Beim Vergleich mit dem eigenen Vorgehen kamen auch solche Fragen auf: Was hätte ich in dieser Situation getan? Wie wirke ich auf andere Menschen? Wie sehe ich mich selbst? Wie möchte ich gesehen werden? Uns wurde deutlich: Wenn man es will, ist das Rollenspiel eine Arbeitsform, die befähigt, Ursachen und Zusammenhänge von Beratungssituationen zu erkennen und neues Verhalten zu entwickeln. Es war wieder kein Vortrag, kein Frontalunterricht, keine beschriebenen Blätter – aber in meinem Kopf hatte sich viel bewegt!

Am dritten Tag der Kurswoche begannen wir mit der Arbeit in vier Arbeitsgruppen, mit differenzierten Arbeitsaufträgen. In meiner Kleingruppe ging es um die Vorbereitung von Fortbildung für Leiterinnen und Erzieherinnen. Wir bekamen viel Material und genügend Zeit. Die Vorteile dieser Arbeitsform, im Unterschied zum Frontalunterricht und zur Plenararbeit, waren:

(1) Die Arbeit in der Kleingruppe war intensiv, d. h. konzentrierter und produktiver, als sie im Plenum möglich gewesen wäre.

(2) Wir konnten „handfeste" Ergebnisse erarbeiten bzgl. Planung, methodischer, inhaltlicher und organisatorischer Ausgestaltung von Fortbildung – und zwar auf einer allgemeinen Ebene und bezogen auf mein eigenes konkretes Arbeitsfeld.

(3) Von den Arbeitsergebnissen der einzelnen Kleingruppe konnten die anderen Arbeitsgruppen ebenfalls profitieren.

(4) Der Plenaraustausch über die Vorgehensweisen und Erfahrungen während der Kleingruppenphase gab weitere Hinweise auf die Gestaltung und Dynamik von Lernprozessen in kleinen Gruppen.

Damit ist der erste Kursabschnitt im Rahmen der MFT-Qualifizierung nur unvollständig wiedergegeben, meine Lernerfahrungen sind hier nur skizziert. Entscheidend ist, daß danach der Prozeß der Umsetzung in meine Praxissituation erst begann.

Die andere Art des Lernens, die mich anfangs durchaus irritiert hatte, gab mir Möglichkeiten, meine Tätigkeit im Berufsalltag anders zu gestalten. Für mich galt nicht mehr das Prinzip von „richtig und falsch"; ich konnte meine Arbeitsschritte und Vorhaben zunehmend mit den Fragestellungen „Warum? Was? Wer? Wie? Womit?" verknüpfen und die Entwicklungsmöglichkeiten der einzelnen Situation und des einzelnen Menschen in den Mittelpunkt rücken, statt mich mit Urteilen über richtiges oder falsches Verhalten abzugeben. Als ich damals von Leiterinnen und Erzieherinnen Rückmeldungen bekam, daß auch sie diese Art des Lernens als Bereicherung empfinden, war das für mich die Bestätigung des Weges, den ich eingeschlagen hatte.

8. Lernen, anders zu lernen – Voraussetzungen und Formen der Erwachsenenbildung in den neuen Bundesländern

Detlef Kölln, Ingrid Pickel

Für jeden Fortbildner aus den alten Bundesländern, der intensiv Erwachsenenbildung in den neuen Bundesländern betrieben hat, sind die Themen ‚Lernen in der DDR' und ‚Neue Formen der Erwachsenenbildung' reizvoll, nahezu unerschöpflich – und gleichzeitig nur ungenügend zu bewältigen; können wir doch nicht behaupten, die Bildungssozialisation der Kolleginnen und Kollegen aus der DDR in der kurzen Zeit seit der Wende nachvollziehen zu können. Wir wollen in diesem Beitrag versuchen, uns diesen Themen so anzunähern, daß Pauschalisierungen vermieden werden – wir sind uns gleichzeitig nicht sicher, ob wir den vielen Verständnisfallen und Vorurteilen zwischen Ost und West entgehen können. Wir gehen von unseren Erfahrungen als Moderatoren[1] in drei Kursen der „Multiplikatoren-Fortbildung Tageseinrichtungen für Kinder" aus, greifen also auf unsere Arbeitskontakte mit rund 60 Fachberaterinnen innerhalb von insgesamt 15 Kurswochen zurück.

LERNPROZESSE AUF ALLEN SEITEN

Als ich Anfang 1993 das Angebot bekam[2], die Moderation des MFT-Kurses 1 zu übernehmen, hatte ich bereits mehrmals in Seminaren und Kursen Erfahrungen mit Erwachsenenbildung in Mecklenburg-Vorpommern gemacht. Viele Erlebnisse und Situationen fügten sich dann auch im Rahmen des MFT-Kurses zu dem Gesamteindruck zusammen, daß das Lernen in der ehemaligen DDR geprägt war durch Besonderheiten, die es beim Leiten von Fortbildungen und Seminaren zu berücksichtigen gilt.

---

[1] Wir verwenden im Text jeweils die männliche oder die weibliche Form. Es sind grundsätzlich beide Geschlechter gemeint.
[2] Zum Auswahlverfahren für Moderatorinnen und Moderatoren im Rahmen des MFT-Projektes vgl. Abschn. 2 (Anm. d. Hrsg.).

Bevor diese Eindrücke zusammengefaßt dargestellt werden, ist es mir wichtig zu betonen, daß die Weiterentwicklung und Veränderung der Erwachsenenbildung in den neuen Ländern sich bereits während der Moderation der Kurse MFT 1 (1993–1994) und MFT 14 (1995–1996) widergespiegelt hat. Genauso hatte sich auch die Situation der Kursteilnehmerinnen zwischen 1993 und 1996 grundlegend geändert. Viele Formen der Erwachsenenbildung aus den alten Bundesländern waren bekannt, was nicht bedeutete, daß sie unreflektiert übernommen oder uneingeschränkt befürwortet wurden. Die kritischen Nachfragen und das Diskutieren von im Westen althergebrachten methodischen Abläufen entwickelte sich zu einem sehr fruchtbaren Erfahrungsaustausch, der nachhaltig auch mein methodisches Vorgehen beeinflußt hat. Darauf gehen wir zu einem späteren Zeitpunkt noch genauer ein. Die folgende Zusammenfassung meiner Beobachtungen und Erfahrungen einerseits und der Rückmeldungen von Teilnehmerinnen andererseits, die die Erwachsenenbildung und die Lernformen in der DDR selbst miterlebt haben, entwirft ein Bild, das notgedrungen verkürzend ist, dafür aber um so prägnanter.

Im MFT-Kurs begegnete mir eine Lernhaltung der Teilnehmerinnen, die durch die Worte ‚konzentriertes und zielgerichtetes Lernen' treffend umschrieben ist. Darüber hinaus liefen ‚das Lernen' und ‚das Gruppenleben' weitgehend voneinander getrennt ab. Hieraus läßt sich ableiten, daß Lernen als etwas definiert wurde, was mit Arbeiten, nicht aber mit Erleben und Erfahren, mit Muße, mit Ruhe, mit Reflexion der eigenen Person und ihren Lernvoraussetzungen sowie mit dem Formulieren von eigenen Standpunkten verbunden wurde. Dies wurde für mich auch darin deutlich, daß besonders zum Anfang des Kurses das sehr intakte und lebendige Gruppenleben mit dem Beginn der ‚Arbeitszeiten' abgeschaltet wurde, um es nach dem Seminar am Abend wieder aufleben zu lassen. Arbeiten und Erleben waren zunächst zwei nicht miteinander verbundene Welten. Die Teilnehmerinnen forderten von uns Moderatoren eine Fülle von Inhalten in kurzer Zeitabfolge. Dieses ergebnisorientierte Arbeiten war am Anfang des Kurses dadurch gekennzeichnet, daß die Teilnehmerinnen die zu erfüllenden Anforderungen genannt bekommen wollten, um sie zielgerichtet angehen und abarbeiten zu können. Von uns verlangten sie im Anschluß eine Ergebniskontrolle, die im Sinne einer Richtig-Falsch-Beurteilung erwartet wurde.

In Gesprächen berichteten die Teilnehmerinnen, daß in Fortbildungen vor der Wende die Arbeit an vorgegebenen Sachinhalten und das Vermitteln von zu übernehmenden Wertmaßstäben immer an erster Stelle standen und gegebenenfalls durch Zusammenfassungen und Beurteilungen der Dozenten besonders hervorgehoben wurden. Die ‚intensive' Stoffvermittlung im Frontalunterricht stand im Mittelpunkt, so daß ein fremdbestimmtes Lernen, ohne ‚nach innen zu schauen', stattfand. Die Teilnehmerinnen wurden darauf trainiert, die ‚richtige Sichtweise', die im heimlichen Lehrplan vorgegeben war, zu erspüren bzw. zu erschließen, um sie zum richtigen Zeitpunkt einbringen zu können. Das zu erarbeitende Ziel der Fortbildungen gaben die Dozenten vor. Andere, abweichende Sichtweisen, Meinungen oder Standpunkte waren oftmals nicht erwünscht, da sie dem ‚gemeinsamen Ziel' nicht zuträglich waren. Die Teilnehmerinnen waren es nicht gewohnt, den Ablauf von Fortbildungen mitzubestimmen und mitzugestalten.

Aus den Voraussetzungen des Lernens vor der Wende ergaben sich andere ‚Spielregeln' für die Erwachsenenbildung in den neuen Ländern, die berücksichtigt werden mußten, um im Kurs nicht immer wieder eine Ost-West-Kontroverse zu provozieren und damit – im Sinne einer selbsterfüllenden Prophezeiung – die ‚neuen' Lern- und Arbeitsformen ad absurdum zu führen. Die Erfahrungen während des Kursverlaufs haben gezeigt, daß es immer dann schwierig wurde, wenn aufgrund des ständigen ‚Richtig-Falsch-Denkens' allzu schnell unterschiedliche Meinungen aufeinander prallten, wenn Standpunkte nicht akzeptiert wurden und nicht nebeneinander stehenbleiben konnten. Es gab aber auch deutlich spürbare positive Auswirkungen von Lernerfahrungen aus der DDR. Ich habe es genossen, daß aufgrund der oben genannten zielorientierten Ausrichtung an vielen Stellen nicht so ‚pädagogisch geschwafelt' wurde. Häufig gelang eine klare Trennung von theoretischen Impulsen und der Diskussion, von Hintergrundinformation und Transfer in die Praxis. Und ich war erstaunt über die Herzlichkeit, Mitmenschlichkeit und das echte Interesse, das die Teilnehmerinnen sich untereinander entgegenbrachten. Ich erlebe im Westen sehr viel Distanz, Ignoranz und Selbstdarstellung, was in den beiden MFT-Kursen kaum zu spüren war. Der Abbau der anfänglichen Skepsis gegenüber mir als West-Moderator und des zunächst vorhandenen Mißtrauens, auch untereinander, war nur möglich durch die besondere Beachtung und Thematisierung der individuellen und gruppendynamischen Prozesse. Die ganzheitlichen Lernformen wurden im Laufe der Kurswochen zunehmend mehr akzeptiert, und es baute sich eine konstruktive Lernatmosphäre auf.
(Detlef Kölln)

Als ich gefragt wurde, ob ich als Moderatorin beim MFT-Projekt im Kurs 6 (1993–1995) mitarbeiten möchte, habe ich mich über das entgegengebrachte Vertrauen gefreut und fand, es sei eine gute Gelegenheit für mich, meinen Beitrag zur ‚Wiedervereinigung' zu leisten. Ich war gespannt, neugierig, aufgeregt – aber auch unsicher, ob ich genügend Kompetenzen und Erfahrungen mitbringe, um die gestellten Aufgaben zu erfüllen. Im Vorfeld stellte ich mir folgende Fragen:

Welche Erwartungen werden an mich gestellt? Kann ich sie erfüllen?
Werde ich den Teilnehmerinnen / Kolleginnen gerecht? Werde ich sie verstehen?
Welche Fragen kann ich stellen, ohne zu kränken? Ohne zu beleidigen?
Welche Informationen muß ich vermitteln, um Jugendhilfe nach dem KJHG transparent zu machen?
Was ist bekannt? Was benötigen die Teilnehmerinnen an Wissen zur Bewältigung ihrer realen Arbeitssituationen?
Wie können wir gemeinsame Wurzeln in der Erziehungsgeschichte entdecken? (Schließlich ist der Kindergarten 150 Jahre alt!)
Welche Beratungskonzepte sind bekannt, werden gelebt? Wie kann Beratung geübt werden?
Wie kann das Rollenverständnis als Fachberaterin, das generell im Wandel ist, ohne direkte Vorbilder nur über die Identifikation mit den Inhalten entwickelt und begleitet werden?
Wie können wir die unterschiedlichen Lernsysteme miteinander verbinden?
Werden die Teilnehmerinnen mich in meiner Person und in meiner Funktion akzeptieren?
Wie werde ich mit meiner Doppelrolle Moderatorin und Fachberaterin umgehen können?

Die Vorstellungsrunde „Wer bin ich, wo komme ich her?" – eine übliche Methode in der Erwachsenenbildung – verlief sehr zögernd, und die Atmosphäre war gespannt. Die Beschreibung der früheren Tätigkeiten löste bei manchen Teilnehmerinnen wie bei uns Moderatorinnen unterschiedliche Phantasien, Vermutungen und Vorurteile bezüglich der beruflichen Geschichte aus. Einige Teilnehmerinnen kannten sich aus früheren Arbeitsbezügen. Diese Vorerfahrungen und Bewertungen waren sicherlich mit eine Ursache bei der Zurückhaltung in der Vorstellungsrunde, wirkten sich bei der Bildung von Arbeitsgruppen aus und blieben am Anfang für uns als Außenstehende unverständlich. In der nichtöffentlichen Reflexion überlegten wir, ob das zögerliche Handeln durch das Moderatorinnenverhalten hervorgerufen wurde. „Hatten wir etwas falsch gemacht?" – „Hatten wir das Thema nicht richtig aufbereitet?" Erst im vierten und fünften Kursabschnitt konnte die anfängliche Zurückhaltung öffentlich thematisiert und von allen mehr oder weniger verstanden und nachvollzogen werden. Einiges wurde verständlich – aber einige Reaktionen blieben auch bis zum Schluß fremd, denn meine Berufssozialisation wie auch mein Arbeitsalltag ist so anders gegenüber dem der Kolleginnen aus der früheren DDR.

In manchen für mich undurchschaubaren Situationen hatte ich das Gefühl, daß mein „Handwerkszeug" als Erwachsenenbildnerin nicht ausreicht, daß die Regeln in der Erwachsenenbildung in den neuen Ländern gemeinsam neu erarbeitet und entwickelt werden müßten. Methoden, mit denen ich im Westen Erfahrungen hatte, konnten nicht einfach übertragen werden, wie z. B. das Rollenspiel, die Feedback-Runde als öffentliche Rückmeldung am Ende des Tages, die tägliche kollegiale Beratung als kontinuierliches Lernsystem über die Kurswochen hinweg, das individuelle Wachstums-Tagebuch. Schritt für Schritt unter Reflexion erheblicher Widerstände – „Wir wollen lernen, nicht spielen!" – wurden die neuen Möglichkeiten des Lernens ausprobiert und konnten als sinnvoll erlebt werden.

Unsere Offenheit im Fachlichen „Wir haben das und das geplant, aber es wäre auch dies oder anderes möglich, weil..." und auch das persönliche Innehalten: „Nun verstehe ich Ihre Reaktion überhaupt nicht mehr" oder „Was habe ich mit meiner Frage bei Ihnen ausgelöst?", löste Irritationen aus. Das Einbeziehen der Teilnehmerinnen mit ihren persönlichen Befindlichkeiten in den Entscheidungsprozeß wurde am Anfang als eher hinderlich erlebt. Wir blieben bei unserem Lernsystem, Theorieimpulse einzugeben und die methodischen Lernschritte mit den Teilnehmerinnen abzustimmen.

Bei der fachlichen Auseinandersetzung wurde deutlich, daß die Kolleginnen in der Darstellung der eigenen Arbeitsfelder geübt und selbstbewußt sind. Es fiel ihnen allerdings schwer, die emotionale Ebene der Kommunikation zu erfassen, zu halten und ihr einen Stellenwert im Gespräch und in der Beratung zu geben. Ich frage mich aber auch, ob wir westlichen Referenten diesen Teil manchmal überbewerten.

Während der gesamten Seminararbeit empfand ich mich fachlich wie persönlich auf dem Prüfstand. Es war oft schwer und mühsam, mit der freundlichen, aber eher reservierten und kritischen Gruppe ins Gespräch zu kommen, Beziehungen aufzubauen und zaghafte Ansätze zur Annäherung weiterzuführen. Ich hatte das Gefühl, daß ich als Moderatorin sowie als Fachfrau/-beraterin sehr kritisch begutachtet wurde. „Wie macht sie das?" – „Stellen Sie mal Ihr Konzept vor!" Diese Aufforderung habe ich am Anfang mißverstanden und es als eine Aufforderung zum ‚Vorführen' gewertet, nicht als ein „Wir wollen es von Ihnen lernen" verstanden. Mit zunehmendem Vertrauen gewann ich an Sicherheit, wurde freier in der Moderatorentätigkeit und mutiger, mein Fachberaterinnenprofil zu zeigen.

Wir wählten oft die gleichen Worte, aber ich denke, daß die dazugehörigen Gefühlsqualitäten sehr unterschiedlich waren, z. B. bei Begriffen wie ‚Kollektiv' und ‚Team'. Deren ideologische Färbung konnte nur zum Teil aufgelöst werden. Oft war ich geneigt, Fachberatung Ost mit Fachberatung West zu vergleichen, und mußte mich fragen, ob ich die Fähigkeiten und Kompetenzen habe, diese Umwälzung konstruktiv mitzugestalten. Die differenzierten Rückmeldungen der Teilnehmerinnen während der MFT-Abschlußveranstaltung haben meine Zweifel inzwischen als unbegründet widerlegt.

Auch meine Privatperson wurde gefragt und gewünscht. Am Ende der ersten Seminarwoche hieß es: „Wir würden uns freuen, wenn Sie abends ein Bier mit uns trinken würden!" Erst durch die Einzelkontakte über berufliche und persönliche Begebenheiten gelang es uns, eine gewisse Vertrautheit und Offenheit herzustellen. Meiner Meinung nach können die vorhandenen gegenseitigen Vorurteile ‚Ost-West', die global bestehen, nur im Einzelkontakt, in der Beziehungsarbeit, aufgelöst werden. Dazu ist ein soziales und fachliches Netz, in Form von gegenseitigen Besuchen, Hospitationen, Fortbildungen etc. notwendig.

(Ingrid Pickel)

VORAUSSETZUNGEN UND KONSEQUENZEN FÜR DIE ERWACHSENENBILDUNG – NICHT NUR – IN DEN NEUEN BUNDESLÄNDERN

Aus den persönlichen Erfahrungen und Eindrücken lassen sich als Fazit Voraussetzungen erkennen und Konsequenzen ableiten, die sicherlich nicht nur für die Erwachsenenbildung in den neuen Ländern gelten. Durch die (Weiter-)Entwicklung in den Jahren des MFT-Projekts (1992–1996) sind die Formen der Erwachsenenbildung der alten Länder in den vielen Kurswochen ausprobiert und reflektiert worden. Auch hier hat sich ‚die Spreu vom Weizen getrennt'. Viele Methoden sind hinterfragt und auf ihre Sinnhaftigkeit hin überprüft worden. Im folgenden soll der Versuch unternommen werden, Prinzipien der Erwachsenenbildung zu formulieren, die für die Zukunft in den neuen und alten Bundesländern handlungsleitend sein können. Folgende Prinzipien wollen wir, abgeleitet aus unseren Erfahrungen, als Forderungen formulieren:

(1) Persönlichkeits-, Erfahrungs- und Erlebnisorientierung im Lernprozeß ermöglichen.

(2) Akzeptanz und Toleranz für andere Personen und Meinungen aufbauen
– Subjektive Wahrnehmungen und Sichtweisen berücksichtigen.
(3) Kongruenz als Moderator / Fortbildnerin umsetzen.
(4) Gruppendynamik im Blick behalten – ‚Engpässe' in der Gruppe thematisieren.
(5) Lernprozessen Struktur geben – Methodische Abläufe transparent machen.
(6) Theorie vermitteln – Impulse geben.
(7) Methodische Vielfalt und Differenzierung umsetzen.
(8) Gemeinsame Reflexion des Lernprozesses etablieren.

1. Persönlichkeits-, Erfahrungs- und Erlebnisorientierung im Lernprozeß ermöglichen

Erwachsenenbildung kann durch eine Persönlichkeits-, Erfahrungs- und Erlebnisorientierung eine ganz neue Dimension und Qualität zugeordnet werden. Die MFT-Kurse haben mit ihren Fortbildungsbestrebungen eine mehr ganzheitlich orientierte Form des Lernens etabliert, die über die reine Wissensvermittlung hinaus geht. Das Berücksichtigen der eigenen Person mit ihren Erfahrungen, das Ermöglichen von erkenntnisstiftenden Erlebnissen und die kontinuierliche Selbstreflexion erweitern, als wesentliche Bestandteile der Erwachsenenbildung, die Umsetzungsmöglichkeiten der Fachberaterinnen in ihren Tätigkeitsfeldern, gerade als Multiplikatorinnen. Die Leiterinnen und Erzieherinnen vor Ort sollen durch die qualifizierte Fachberatung und Fortbildung in die Lage versetzt werden, Lernerfahrungen für Kinder zu schaffen, die den Lebensort Kindertagesstätte zum Ausgangspunkt für vielfältige Lebenserfahrungen für Kinder und Erwachsene werden läßt. Insofern ist das Kurslernen als Meta-Ebene und als Vorbild zum Lernen in Beratungsprozessen und in der Kindertagesstätte zu sehen.

2. Akzeptanz und Toleranz für andere Personen und Meinungen aufbauen – Subjektive Wahrnehmungen und Sichtweisen berücksichtigen

Gerade aufgrund der unterschiedlichen Sozialisation in den neuen und alten Bundesländern ist es besonders wichtig, die subjektiven Wahrnehmungen und Sichtweisen zu erschließen und sich darüber zu verständigen, bevor diskutiert und bewertet wird. Wenn der Moderator die ‚persönliche Welt' seiner Teilnehmerinnen mit den individuell unterschiedlichen inneren Bezugsrahmen und sich daraus ergebenden subjektiven Bewertungen nicht nachvollziehen kann, ist es nur schwer möglich, individuelle Lernprozesse zu initiieren.

Wenn eine Verständigung über unterschiedliche Einschätzungen der gleichen Begebenheit nicht gelingt, werden Teilnehmer immer wieder den – aus ihrer Sicht berechtigten – Vorwurf formulieren, daß z. B. die vermittelten theoretischen Inhalte keinen Bezug zur Praxis haben. Nur durch die Kompetenz des Moderators/Fortbildners, mehrere Sichtweisen und Perspektiven ‚sehen' und berücksichtigen zu können und durch die aufgebrachte Akzeptanz andere Sichtweisen nicht als falsch abzutun, wird ein Voneinander-Lernen auch für die Teilnehmerinnen möglich.

Die Moderatorin ist also gefordert, den Spagat zwischen dem Vertreten eigener, wichtiger inhaltlicher Standpunkte und der Akzeptanz anderer, vielleicht entgegengesetzter Meinungen der Teilnehmer glaubhaft zu leisten. Dies kann so weit gehen, daß Toleranz für die Nicht-Akzeptanz als ‚Wessi' (oder ‚Ossi') geübt werden muß, um einen Ausgangspunkt für einen gemeinsamen und konstruktiven Lernprozeß zu schaffen. Das ‚Stehenlassen-Können' von Meinungen ermöglicht in Fortbildungen erst die sich dann anschließende, echte Diskussion. Es ist wichtig, die bestehenden gegenseitigen Vorurteile im konkreten Einzelfall zu benennen und zu thematisieren, um über die gemeinsame Bearbeitung Verbindungen oder aber auch unterschiedliche Strukturen zu entdecken. ‚Nur wer sich auseinandersetzt, kann sich zusammensetzen'.

Der Moderator ist im Prozeß der Fortbildung dabei einerseits Teilnehmer in der Auseinandersetzung, andererseits aber auch Beobachter und Leiter des Prozesses.

3. Kongruenz als Moderator/Fortbildner umsetzen

Durch die ganzheitlichen Lernformen ist der Moderator mit seiner Person und Persönlichkeit in bezug auf die fachliche, methodische und persönliche Stimmigkeit gefordert. Die neuen Formen der Erwachsenenbildung verlangen neben aller professioneller Distanz persönlichen Kontakt zu den Teilnehmerinnen, so daß die vermittelten Grundprinzipien des Lernens nicht nur ‚gepredigt', sondern auch vorgelebt werden. Immer wieder neu wird die Akzeptanz und Toleranz im Lernprozeß überprüft und in kleinen Schritten neu ausgehandelt.

Die persönliche Meinung muß erkennbar und faßbar sein, um in einen echten Dialog zu treten. Das kleinschrittige Herantasten an ganzheitlichere Lernformen und das Austesten des Freiraumes zur Selbstbestimmung im Lernen fordert eine Lernprozeßbegleitung, die in der Auseinandersetzung mit den Teilnehmern geschieht. Der Moderator/ die Fortbildnerin muß die Verbindung herstellen können zwischen der

Vermittlung von handlungsorientiertem Wissen (z. B. aus der Jugendhilfe), der Reflexion der unterschiedlichen Lernsysteme in Ost und West, der konkreten beruflichen Situation der Teilnehmer und dem eigenen Rollenverständnis.

4. Gruppendynamik im Blick behalten – ‚Engpässe' in der Gruppe thematisieren

Der Moderator/Fortbildner muß während der Gestaltung von Lernprozessen und Fortbildungen die gruppendynamischen Prozesse innerhalb der Lern- bzw. Arbeitsgruppe im Blick behalten, da sie den Ablauf entscheidend beeinflussen. Auf alle einzelnen Phänomene und Prozesse kann an dieser Stelle nicht ausführlich eingegangen werden, hier sei der interessierte Leser auf die umfangreiche Fachliteratur verwiesen.

Die Bedeutung der Gruppendynamik für die Erwachsenenbildung soll am Beispiel der Anfangsphase von Fortbildungen exemplarisch aufgezeigt und beschrieben werden. Gerade die Anfangsphase war in den MFT-Kursen von besonderer gruppendynamischer Relevanz, wie den persönlichen Berichten am Anfang dieses Kapitels entnommen werden kann. Die Schwierigkeiten beim gegenseitigen Kennenlernen zwischen den Moderatoren und Teilnehmerinnen bzw. der Teilnehmerinnen untereinander sowie die zunächst vorhandene, sehr große Distanz und Verunsicherung in den Kursgruppen, muß bei der Gestaltung der Lern- und Arbeitsprozesse berücksichtigt werden.

Wenn man Anfangssituationen gruppendynamisch genauer betrachtet, wird deutlich, daß die Gruppensituation zwar einerseits durch die Beziehungen der Beteiligten untereinander bestimmt wird, daß aber andererseits der einzelne als Individuum mit seinen Bedürfnissen und Verhaltensweisen die Situation stark beeinflussen kann. In dieser Phase entscheidet sich, ob die Gruppe sich auf den Weg macht, zu einer funktionierenden ‚Einheit' zu werden. Diese schwierige Gruppensituation wird in der Regel als bedrohlich und verunsichernd wahrgenommen.

Um die aufgezeigten Schwierigkeiten und die damit verbundenen negativen Spannungen innerhalb einer neuen, sich entwickelnden Gruppe zu mindern oder abzubauen, ist es sinnvoll, den einzelnen Teilnehmerinnen in der Anfangsphase ausführlich die Möglichkeit zu geben, sich mit ihrer individuellen Situation darzustellen, die eigenen Gefühle auszusprechen und sich andeutende Blockierungen und Spaltungen innerhalb der Gruppe transparent zu machen. Als mögliche methodische Ansatzpunkte sind in dieser Phase geeignet:

(1) Das ‚geheime' Für-sich-Notieren der eigenen Gedanken, Gefühle und Assoziationen jedes Teilnehmers zu den Satzanfängen: ‚Über die Gruppe denke ich...', ‚Über die Moderatoren denke ich ...', ‚Zu mir selbst fällt mir auf ...';
(2) Die Visualisierung und Thematisierung der Erwartungen und Befürchtungen der einzelnen Teilnehmer;
(3) Die Übung ‚Ich in meiner Welt als Fachberaterin' (siehe Beispiel S. 118).

5. Lernprozessen Struktur geben – Methodische Abläufe transparent machen

Lernen kann ein Mensch nur, wenn er mitdenken, Zuordnungen vornehmen und für sich Entscheidungen treffen kann. Die Moderatorin muß die vorgesehenen Lern- und Arbeitsschritte für die Lerngruppe transparent machen. Dabei ist es sinnvoll, bestimmte Phasen und Schritte voneinander getrennt durchzuführen, um den Teilnehmerinnen eine wirkliche Auseinandersetzung mit den Inhalten zu ermöglichen. Der Moderator soll ‚Fortbildungsdisziplin anmahnen', um ein prozeßorientiertes Arbeiten zu gewährleisten und ein ‚Sich-im-Kreisdrehen' oder ‚Sich-festdiskutieren' zu verhindern. Mit Hilfe eines informierenden Einstiegs, der die inhaltlichen Etappen und methodischen Abläufe transparent macht, haben die Teilnehmerinnen die Möglichkeit, für sich selbst zu entscheiden, ob Nachfragen und Beiträge sofort eingebracht oder ‚aufbewahrt' werden sollen.

6. Theorie vermitteln – Impulse geben

In der oben genannten Struktur stellt die Vermittlung der Theorie einen zentralen Punkt im Fortbildungsablauf dar. Dabei hat der Moderator / Fortbildner die Aufgabe, die theoretischen Grundlagen möglichst klar, deutlich, wertfrei und konkret zu vermitteln, so daß im weiteren Verlauf darauf aufbauend weitergearbeitet werden kann. Gerade in den neuen Ländern mit der schon beschriebenen Tradition, kommt der Theorievermittlung eine besondere Bedeutung zu, um die Teilnehmer ‚zu erreichen' und als Referentin mit der eigenen Fachkompetenz zu überzeugen und daraufhin akzeptiert zu werden. Das klare Verdeutlichen der eigenen Standpunkte vermeidet das versteckte Manipulieren der Teilnehmermeinungen in bezug auf die Lernergebnisse.
Die Trennung der Phasen Theorievermittlung und Transfer ermöglicht zudem eine Gegenüberstellung der eigenen inhaltlichen Anliegen aus Sicht des Referenten und der Anliegen, Probleme und Schwierigkeiten der Teilnehmer beim Transfer der Theorieimpulse in die Praxis.

‚ICH IN MEINER WELT ALS FACHBERATERIN'

Ziele:
- Thematisierung (Bestandsaufnahme) der individuellen Berufssituation der Teilnehmerinnen mit den jeweilig aktuellen Problemfeldern bzw. Schwierigkeiten;
- Visualisierung der subjektiven Sichtweise in bezug auf die eigene Situation mit den Wahrnehmungsschwerpunkten;
- Eröffnung neuer Blickwinkel und Sichtweisen durch die Bearbeitung der Selbst- und Fremdwahrnehmung, um Ansatzpunkte und neue Zugangswege zur Lösungsexploration für Probleme zu erschließen – Bearbeitung von ‚blinden Flecken' und ‚Scheuklappen' in bezug auf die persönliche Situation der Teilnehmerinnen;
- Förderung der Selbstexploration der Teilnehmerinnen.

Handhabung / Ablauf:
Übung: ‚Ich in meiner Welt als Fachberaterin'
1. Bild malen zum vorgegebenen Thema in Einzelarbeit

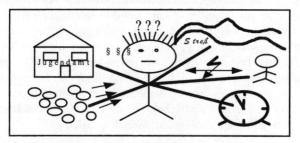

2. Bilden von Kleingruppen mit drei oder vier Teilnehmern
3. Arbeit in den Kleingruppen
   a. Betrachten der Bilder der anderen Gruppenmitglieder
   b. Freies Phantasieren und Spekulieren zu den Bildern
   c. Erläutern des eigenen Bildes
   d. Diskutieren von Gemeinsamkeiten und angesprochenen Problemen
4. Vorstellen der Bilder in der Großgruppe
5. Thematisierung und Weiterarbeit an genannten Problemen (bei Bedarf)

Alternativen / Besonderheiten:
- Variierung des vorgegebenen Themas (z. B. ‚Ich in Beratungsgesprächen', ‚Meine Probleme im Berufsalltag', etc.)

Aufgaben des Moderators / der Fortbildnerin:
- Herstellen von Transparenz in bezug auf den Übungsablauf, Klärung von Fragen;
- Aufforderung der Teilnehmerinnen, sich zunächst erst einmal auf die Übung einzulassen und sich möglichst genau an die Übungsschritte zu halten;
- Thematisierung von Widerständen und Schwierigkeiten mit der Übung;
- Weiterarbeit an den aktuellen Fragestellungen, Schwierigkeiten und Problemen der Teilnehmerinnen, wenn Bedarf besteht.

7. Methodische Vielfalt und Differenzierung umsetzen

Bei der Durchführung von Fortbildungen soll durch eine methodische Vielfalt und Differenzierung während der einzelnen inhaltlichen Schritte und Phasen der Lern- und Arbeitsprozeß interessant und abwechslungsreich gestaltet werden. Diese Vielfalt soll den Teilnehmerinnen, über den zeitlichen Rahmen der Arbeitseinheiten hinweg die Möglichkeit bieten, sich ihrem individuellen Lernverhalten entsprechend angesprochen zu fühlen und nicht ‚abzuschalten'.

Demgegenüber sollen den Teilnehmern sich kontinuierlich wiederholende methodische Vorgehensweisen Sicherheit und Orientierung geben (z. B. ein ausführliches Anfangsblitzlicht zum Beginn jeder Fortbildungseinheit oder Kurswoche). Methodische Vielfalt darf in diesem Sinne also nicht als ein wahllos bunt zusammengestellter ‚Methodenstrauß' mißverstanden werden.

8. Gemeinsame Reflexion des Lernprozesses etablieren

Das Grundprinzip der gemeinsamen Reflexion des Vorgehens in Fortbildungen und Kursen und die Transparenz von Moderatorenentscheidungen bieten den Teilnehmerinnen die Möglichkeit, sich aktiv an der Gestaltung der Lernprozesse zu beteiligen. Die Moderatoren teilen den Teilnehmerinnen mit:

Warum tun wir das jetzt?
Warum gehen wir nicht anders vor?
Warum haben wir uns für dieses Vorgehen / diesen Ablauf entschieden?
Welche Alternativen für das Vorgehen gibt es?
Was ist bisher ggf. ungünstig gelaufen?
Worauf muß man bei der Anleitung und Moderation von Fortbildungen achten?
Welche gruppendynamischen Prozesse bzw. Schwierigkeiten sind zu erwarten?

Durch die Transparenz des Lernprozesses und des Ablaufes von Fortbildungen werden die Teilnehmerinnen in die Lage versetzt, den Gesamtprozeß und auch einzelne Lernschritte in bezug auf die Sinnhaftigkeit und den Erfolg des Lernens zu reflektieren. Damit wird es möglich, in Phasen der Metakommunikation über erlebte Abläufe und das subjektive Empfinden der Teilnehmerinnen während des Lernprozesses zu sprechen und diese in die Planung der nächsten Schritte einzubeziehen. Mit den folgenden Fragen lassen sich, z. B. in Form eines Blitzlichtes am Ende eines Lernschrittes oder Seminartages, die Reflexionsprozesse initiieren und damit die Berücksichtigung von Rückmeldungen der Teilnehmerinnen etablieren:

Was haben Sie für sich mitgenommen / gelernt?
Was ist gut gelaufen, was hätte anders laufen können?
Womit hatten Sie persönlich Schwierigkeiten?
Was war aus Ihrer Sicht methodisch ungünstig?

Besondere Beachtung sollten dabei die negativen bzw. kritischen Rückmeldungen finden, die, wenn sie vor der Gruppe ausgesprochen werden, ein gutes Kennzeichen für eine funktionierende Gruppe sind. Die Betonung und Förderung der Thematisierung von Kritik, Befürchtungen, individuellen Schwierigkeiten und Problemen sowie von Unzufriedenheiten stellt die Kompetenz der Kursgruppe heraus, ‚nichtgewünschte' Meinungen zuzulassen und auch Rückmeldungen zu berücksichtigen, die ‚nicht in den Plan passen'.

PERSPEKTIVEN DER ERWACHSENENBILDUNG
– NICHT NUR – IN DEN NEUEN BUNDESLÄNDERN

Die Formen der Erwachsenenbildung in den neuen und alten Bundesländern haben sich in den Jahren seit der Wende, auch durch die Arbeit im Rahmen des MFT-Projektes, deutlich angenähert. Wir haben in den Überschriften dieses Beitrages die Worte ‚nicht nur in den neuen Bundesländern' gezielt gewählt, um unserem Fazit Ausdruck zu verleihen, daß in vielerlei Hinsicht in der Erwachsenenbildung bereits in vergleichbarer Form geplant, gearbeitet und erlebt wird. Sicherlich dürfen in diesem Zusammenhang Unterschiede zwischen der äußeren Form von Fortbildungen und dem inneren Erleben von Teilnehmern nicht unter den Tisch gekehrt werden – die nachhaltigen Erfahrungen mit Erwachsenenbildung in früheren Zeiten werden viele Menschen in den neuen Bundesländern noch lange begleiten.
Die Konfrontation und Annäherung der Formen und Methoden der Erwachsenenbildung in Ost und West hat konstruktiv zum Überdenken und Überarbeiten von Vorgehensweisen beigetragen. Dieser Diskurs, mit besonderer Berücksichtigung und Betonung der Formen der Meta-Kommunikation, sollte auch in der Zukunft fruchtbringend weitergeführt werden – beide Seiten können immer noch viel voneinander lernen. Wir befinden uns nun auf einem gemeinsamen Weg der Weiterentwicklung und lernen nun miteinander, anders zu lernen.

9. „Heute hab' ich was"
Der Umgang mit dem Supervisionsangebot – Ein Bericht aus der Supervisionspraxis im Rahmen des MFT-Projektes

Thomas Seitz

Als Supervisor mit westdeutscher Sozialisation und sozialberuflicher Biografie ostdeutschen Pädagoginnen und Pädagogen zu begegnen, erforderte nicht nur fachliche Kompetenzen. Unsere Treffen standen immer auch, mit unterschiedlicher Gewichtung, im Kraftfeld der Wende und ihrer Folgen. Welche Konsequenzen diese Ausgangslage für meine supervisorische Arbeit hatte und wie sie sich auf die Akzeptanz der Ausbildungssupervision auswirkte, ist Gegenstand dieses Beitrags. Der Supervision wurde im Rahmen der „Multiplikatoren-Fortbildung Tageseinrichtungen für Kinder (MFT)" die Aufgabe zuteil, Erfahrungen aus den Kursabschnitten des Qualifizierungsprojektes „im Hinblick auf die persönliche Praxissituation der einzelnen Teilnehmerinnen" zu vertiefen (Bundesarbeitsgemeinschaft der Freien Wohlfahrtspflege / Bundesvereinigung der kommunalen Spitzenverbände, 1993). Von 1994 bis 1996 sah ich als Supervisor sieben Regionalgruppen (aus fünf verschiedenen MFT-Kursen) mit je vier bis fünf Personen. Mit jeder Gruppe traf ich mich mindestens viermal ganztägig.

Ich beschreibe zunächst die verschiedenen Kontexte dieser Tätigkeit und erläutere dann anhand von vier Leitfragen den Supervisionszyklus überblickartig:

(1) In welchen Kontexten fand die MFT-Supervision statt?
(2) „Supervision – Was ist das?"
(3) Welche Themen waren den Teilnehmer/Innen wichtig?
(4) Welche Methoden wurden von den TeilnehmerInnen akzeptiert?
(5) Wie wirkte sich Supervision aus?

1. IN WELCHEN KONTEXTEN FAND DIE MFT-SUPERVISION STATT?

Um viele Phänomene der noch zu beschreibenden Supervisionsprozesse verständlich zu machen, halte ich es für angebracht, ihre Rahmenbedingungen kurz darzustellen.

Kontext 1: Das Ende der DDR als Staat und ihre Fortexistenz im Lebensgefühl als Ausdruck eines Wunsches nach Zugehörigkeit
Als Supervisor mit westdeutscher Sozialisation traf ich auf berufserfahrene PädagogInnen mit ostdeutschen Wertorientierungen. Vor allem anfänglich spürte ich Schwierigkeiten, miteinander eine Arbeitsebene zu finden. So war ich gelegentlich während und nach SV-Sitzungen gekränkt, ohne daß ich zunächst wußte, auf welches Phänomen in unserer Begegnung mich dieses Gefühl aufmerksam machen wollte. Um handlungsfähig zu bleiben, entwickelte ich eine Arbeitshypothese: In unseren Treffen wiederholen und spiegeln sich Prozesse gegenseitiger Abwertung, wie sie sich auch im deutsch-deutschen Verhältnis auf allgemein gesellschaftlicher Ebene in vielen Facetten zeigen.
Als es uns gelang, ein Klima des gegenseitigen Respektes zu entwickeln, in dem Platz war für Wertschätzung und Kritik, nahmen die Gekränktheiten ab. Keine(r) mußte mehr seine Herkunft aus einer Verteidigungs- bzw. Angriffshaltung heraus erläutern.

Kontext 2: Die Art zu lernen
In der Supervision ist das Medium des Lernens weniger das geschriebene oder vorgetragene Wort des Supervisors; auch gibt es keine vorgegebene Trennung von richtigem und falschem Verhalten. Zwischen vielen Handlungsoptionen kann eine individuell geeignete gewählt werden. Von der eigenen Erfahrung auszugehen, und der Mut, persönlich Stellung zu nehmen, sind Ausdruck von Lernprinzipien, die im Bildungssystem der DDR nicht weit verbreitet waren.

Kontext 3: Der Geburtenrückgang und seine Folgen für die Kindertagesstätten
Fachberaterinnen erleben, daß viele Kindertagesstätten geschlossen werden und insbesondere jüngere Kolleginnen ihren Arbeitsplatz verlieren. Oft wissen sie vorher davon, dürfen aber aus dienstrechtlichen Gründen ihr Wissen an ihre Klientel nicht weitergeben. Das schafft Loyalitätskonflikte und verlangt, die eigene berufliche Rolle differenziert zu entwerfen.

Kontext 4: Die Arbeitssituation der SupervisandInnen
Die FachberaterInnen standen sehr häufig unter großem Arbeits- und Zeitdruck. So kam es, daß die originäre Supervisionsarbeit manchmal überlagert wurde vom aktuell dringenden Anliegen der TeilnehmerInnen, die Abschlußarbeit zum Kurslernen[1] zu behandeln: Weitere Frei-

---

[1] Bei der von Projektbeteiligten oft als „Abschlußarbeit" bezeichneten Aufgabe

stellungen für die Vorbereitung dieser Arbeit wären vom Arbeitgeber nicht genehmigt worden.

Kontext 5: Supervision war Bestandteil der Qualifizierungsmaßnahme
Wer sich zur Teilnahme am MFT-Projekt angemeldet hatte, verpflichtete sich gleichzeit zur Teilnahme an der Supervision – diese war integraler Bestandteil des Gesamtcurriculums. Insofern war Supervision nicht frei wählbar.

2. „SUPERVISION – WAS IST DAS?"

Die Ängste der TeilnehmerInnen vor Supervision überlagerten, zumindest anfänglich, deutlich ihre Erwartungen an den möglichen alltagspraktischen Nutzen – eine Feststellung, die nicht überrascht, war doch die Lehr- und Lernmethode der Supervision in der Pädagogik der DDR fast unbekannt (vereinzelt gab es, vor allem im Bereich kirchlicher Träger, sog. Mentoren, die einen vergleichbaren Auftrag hatten). Da die TeilnehmerInnen keine klare Vorstellung vom Wesen dieser Supervision hatten, wußten sie auch nicht, welcher Stellenwert der Supervision im Kontext der MFT-Maßnahme zugedacht war. So äußerte sich die erwähnte Skepsis in Bemerkungen wie:

„Inneres soll nach außen gekehrt werden."
„Wir wollen keinen Psychostreß. Wir sind doch Kollegen."
„Ich möchte mich nicht gedrängt fühlen."
„Die pflücken dich auseinander."
„Bringt es mich weiter?"

Daneben gab es auch konkrete Erwartungen, vor allem von TeilnehmerInnen, die bereits positive Erfahrungen mit Supervision gemacht hatten bzw. denen von Kurskollegen solche berichtet worden waren:

„Gemeinsam nach Lösungen suchen."
„Hilfe, die viele Arbeit besser zu bewältigen."
„Ich möchte mehr Selbstbewußtsein im Reden."
„Freue mich auf die Supervision."
„Wie kann ich auf ein Kita-Team eingehen?"

Im Unterschied zum sonst üblichen Setting einer Supervision gab es zunächst kein fallbezogenes Anliegen der Teilnehmer. Vielmehr wur-

---

haben sich die MFT-Teilnehmerinnen und -Teilnehmer mit bestimmten Themen auseinandergesetzt, um sie im Abschlußkolloquium (fünfter Kursabschnitt) vor Fachpublikum als Broschüre, Manuskript, Video, Diaserie moderiert zu präsentieren. Vgl. dazu Anhang B (Anm. d. Hrsg.).

de es zu meiner Aufgabe, supervisorisches Vorgehen zu erklären. Ich tat dies meist per Vortrag, nachdem ich gemerkt hatte, daß ein direkter Einstieg in ein zu besprechendes Thema zu große Ängste hervorruft. Der Vorteil einer solchen Vorgehensweise war der, daß die TeilnehmerInnen aus einer eher reagierenden Position heraus sich an die für sie neue Situation gewöhnen konnten. Statt von mir befragt zu werden, konnten sie selbst Fragen stellen. Ähnlich ging ich mit dem Wunsch der Mehrzahl der Teilnehmer um, hinter Tischen sitzen zu bleiben; an dieser Konstellation änderte ich zunächst nichts, schlug später aber vor, „für die nächsten zwei Stunden es ohne zu probieren". Meist war dann das Thema buchstäblich vom Tisch! Eine dritte Interventionsmöglichkeit war es, den allgemeinen Aufbau einer Fallsupervision zu erläutern, so wie ich sie durchführe (Eingangsanliegen – Nachfragen – freie Phantasien – Hypothesen – Strategien – konkrete nächste Schritte mit Rückkopplung zum Anfang – Feedback). So wurde ein Einstieg in die konkrete Fallarbeit möglich.

Meine pragmatische Definition von Supervision ist dabei: Es geht um ein Verfahren, das die berufliche Handlungsfähigkeit erhält bzw. verbessert. Im Umgang mit Klienten, Kollegen, Vorgesetzten und der jeweiligen Institutionskultur werden neue Wege gesucht. Vom Wiederholen alter Lösungsmuster kann leichter abgelassen werden, wenn in Kategorien von „sowohl – als auch" gedacht und gehandelt wird statt in der Polarität „entweder – oder". Daß der Fokus auf Vorschlägen zur Erweiterung der Handlungsmöglichkeiten liegt, hat für die Beteiligten entängstigende Wirkung.

3. Welche Themen waren den TeilnehmerInnen wichtig?

Ich stelle zunächst eine Rangreihe nach Häufigkeit der in den Supervisionen (31 ganztägige Sitzungen)[2] behandelten Themen vor:

(1) Abschlußarbeit (14)
(2) Fallsupervision (13)
(3) Was ist Supervision? (8), (Erwartungen und Befürchtungen)
(4) Schließung von Kindertageseinrichtungen (7), (Kündigungswelle für Erzieher / Ängste um eigenen Arbeitsplatz)
(5) Stellenwert der Fachberatung innerhalb der Verwaltung (7), (Einzelkämpfertum)
(6) Fragen beruflicher Rollenfindung (4), (Trennung / Koppelung von Beratung u. Dienst-, Fachaufsicht)

---

[2] Im Rahmen des MFT-Projektes fanden rund 300 ganztägige Supervisionssitzungen statt. – Anm. d. Hrsg.

(7) Probleme im MFT-Kurs (4)
(8) Zeitmanagement (4)
(9) Übrige Themen (4), (Konzeptionsentwicklung, Mitarbeiterführung, Situationsansatz, Suchtprophylaxe)

Deutlich sichtbar wird zunächst: Fallsupervisionen spielten eine große Rolle, waren aber nicht das häufigste Thema. Viele TeilnehnerInnen hatten große terminliche Schwierigkeiten, sich neben den Kurswochen und Supervisionen noch zusätzlich zur Vorbereitung der Präsentationen für das Abschlußkolloquium zu treffen. In ihren Arbeitsfeldern standen sie oft unter enormem Arbeitsdruck. Zudem waren ihre Arbeitgeber häufig nicht bereit, ihnen noch zusätzlich Dienstbefreiung zu gewähren. Ich unterstützte sie dadurch, daß ich Strukturierungshilfen und manchmal auch Formulierungsvorschläge für das Abschlußkolloquium gab; noch wichtiger aber war vermutlich das aufmerksame Feedback.

Die anderen Themenbereiche (Nr. 4 – 9 der Häufigkeitsliste) wurden im Rahmen engagierter Diskussionen behandelt, ohne daß eine der Supervisandinnen ihre spezifische Situation ausdrücklich näher hätte betrachten wollen. Meiner Beobachtung nach dienten die Gespräche hauptsächlich folgenden Zielen: der aktuellen Entlastung von Arbeitsstreß, dem Herstellen von möglichst gemeinsamen Sichtweisen im Umgang mit z. B. Vorgesetzen aus den alten Bundesländern, um die Folgen des eigenen „Einzelkämpfertums" zu mildern, und der Rückbesinnung auf die „alten Zeiten", in denen der kollegiale Zusammenhalt größer war.

Bei den Fallsupervisionen ging es häufig um das eigene Rollenverständnis als Fachberaterin, um den Umgang mit Vorgesetzten oder um Konflikte im Fachberaterteam. In allen Fallsupervisionen jedenfalls machten die KollegInnen ihr eigenes berufliches Handeln zum Fall. Ihre Beziehungen zu ihrer Klientel, den ErzieherInnen, zu reflektieren, war erstaunlicherweise nie ein Anliegen.

Aus zwei Sitzungen möchte ich beispielhaft etwas mitteilen[3]:

Eine Supervisandin, Fachberaterin, sollte auf Weisung ihres Chefs, des Bürgermeisters, in einer öffentlichen Versammlung die Notwendigkeit der Schließung einer Kindertagesstätte erläutern. Eingeladen waren die Eltern, die Leiterin der Kindertagesstätte und die Presse. Die Kollegin befürchtete, eine Entscheidung erklären zu müssen, die nicht sie, sondern vielmehr ihr Chef getroffen hatte. Sie fühlte sich in einem Loyalitätskonflikt. Sie erarbeitete sich eine Haltung, die sie auf dem

---

[3] Die beiden Teilnehmerinnen haben dazu ihr ausdrückliches Einverständnis gegeben.

Treffen dazu brachte, direkt zum Bürgermeister – und eben nicht zum Publikum – zu sprechen und ihm ihre fachliche Einschätzung als Fachberaterin darzulegen. Diese gipfelte nicht in einem Schließungsvorschlag. Durch ihren Perspektivwechsel geriet der Bürgermeister als eigentlicher Entscheidungsträger in die Kritik – wie sie fand zu Recht. Ihr Vorgesetzter spricht sich seither eingehender mit ihr ab. Das freute die Kollegin und stärkte ihr eigenes beraterisches Selbstverständnis, wie sie mir in einem Gespräch ca. ein Jahr später sagte. Ihr sei klar geworden, daß sie sich nicht auf eine Seite schlagen dürfe, weil „ich Beraterin bin". Die Supervision sei für sie ein Schlüsselerlebnis über deren unmittelbaren Anlaß hinaus gewesen. Für die Methode der Supervision sei sie jetzt eingenommen. Hier leistete Supervision einen wichtigen Beitrag zur Identitätsfindung als Fachberaterin. Ein bemerkenswertes Ergebnis, zumal in der DDR Fachberater immer auch Vorgesetzte waren. Möglicherweise hat auch der Bürgermeister gelernt, seine Entscheidungen in geeigneterer Weise öffentlich zu begründen.

In meinem zweiten Beispiel geht es um die Leiterin einer sehr großen Kindertageseinrichtung wenige Monate vor der Geburt ihres Kindes. Sie sorgte sich um den Übergabemodus an ihre Stellvertreterin, zu der sie ein angespanntes Verhältnis hatte. Wenn sie vorher in Erholungsurlaub war, hatte sie nie vergleichbare Absprachen mit ihr treffen müssen, da sie alles Wichtige, wie die Dienstplanung, vorgearbeitet hatte. Ihr fiel es schwer, sich vorzustellen, über ein Jahr nicht im Dienst zu sein, und sie befürchtete, ihre Kindertagesstätte nicht wiederzuerkennen, ja vielleicht sogar nicht mehr in ihre Position zurückkehren zu können. Im Laufe der Supervision spürte sie, daß ihr Baby bis jetzt „nur im Bauch und noch nicht im Kopf war" und daß es für sie und ihr Baby wichtig ist, von ihrem inneren Kampf mit ihrer Kollegin loszulassen. Um ihr diesen Schritt zu erleichtern, wurde ihr ein Abschlußritual vorgeschlagen, in dem offiziell die Übergabe erfolgen sollte. An diesem nahmen der Geschäftsführer der Einrichtung, ihre Stellvertreterin und sie selbst teil. Dadurch konnte sie einen Schritt aus der konflikträchtigen Dyade mit ihrer Kollegin tun. Zugleich wurde ihre Position als Leiterin nochmals hervorgehoben und unterstrichen. Der Geschäftsführer äußerte von sich aus den Wunsch, bei der Rückübergabe genauso vorzugehen. Auch ihm gab, so ist zu vermuten, dieser Modus Sicherheit. Der Stellvertreterin wurde offiziell das Vertrauen und die Befähigung ausgesprochen, die Leitung der Kindertagesstätte auf Zeit in ihre Hände zu nehmen. Auch diese Teilnehmerin äußerte sich auf meine Nachfrage (ca. ein Jahr später) über das damalig erzielte Ergebnis zufrieden. Supervision leistete hier einen wichtigen Beitrag zum Verständnis von Leitung: Genauso wichtig, wie den Überblick und die Kontrolle zu behalten, kann es für eine Leiterin sein, einmal Verantwortung abzugeben, ohne letztlich eine Beeinträchtigung ihrer eigenen Bedeutung gewärtigen zu müssen.

4. Welche Methoden wurden von den TeilnehmerInnen akzeptiert?

Sobald es gelungen war, die TeilnehmerInnen von einem arbeitzplatzbezogenen und konkreten Nutzen der Supervision zu überzeugen, konnten wir auch methodenspezifisch arbeiten. Dabei erwies es sich als besonders hilfreich, die TeilnehmerInnen jeweils zwischen verschiedenen Vorgehensweisen wählen zu lassen. Interventionsformen aus dem Psychodrama wie Rollentausch und Doppeln kamen dabei ebenso zum Einsatz wie systemisches Vorgehen: zirkuläres Fragen, Vorwärtskoppeln, Kontextualisieren. Techniken der Moderation waren gut einsetzbar, um Positionen und Prozesse zu visualisieren. Gelegentlich wurden zu bestimmten Fragestellungen Prozeßbeobachter aus dem Teilnehmerkreis instruiert.

Alle genannten Verfahren wurden sowohl zur Hypothesenbildung als auch zur Vorbereitung nächster Schritte eingesetzt. Beeindruckt war ich immer wieder, wie einfallsreich die TeilnehmerInnen beim Aufspüren geeigneter Lösungsideen waren. Häufig erleichterte mir das die supervisorische Arbeit.

Allerdings war eine supervisorische Grundhaltung – und eben nicht eine bestimmte Methode – ausschlaggebend dafür, daß viele SupervisandInnen bereit waren, mein Methodenrepertoire in Anspruch zu nehmen. Ich meine damit die Bereitschaft, mögliche Ängste und Reserviertheiten als Supervisor zu respektieren, indem ich sie als Wegweiser begreife. Wegweiser z. B. zum Zurückgehen, um sich dann wieder zu einem anderen Thema treffen zu können. So konnten Befürchtungen schmelzen und zu zielgerichteten Fragen werden: vom „Was soll das?" zum „Wie könnte es gehen?" Zur zentralen supervisorischen Strategie wurde die permanente Teilnehmerorientierung. Das aus der Psychoanalyse stammende Instrument der Gegenübertragung erwies sich als geeignetes Instrument meiner Prozeßsteuerung.

Drei Ebenen waren immer wieder aufeinander abzustimmen, um die Homöostase des Supervisionssettings zu sichern:

(1) Erzeugen einer Atmosphäre, in der Supervision freiwillig gewählt werden kann;

(2) Würdigen der fünf Kontextregionen (s. Abschnitt 1);
(3) Supervision so durchführen, daß konkrete nächste Schritte spür- und sichtbar werden.

5. Wie wirkte sich Supervision aus?

Zu Ende eines Supervisionszyklus gab ich den TeilnehmerInnen Gelegenheit, dessen Auswirkungen auf sie einzuschätzen. Die Resonanz fiel überwiegend positiv aus:

> „Supervision hat etwas gebracht. Ich weiß jetzt, was Supervision ist. Habe Interesse, eine entsprechende eigene Weiterbildung zu machen. Alle haben etwas gelernt: es gibt noch andere Möglichkeiten zu handeln, und wie wichtig es sein kann, nicht sofort mit einer Lösung zufrieden zu sein, und uns als Kleingruppe im Gesamtseminar gut zu integrieren. Wir konnten die Abschlußarbeit gut mit Ihnen besprechen. Es ist so ein guter Prozeß und ich muß jetzt leider zum Zug gehen. Sie haben unsere Grenzen respektiert. Wir hatten Gelegenheit, zusammen zu sein."

Kritik drückte sich so aus:

> „Anfänglich gab es so viel Schweigen, da hatten wir Probleme. Ihre Fragen empfanden wir als bohrend. Wir hätten gerne auch andere Methoden kennengelernt, z. B. etwas malen oder etwas spielen. Supervision war nicht freiwillig. Sich selbst einen Supervisor suchen ist besser. Supervision geht oft auch ins Private. Das wollen wir nicht. Sie haben ja auch gesagt, es gibt Grenzen."

Eine Gruppe formulierte differenziert und kontextspezifisch:

> „Wir müssen selbst fertig werden mit den Folgen der Wende. Sie können als Wessi unsere Gefühle nicht nachvollziehen. Ein Ost-Supervisor könnte uns verstehen, helfen könnte auch er uns nicht. Das ist nicht persönlich gemeint."

Diese Zitate haben starke eigene Aussagekraft. Ich kommentiere sie nicht einzeln, vielmehr beziehe ich sie in die nachfolgende Bewertung des gesamten gegenseitigen Lern- und Lehrprozesses mit ein.
Anfänglich spürte ich Angst vor dem, was auf mich zukommen könnte. Die Angst speiste sich aus zwei Quellen: Was bedeutet es für meine Rolle als Supervisor aus dem Westen, Menschen aus der DDR auf ihrem aktuellen beruflichen Weg zu begegnen und zu begleiten? Möglicherweise waren die TeilnehmerInnen mit ähnlichen Fragen beschäftigt. Obendrein war Supervision keine von ihnen gewählte Veranstal-

tung, sondern Bestandteil eines Curriculums, das zu belegen sie allerdings selbst entschieden hatten. Nicht möglich war es, nur die MFT-Kurse zu besuchen.

Mein erster Versuch, damit umzugehen, war, die TeilnehmerInnen möglichst schnell dazu zu bewegen, eigene Anliegen zu formulieren, so wie ich es bisher gewohnt war. Sehr bald lernte ich, wie ich dadurch Skepsis und Zurückhaltung erst recht mobilisierte – die der TeilnehmerInnen und auch meine eigene. Ich ließ davon ab und ging dazu über, ausführlich zu erläutern, was Supervision sein kann und gab Fallbeispiele aus meiner Praxis (s. Abschnitt 2).

Die Situation veränderte sich nachhaltig, Supervision wurde wählbar, nicht zuletzt deshalb, weil jede/r Teilnehmer/In Gelegenheit erhielt, in ihrer eigenen Art und Weise anzukommen. Gelegentlich begannen unsere Treffen mit einem gemeinsamen Frühstück. Ich war eingeladen und fühlte mich als Gast, der vorschlägt – nicht vorschreibt – Supervision zu machen. Aus TeilnehmerInnen wurden Gastgeber, die von sich etwas Bestimmtes zeigen wollten und mitunter auch ein Anliegen hatten: „Heute habe ich etwas." So fingen sie an, ihre eigenen Ressourcen zu erkennen und zu würdigen. Beispielhaft erwähne ich hier den Teamgeist, den ich beim Erstellen der Abschlußarbeit immer wieder wahrnahm. Es entstand ein Klima gegenseitigen Respektes. Ich wurde als Supervisor gelassener und variantenreicher in meiner Fachlichkeit. Die „Gastgeber" schienen sich ermutigt zu fühlen, stärker vom eigenen Erleben auszugehen. Bleibende Vorbehalte wurden weniger aggressiv-klagend vorgebracht, eher zum Dialog einladend formuliert, mit gesteigerter Bereitschaft, den gesicherten Hafen einer „man"- bzw. „wir"-Redeweise zu verlassen: Es wird per „Ich" gesprochen.

Schlussbemerkung

Ich empfinde hohen Respekt vor der Bewältigungsleistung, welche die fundamentale Neudefinition des beruflichen Selbstverständnisses als BeraterInnen mit sich bringt. Daß es in solch einer Situation Unterschiede in der Akzeptanz von Supervision gibt, war zu erwarten. Als erfreulich zu bezeichnen ist daher eine Entwicklung wie die vorliegende, in der Supervision zunehmend als ein Medium begriffen wird, die eigene alltägliche Berufspraxis variantenreicher zu gestalten – ganz im Sinne des Imperativs Heinz v. Foersters: „Handle stets so, daß weitere Möglichkeiten entstehen."

Ich rege an, vergleichbare Supervisionsprozesse künftig arbeitsplatzspezifisch und freiwillig anzubieten. Weiterhin erscheint es mir erforderlich, daß auch Führungskräfte entsprechende Angebote erhalten und dadurch von deren Nützlichkeit überzeugt werden können.

LITERATUR:

Bundesarbeitsgemeinschaft der Freien Wohlfahrtspflege / Bundesvereinigung der kommunalen Spitzenverbände (Hrsg.): „Multiplikatoren-Fortbildung Tageseinrichtungen für Kinder ‚MFT' ", (Projektinformation) Falkensee, o. J. (1993)

Teil 4

Qualifizierung und Qualität:
Strukturelle und rechtliche Bedingungen

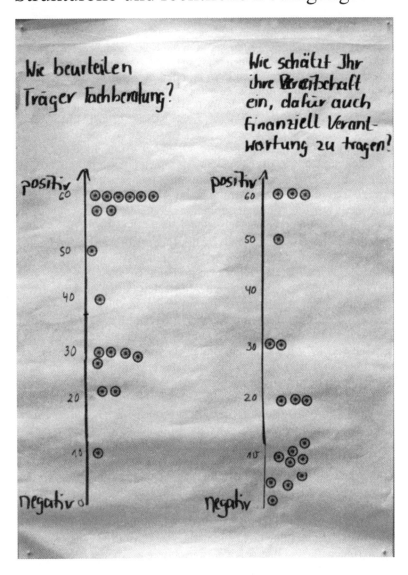

10. Fachberatung und struktureller Wandel: Was muß sich wie und wohin verändern?

Ursula Hartmann

„Ein Mann aus Sung war sehr betrübt, daß sein Korn nicht wachsen wollte. Er versuchte daher, die Halme selbst in die Höhe zu ziehen. Nach dieser Arbeit kam er ganz benommen heim und sagte zu seinen Leuten: ‚Ich bin sehr müde. Ich habe meinem Korn geholfen zu wachsen.' Sein Sohn lief hinaus, um sich das anzusehen, fand aber alle Halme verwelkt. – Es gibt viele Menschen auf der Welt, die den Wunsch haben, dem Korn beim Wachsen zu helfen." (Chinesische Parabel)

Diese chinesische Weisheit möchte ich an den Anfang meiner Überlegungen stellen. Sie drückt genau das Spannungsverhältnis aus, in dem auch Fachberaterinnen für Tageseinrichtungen stehen, wenn sie explizit die Aufgaben von Beratung und Aufsicht in ihrer Person vereinigen müssen oder implizit durch ihre beratende Tätigkeit vermeintlich Aufsichtsfunktionen ausüben oder ihnen dieses von den zu Beratenden unterstellt wird, sie als „Aufsicht" erlebt werden. Es bedarf daher der Klärung des eigenen Selbstverständnisses im Blick auf die Vergangenheit zu DDR-Zeiten, wie im Blick auf die Gegenwart und die Veränderungen, die sich durch den strukturellen Wandel ergeben haben, aber auch im Blick auf zukünftige Entwicklungen.

Meine ersten Erfahrungen mit Fachberatung habe ich während meiner Tätigkeit als Kindergärtnerin in einer Einrichtung der Volksbildung in der Zeit von 1977 bis 1980 gewonnen. Wenn ich das Wort Fachberatung höre, so drängt sich mir zunächst diese Erfahrung auf. Mir fällt dann sofort ein, wenn die Fachberaterin in die Einrichtung kam, so hieß das, daß die Wochen- und Tagespläne kontrolliert wurden und daß sie bei einigen hospitiert hat, was dann ausgewertet wurde. Dabei stand die Erfüllung dessen, was im Bildungs-und Erziehungsplan gefordert war, im Vordergrund. Auch kann ich mich erinnern, daß sie die neuen Anweisungen des Schulrats bei „Pädagogischen Beratungen" erläutert hat, wobei ihr Schwerpunkt immer die Erfüllung des partei- und gesellschaftspolitischen Auftrags durch den Kindergarten und die einzelne Erzieherin war. Ich habe die Fachberaterin damals als „Kontrollierende" erlebt und denke, daß ich mit dieser Assoziation bei dem Wort Fachberatung nicht allein bin, sondern daß es vielen Kindergärtnerinnen, die in einer solchen Einrichtung gearbeitet haben, ebenso geht. Um so wichtiger ist es deshalb hinzusehen, was sich verändert hat, welche neuen Erfahrungen gemacht werden konnten oder gemacht werden können, und wie schwierig dieser Prozeß der Veränderung ist.

Wissen wir denn überhaupt, wie und wohin wir uns verändern müssen, es ist soviel ungeklärt, und das Berufsbild, gibt es das überhaupt? Eine Frage dabei ist auch die des Verhältnisses von Aufsicht und Beratung, die zu DDR Zeiten explizit gekoppelt waren und dadurch unweigerlich in einem Spannungsverhältnis stehen mußten. Aber ist denn die Situation jetzt anders, wenn Aufsicht und Beratung in vielen Jugendämtern auch heute noch in einer Person vereint sind? Um wieviel schwerer ist es dort, ein neues und anderes Bild von Fachberatung zu bekommen, und wie gehen die Beratenden damit um?

Auch in den alten Bundesländern ist die Diskussion über das Selbstverständnis von Fachberatung im Gange, und auch dort sehe ich Spannungsverhältnisse. Die Diskussion findet darum sowohl im öffentlichen Bereich wie bei Verbänden und den Fachberaterinnen selbst statt. Betrachtet man die aktuelle Entwicklung, die durch „Sparen" in allen Bereichen gekennzeichnet ist, so ist es um so wichtiger, sich den anstehenden Fragen in diesem Bereich zu stellen.

> „Fachberatung hat keine Lobby! Das macht sie zu Verfügungsmasse, wenn es ans Sparen geht. [...] Freiwerdende Stellen werden z. T. nicht wiederbesetzt [...], in anderen Fällen bleibt die Fachberaterstelle zwar erhalten, bekommt aber zusätzlich andere Aufgabenstellungen übertragen, wie z. B. Jugendhilfeplanung oder Verantwortung für die Tagesmütter. Es wird also deutlich schwerer, Fachberatung anzubieten, obwohl die Aufgaben der Tageseinrichtungen für Kinder komplexer werden und die gesellschaftlichen Erwartungen an sie steigen." (Kercher 1995, S. 16).

Dies verdeutlicht noch einmal die Wichtigkeit, der Fachberatung ein Profil und eine Lobby zu geben.

Fachberatung in der DDR

Seit 1946 waren die Kindergärten im Bildungssystem als unterste Stufe integriert. Mit dem „Gesetz zur Demokratisierung der deutschen Schule" wurde der Kindergarten erstmals als pädagogische Einrichtung anerkannt. In den Schulabteilungen der Länder und Kreise wurden Referentinnen für Vorschulerziehung eingesetzt. Diese hatten die Aufgabe, besondere Schulungs- und Weiterbildungsmaßnahmen einzuleiten und die Weiterschulung der Kräfte durch Monatskonferenzen, Kurse und Arbeitsgemeinschaften zu sichern. Das Hauptanliegen bestand darin, die Erzieherinnen mit einem neuen Inhalt der Erziehung vertraut zu machen und vor allem praktische Erfahrungen weiterzugeben. Die Kreisreferentin war weiterhin für die Anleitung und Kontrolle der pädagogischen Arbeit und für die Qualifizierung der Kindergärtnerinnen des Kreises verantwortlich.

Anfang der 70er Jahre begannen Fachberater mit ihrer anleitenden und beratenden Tätigkeit. Sie waren zumeist auch die stellvertretenden Referentinnen für Vorschulerziehung. So war hier, anders als in der Bundesrepublik, ein Aufgaben- und Berufsfeld für alle gültig umrissen (vgl. Klauke 1992: 52ff.). Was von den Fachberaterinnen erwartet und gefordert wurde, fand seine Vorgaben in den Anweisungen des Ministeriums für Volksbildung:

„§ 2 Aufgaben der Fachberater für Vorschulerziehung
(1) Die Fachberater unterstützen die Abteilung Volksbildung bei der Verwirklichung der schulpolitischen Aufgabenstellung in den Kindergärten durch operative Anleitung und Hilfe für Kindergärtnerinnen und Leiterinnen. Sie konzentrieren sich dabei auf die durch die Abteilung Volksbildung festgelegten Aufgaben zur sozialistischen Erziehung und allseitigen Entwicklung der Vorschulkinder sowie auf die Sicherung und Gestaltung der personellen und materiellen Bedingungen in den Kindergärten. Im Prozeß ihrer Tätigkeit vervollkommnen die Fachberater ständig die Einschätzung über den Stand der pädagogisch-methodischen Arbeit in den Kindergärten und wirken an der Verbreitung der besten Erfahrungen mit. Die Fachberater informieren die Referentinnen für Vorschulerziehung regelmäßig über den Stand und Probleme der pädagogischen Arbeit in den Kindergärten sowie über ihre beratende Tätigkeit in den Einrichtungen."
(„Anweisung zum Einsatz von Fachberatern für Vorschulerziehung im Pädagogischen Kreiskabinett und zu ihren Aufgaben bei der politisch-pädagogischen Arbeit in den Kindergärten" vom 20. 01. 1975).

Die Fachberater waren durch ihre Ansiedlung bei den Kreiskabinetten auch für die Weiterbildung der Kindergärtnerinnen und Leiterinnen verantwortlich und waren als Leiterinnen von Fachzirkeln mit spezifischen Inhalten und Themen tätig. Durch die Festlegung, daß die Kreisreferentin für die Anleitung zuständig war, entwickelte sich neben der eigentlichen fachlichen Beratung auch eine Kontrolltätigkeit, die regelmäßig abzurechnen war. Allmählich vollzog sich eine Verschiebung der Tätigkeit von der Anleitung zur Kontrolle der Einhaltung gesetzlicher Bestimmungen. Solche Kontrollaufträge der Bezirksabteilung, wie z. B. zur Durchsetzung von Ordnung und Sicherheit in den Kindereinrichtungen, führten dazu, daß die Fachberaterin nicht als vertraute Beraterin, sondern immer mehr als Inspektorin angesehen wurde. Dies kann ich auch aus eigenem Erleben bestätigen: Als ich nach meiner Tätigkeit bei der Volksbildung, als Leiterin eines katholischen Kindergartens, ungefähr im Jahr 1985, mit einer Kindergruppe auf einem öffentlichen Spielplatz war, sprach mich eine Dame in scharfem Ton an, warum ich die Kinder an allen Spielgeräten des Sandkastenbereichs spielen lasse. Schließlich gäbe es ja die Anweisung des Bezirksschulrats, daß die Kinder nur alle gemeinsam auf einem Gerät spielen dürfen, wenn die Erzieherin direkt daneben steht. Es stellte sich heraus, daß es die Fachberaterin des Bezirks war. Sie teilte mir mit, daß sie auf den Spielplätzen unterwegs sei, um zu kontrollieren, ob diese Anweisung auch eingehalten wird. So wollte sie sich sofort notieren, aus welcher Einrichtung ich käme und wer denn meine Leiterin sei. Da die „Gesetze" der Volksbildung für die kirchlichen Träger nicht galten und ohnehin Berührungsängste bestanden, wich sie sofort zurück, als ich mich vorstellte. Dieses Beispiel macht deutlich, als was sich diese Fachberaterin verstand.

Als 1985 das neue „Programm für die Bildungs- und Erziehungsarbeit im Kindergarten" als gesetzliche Grundlage vom Ministerium für Volksbildung eingeführt wurde, vollzog sich eine noch stärkere Kontroll- und Inspektionstätigkeit der Fachberater bei dessen Umsetzung:

„Eine große Verantwortung tragen die Fachberater für eine qualifizierte Arbeit der Leiterinnen. Ihre Kontroll- und Anleitungstätigkeit ist deshalb verstärkt auf die politisch-pädagogischen Prozesse zu richten, die die Leiterin zu führen hat. Maßstab für jeden Fachberater muß sein, was unter Führung der Leiterin durch die Arbeit der Erzieher bei der allseitigen Entwicklung der Kinder, ihrer sozialistischen Erziehung entsprechend dem Programm [...] tatsächlich bewirkt wird [...] Entscheidendes Anliegen in der gesamten Anleitungs- und Kontrolltätigkeit der Fachberater muß sein, zu sichern, daß in jedem Kindergarten die bildungspolitischen Beschlüsse, zentralen Orientierungen und Rechtsgrundlagen durch die Leiterin verantwortungsbewußt durchgesetzt werden."
(Ministerium für Volksbildung: „Arbeitsmaterial an die Bezirks- und Kreisschulräte zur weiteren Vervollkommnung der Arbeitsweise der Fachberater im Bereich Vorschulerziehung", April 1987)

Sicher schlug sich in der Tätigkeit der Fachberater die Einhaltung der eben zitierten Anweisungen unterschiedlich nieder, es wird aber deutlich, wie rigide diese „Fachberatung" gehandhabt werden sollte und auch wurde. Man kann hier kaum den Anspruch erkennen, wie er an Beratung eigentlich zu stellen ist, sei sie psychoanalytisch-sozialwissenschaftlich oder systemisch orientiert. Für mich spricht daraus ein Bild vom Menschen, das nicht nur die Kinder, sondern auch die Leiterinnen und Kindergärtnerinnen in einer Objektfunktion sieht. Ein Bild vom Menschen, das die Einzigartigkeit der Person, die Unverletzbarkeit seiner Würde, die Zuwendung zum einzelnen, die es auch ermöglicht, sich offen Schuld und Versagen einzugestehen, nicht kennt. Dieses läßt sich durch alle Anordnungen, Richtlinien und Pläne verfolgen.

So wie im „Programm…" Soll-Erwartungen an die Kinder formuliert waren, waren es auf der nächsten Ebene die Kindergärtnerinnen und dann auch die Fachberaterinnen, an die dieser Anspruch gestellt wurde. Der Anspruch der Volksbildung, und damit meine ich die dahinterstehende Gesellschaftsideologie, ging davon aus, daß alle, die sich dafür entschieden hatten, dort zu arbeiten, also beruflich mit Kindern zu tun hatten, eine systemstabilisierende Tätigkeit ausüben sollten. So wurden sie auch ausgebildet. Diesen Anspruch kann ich aus eigenem, damals schon kritischem Erleben bestätigen. Dies hat viele Erzieherinnen, aber auch viele Fachberaterinnen um ihre eigenständige pädagogische Tätigkeit und somit um die eigene Identität gebracht. Sie waren damit Erfüllungsgehilfen eines Anspruchs, den sie unreflektiert übernommen hatten.

Es ging mir bei dem Dargestellten nicht darum, ein Urteil zu fällen. Es ging mir viel mehr darum, ein Bild zu zeichnen, das auf die Unmöglichkeit einer Beratungstätigkeit unter diesen Bedingungen hinweist, wie auf die sich daraus ergebenden Probleme. Es ist schwer, zu einem anderen Fachberatungsverständnis zu finden, wenn so eine „Tradition" dem vorausgegangen ist!

Als Fachberaterinnen in katholischen Einrichtungen waren die in der Ausbildungsstätte der katholischen Kirche ausgebildeten Sozialpädagoginnen tätig. Bei der evangelischen Kirche gab es eine Fachberater-Ausbildung. Ziel dieser Ausbildung war:

> „Die Mitarbeiterin soll befähigt werden, Mitarbeiterinnen und Mitarbeiter in den evangelischen Kindergärten in ihren unterschiedlichen Bezugsebenen (Kinder, Familie, Gemeinde, Mitarbeiter und Gesellschaft) zu begleiten, anzuleiten und zu beraten. Sie soll befähigt werden, Lernprozesse in Theorie und Praxis in Gang zu setzen und gegebenenfalls die Aufgabe der Fachaufsicht wahrzunehmen" (Rahner 1984: 1).

Es wird deutlich, daß die Fachberaterinnen bei Caritas und Diakonie von einem ganz anderen als dem oben aufgezeigten Beratungsverständnis ausgingen und so auch in anderer Weise tätig waren. Es gab in dieser Zeit auch keinen Austausch mit Fachberaterinnen der Volksbildung, da die Einrichtungen der Kirchen in diesem Bereich für die Volksbildungsverantwortlichen ja eigentlich nicht existent waren.

Fachberatung in der Literatur

Die Definitionen für das Tätigkeitsfeld der Fachberatung in der Bundesrepublik beziehen sich primär auf die Angabe der Funktion und der Zielgruppen. Sie lauten:
„Fachberater für die Beratung der Mitarbeiter in evangelischen Kindertagesstätten und die Beratung der Trägervertreter der jeweiligen Einrichtung." (Wagner 1979: 182)
In der Fachberatung haben „erfahrene sozialpädagogische Fachkräfte eine übergreifende Beratungs- und Koordinationsverantwortung für eine größere Zahl von Einrichtungen in einem regionalen Bereich wahrzunehmen". (Budde 1976: 193)
„Fachberatung nimmt eine übergreifende Beratungs- und Koordinationsverantwortung für eine Anzahl von Tageseinrichtungen für Kinder wahr. Darin sind die Träger, die pädagogischen Mitarbeiter und die Elternvertreter eingeschlossen." (Arbeitsgemeinschaft der Spitzenverbände der freien Wohlfahrtsverbände des Landes NRW 1981: 1)
Das Arbeitsfeld der Fachberatung wird hier so bestimmt, daß sie einrichtungsübergreifend, auf eine Region begrenzt und für alle Beteiligten zuständig ist. Es wird nicht gesagt, für welche Fragestellungen, mit welchen Zielsetzungen und durch welche Methoden Fachberatung innerhalb des äußerlich umgrenzten Bereiches zuständig ist.
Durch die Festlegung von Fachberatung auf eine Region, wie sie in der Praxis geschieht, wird eine Allzuständigkeit von Fachberatung impliziert; denkbar wären Modelle, in der eine Gruppe von Fachberatungskräften für bestimmte inhaltliche Schwerpunkte zuständig ist (vgl. Hebenstreit 1984: 68 f.).
Einen wesentlichen Aspekt für Fachberatung und deren Ausbau zeigt Scherer (vgl. 1978: 51) auf. Er sieht die Rolle von Fachberatung primär bei Innovationsprozessen im Kindergarten: Fachberatung erscheint hier als Schließung der Lücke zwischen den gesellschaftlich geforderten Reformen und den strukturellen, qualifikationsmäßigen Defiziten des Kindergartens.
In den Empfehlungen und Forderungen der AGJ von 1988 wird Fachberatung als Tätigkeit in den Bereichen: Kindergarten/Kindertagesstätte, Gremien der Träger und übergeordneten Gremien (z. B. Jugendämter und Landesjugendämter, Bezirksregierungen, Gesundheitsämter, kirchliche und verbandliche Leitungen und Verwaltungen) gesehen (vgl. Empfehlungen und Forderungen der Arbeitsgemeinschaft für Jugendhilfe 1988: 64). Ziel und Inhalt der Beratung ist hier die Qualifizierung der Arbeit.
Fürstberger/Müller machen auf einen weiteren Aspekt aufmerksam.

Sie sagen, „daß in manchen Bundesländern den Fachberatern zu den fachlichen Beratungsaufgaben die staatliche Aufsicht übertragen wurde, was die Arbeit zusätzlich kompliziert und erschwert" (Fürstenberger/Müller 1989: 101). Das Beratungsgeschehen umfaßt nach ihrer Auffassung „fachliche, persönliche und politische Aspekte. Generelles Ziel der Beratung ist, die Qualität der sozialpädagogischen Erziehungs- und Bildungsarbeit in den Kindertagesstätten zu sichern und weiterzuentwickeln durch Verbesserung der fachlichen, persönlichen, strukturellen und materiellen Bedingungen" (Fürstberger/Müller 1989: 101).
Preissing sieht Fachberatung als „im Idealfall Bestandteil eines komplexen praxisunterstützenden Systems für Kindertageseinrichtungen" (Preissing 1993: 1). Das heißt, daß zu diesem System neben der Fachberatung noch andere Bereiche gehören oder gehören könnten, z. B.: eine qualifizierte Leitung der Einrichtung, regionale und überregionale Fortbildungseinrichtungen, kollegiale Beratung innerhalb der Einrichtung oder zwischen Einrichtungen, Fachschulen und Fachhochschulen, regionale, infrastrukturelle Dienstleistungs-, Bildungs- und Kulturangebote (z. B. Umweltberatungsstellen, Volkshochschulen), von Erzieherinnen selbst initiierte Arbeitskreise sowie Beratungsangebote des freien Marktes. „Fachberatung hat sich in diesem System zu verorten, das eigene Selbstverständnis zu definieren und sich mit den übrigen Bestandteilen des praxisunterstützenden Systems zu koordinieren" (Preissing 1993: 1). Dieser Anspruch an Fachberatung setzt eine Analyse des wirklichen Bedarfs und eine Selbstdefinition voraus, wie sie noch nicht zu erkennen ist, so daß die genannten Bereiche in der Praxis häufig nebeneinander agieren.
In der Fachberatungskonzeption der Erzdiözese Freiburg wird eine Vision von Fachberatung gezeichnet, die sich anlehnt an das diskursive Modell aus der Reflexionshilfe „Fachberatung für katholische Tageseinrichtungen für Kinder" des Verbands Katholischer Tageseinrichtungen für Kinder (KTK) – Bundesverband e.V. Danach bedeutet dieses diskursive Modell für die Fachberatung: „Fachberatung ist ein Angebot, das die Einrichtungen bei der Regelung von Schwierigkeiten und Konflikten unterstützt, indem sie mit dafür sorgt, daß möglichst alle Positionen unverkürzt und gleichberechtigt zur Sprache kommen mit dem Ziel der Konsensbildung – sie hilft, den Handlungsspielraum der Einrichtungen gegenüber Einschränkungen und Reglementierungen zu sichern, welche die Autonomie der Einrichtungsebene begrenzen" (Caritasverband für die Erzdiözese Freiburg e.V. 1996: 9). Voraussetzung dafür ist, daß Erzieher und Träger von Einrichtungen ihre Eigenverantwortung wahrnehmen

können, aber auch wollen. Auch das ist in der Praxis noch immer nicht der Fall.

Bei diesen beispielhaft ausgewählten „Definitionen" zur Fachberatung wird deutlich: Es gibt bis heute kein einheitliches Verständnis von dem, was Fachberatung ist und welche Bereiche und Aufgaben sie umfassen sollte, und somit gibt es auch keine einheitliche Qualifikation zur Fachberaterin. Auf eine Ursache dafür macht Irskens aufmerksam: „Fachberatung tut sich bei der Bestimmung ihrer Aufgaben und Funktionen unter anderem deshalb so schwer, weil die Aufgaben- und Zielbestimmungen des Sozialbereiches sich derzeit im Umbruch befinden, oder, wie im 8. Jugendbericht beschrieben, vor einem Paradigmenwechsel steht" (Irskens 1992: 12).

Der 9. Jugendbericht weist bezogen auf die Fachberatung darauf hin, daß die Bedeutung der Fachberatung als qualifizierende Arbeit in den alten Bundesländern mittlerweile unumstritten ist. „Der Forderung nach ihrem Ausbau steht allerdings die Tatsache gegenüber, daß Fachberatung heute vor einer Vielzahl neuer Aufgaben steht (z. B. verstärkte Trägerberatung, Organisations- und Personalentwicklung, Bedarfsplanung) und es höchst unterschiedliche Aufgaben- und Arbeitsplatzbeschreibungen sowie Funktionsbestimmungen gibt" (9. Jugendbericht 1994: 531). Es wird auch hier darauf hingewiesen, daß sich die Situation für die Fachberatung in den neuen Bundesländern noch weitaus komplizierter darstellt. Neben den nicht vorhandenen oder wegen aus Sparmaßnahmen wegrationalisierten Stellen wird auf die Schwierigkeit hingewiesen, daß „die für die alten Bundesländer entwickelten Konzepte nicht ohne weiteres übernommen werden (können)" (9. Jugendbericht 1994: 531).

FACHBERATUNG IM WANDEL

Aufgrund der früher so starken Kontroll- und Disziplinierungsfunktionen ist die Haltung der Erzieherinnen in den neuen Bundesländern gegenüber der Fachberatung besonders kritisch. Einen Beitrag, die Aufgaben der Fachberatung im Sinne von Beratung statt Kontrolle wahrzunehmen und dies auch für die Erzieherinnen transparent zu machen, hat sicher das Projekt „Multiplikatoren-Fortbildung Tageseinrichtungen für Kinder (MFT)" geleistet. Das Projekt wurde eingerichtet, um „einen Orientierungsrahmen zu schaffen, der einerseits das notwendige Maß an gemeinsamen Grundlagen vermittelt und andererseits der pluralen Entwicklung bei den verschiedenen Trägern und in den verschiedenen Ländern genügend Raum läßt" (Bundesarbeitsgemeinschaft 1993: 5). Die Erfahrungen zeigen, daß damit eine gute Grundlage für ein sich entwickelndes Verständnis von Fachberatung gelegt ist; eine Lobby für Fachberatung hat sich entwickelt. Hier ist auch die Grundlage für Vernetzung und Kooperation der verschiedenen Beteiligten von Fachberatung gelegt. Dadurch, daß Fachberaterinnen verschiedener Träger einer Region sich begegnet sind und sich kennenlernen konnten, haben sie gemerkt, daß sie ähnliche Probleme haben. Sie haben miteinander gearbeitet und konnten erkennen, daß das gemeinsame Angehen von Problemen schneller zu Lösungen führt. Dieses zu bewahren und weiterzuentwickeln ist eine Aufgabe, die auch die jeweiligen Verantwortungsträger im Blick haben bzw. in den Blick gerückt bekommen sollten.

Das Kinder- und Jugendhilfegesetz (KJHG), das mit dem Tag der Deutschen Einheit am 3. Oktober 1990 für die neuen Bundesländer in Kraft trat, ist ein breitgefächertes Leistungsgesetz mit einer funktionsübergreifenden pädagogischen und sozialen Zielsetzung. Es soll auch sicherstellen, daß Tageseinrichtungen für Kinder den Erfordernissen des KJHG umfassend Rechnung tragen. Daraus ergibt sich die Frage, ob auf der Ebene der Jugendämter und freien Träger von Tageseinrichtungen die Fachberatung berufen ist, diese Funktion auszufüllen. Dieses hieße dann, daß Fachberatung sowohl für den Bereich der Leistungserbringung nach Maßgabe des 2. Kapitels des KJHG zuständig ist als auch eine Mitverantwortung im Bereich der kontrollierenden und gegebenenfalls sanktionierenden Aufgaben im 3. Kapitel trägt. Dieses weist schon auf das Spannungsfeld hin, in dem sich Fachberaterinnen befinden, wenn sie diesen Aufgaben entsprechen wollen.

Die Verpflichtung der Jugendämter, als Träger von Tageseinrichtungen Praxisberatung für ihre Mitarbeiterinnen sicherzustellen, findet man in § 72 Abs. 3 KJHG. Hier wäre zu klären, ob dieses Gebot auch für die freien Träger gilt. Es ist jedoch anzumerken, daß im Bereich der im 2. Kapitel aufgezählten Leistungen grundsätzlich Betätigungsfreiheit für freie Träger besteht. Praxisberatung der eigenen Leute ist also Pflicht der Jugendämter. Also ist nach § 74 Abs. 5 KJHG die Förderung von Praxisberatung genauso ihre Pflicht[1]. Dieses ist in der Praxis vor Ort leider noch nicht überall der Fall.

Nicht unerwähnt bleiben darf, daß auch im Feld der kontrollierenden und gegebenenfalls eingreifenden Maßnahmen Erwartungen an die Fachberatung bestehen. Der § 45 KJHG schreibt vor, daß Tageseinrichtungen für Kinder vor Aufnahme des Betriebes eine Betriebs-

---

[1] Vgl. dazu die Beiträge von Jochem Baltz (S. 164 ff.) und Karl-Heinz Wolf (S. 152 ff.).

erlaubnis benötigen. Hierzu sind Unterlagen an das zuständige Jugendamt zu schicken und klärende Gespräche zu führen. Meist berät die Fachberaterin die Träger bei der Erstellung der Unterlagen und den zu führenden Verhandlungen. Gerade in den neuen Bundesländern sind die Fachberaterinnen noch vorwiegend mit diesen Aufgaben beschäftigt, da viele Einrichtungen nach der Wende nur eine vorläufige Betriebserlaubnis bekommen haben.

Nach § 46 KJHG soll es Prüfung und Heimaufsicht vor Ort geben, wenn Erfordernisse des Einzelfalls dem Landesjugendamt das geboten erscheinen lassen. Hierbei ist das Jugendamt und ein Vertreter des Zusammenschlusses freier Träger zu beteiligen. Die Beteiligungspflicht wird nahezu automatisch durch die Fachberaterin wahrgenommen. Die Beraterin tritt also dann an der Seite der Aufsichtspersonen auf. Auch wenn sie vorab beraten hat, worauf zu achten ist, gerät sie in dieser Funktion dennoch häufig in das Licht, eine Kontrollfunktion auszuüben. Nach § 47 KJHG gehören zu den Meldepflichten auch die Mitteilungen über das in der Einrichtung tätige Personal und gegebenenfalls erforderliche Personalveränderungen mit Namen und Berufsqualifikation. Da von Qualität und Quantität des Personals letztlich der Fortbestand der Betriebserlaubnis abhängt, gerät die Fachberatung unversehens in Einstellungs- und Entlassungsprozesse oder arbeitsrechtliche Auseinandersetzungen hinein. So sind die Trennungslinien zwischen Dienst- und Fachaufsicht, Unterstützung, Parteinahme, Schiedsrichter, Kontrolleur und Trägerinteressenvertreter oft unscharf und fluktuierend.

Auf der Grundlage der Regelungen des KJHG und der Ausführungsgesetze der Länder haben die freien Träger die Möglichkeit, für ihren Bereich Regelungen und Standards festzuschreiben. Die Beschreibung des Arbeitsfeldes der Fachberaterinnen und die Charakterisierung ihres beruflichen Selbstverständnisses ist dabei stark abhängig von den Strukturen des jeweiligen Verbandes, der seinerseits wichtige Rahmenbedingungen für das Handeln der einzelnen Fachberaterin setzt. Zu unterscheiden ist dabei die Struktur des jeweiligen Spitzenverbandes insgesamt und die innere Struktur des Referates oder der Abteilung für Kindertageseinrichtungen.

Es sei hier nachdrücklich auf ein Problem hingewiesen, wie es sich für die Berater, aber auch für die zu Beratenden stellt. Fachberater sind immer in die Verwaltung ihres Anstellungsträgers eingebunden, sei es nun das Jugendamt oder ein Wohlfahrtsverband. So sind sie vielfach beim gleichen Träger angestellt wie ihre Klientel. Diese Verflechtung eröffnet dem Jugendamt als Träger vielfältige Möglichkeiten der Einflußnahme und Kontrolle auf die Beratungstätigkeit. Die Berater unterliegen der direkten Kontrolle durch ihren Vorgesetzten. Zwischen den Erwartungen des Amtes und den Erwartungen der Erzieher, in Konfliktfällen Partei zu ergreifen, stellt auch die Frage nach der Loyalität. In diesen Fällen wird deutlich, daß die Berater ihren Standort häufig „zwischen den Stühlen" haben (vgl. dazu die Reflexionsübung in Anlage A). Durch die Nähe zu den Kindertagesstätten gerät Beratung gegenüber der Verwaltung leicht in den Verdacht der Parteilichkeit für die Erzieher, und umgekehrt: Bei den Erzieherinnen gerät sie durch die Einbindung in die Verwaltung in den Verdacht der Parteilichkeit für die Administration oder wird sogar als die Verkörperung der Administration gesehen. Bei den freien Verbänden gibt es für die Fachberaterin ähnliche Rollenkonflikte und kontraproduktive Mechanismen.

Fachberatung im Spannungsfeld vielfältiger Erwartungen

Wir haben gesehen, daß Fachberaterinnen bisweilen übergeordnete Funktionen gegenüber den Einrichtungen wahrnehmen, bisweilen nachgeordnete Funktionen gegenüber dem Träger – beide Seiten erwarten den Einsatz der Fachberaterin für ihre jeweiligen Interessen. So erwartet der Träger beispielsweise, einen Konflikt mit seinem Erzieherteam durch „hoheitliches Amtshandeln" in seinem Sinne zu lösen. Oder ein Erzieherteam erwartet von der Fachberaterin (wie es zur Zeit in vielen Regionen der neuen Bundesländer der Fall ist), daß sie sich mit allen ihr zur Verfügung stehenden Mitteln für sie einsetzt, um das wegen der geringen Nachfrage nach Plätzen in der Kindertagesstätte sich verstärkende Ansinnen des Trägers zu verhindern, eine Gruppe oder sogar eine Einrichtung zu schließen.

Für den Berater verbietet es sich, seine „Macht" und sein „Amt" hoheitlich zu gebrauchen. Es bleibt seine vorrangige Aufgabe, sowohl den Erziehern wie dem Träger gegenüber Hilfe zur Selbsthilfe anzubieten und zu geben, Perspektiven aufzuzeigen und sie so zu befähigen, Konflikte und Auseinandersetzungen selbständig anzugehen und zu bewältigen.

Aber auch aus anderen Bereichen werden Erwartungen an Fachberatung herangetragen. Dadurch, daß Kindertageseinrichtungen zunehmend ins öffentliche Interesse und Bewußtsein gerückt sind, werden sie nicht mehr nur als pädagogische Institutionen, sondern verstärkt als Teil der kommunalen Infrastruktur definiert (vgl. Erath 1991: 244 ff.). Für Fachberatung erschließen sich hieraus neue Kontakt- und Kooperationsbereiche und neue Adressaten. Zu diesen gehören neben den politischen Gremien insbesondere Gleichstellungs- und Frauenbeauftragte, Fortbildungseinrichtungen, Erziehungsberatungsstellen, Elternräte, örtliche Parteien, Interessenverbände, Fachschulen u. a. Auch das nach § 78 KJHG geforderte Zusammenwirken von Trägern der öffentlichen und freien Jugendhilfe im Bereich der Jugendhilfeplanung ist vielfach im Aufgabenspektrum von Fachberatung zu finden, und daraus leiten sich ebenso Erwartungen ab. Nicht zuletzt wird durch die in § 22 KJHG festgesetzte Zuständigkeit der Jugendhilfe für den Bereich „Tageseinrichtungen für Kinder", was als Oberbegriff für eine Vielzahl von Einrichtungs- und Angebotsformen verstanden werden kann, von Fachberatung erwartet, daß sie sich mit den neuen Entwicklungen und Bedarfslagen auseinandersetzt und sich ihre Zuständigkeit auch auf Tagespflege, Krippen, Krabbelstuben, Kinderhäuser und andere Institutionen ausweitet. Auch wird von ihr erwartet, daß sie sich mit aktuellen Fragen der Kita-Praxis auseinandersetzt und sich an den entsprechenden Modellversuchen aktiv beteiligt: Die gemeinsame Erziehung von behinderten und nichtbehinderten Kindern, erweiterte Formen der Betreuung in altersgemischten Gruppen, die Betreuung der Schulpflichtigen in Horten, die Unterbringung und Integration von Kindern aus Asylbewerber-, Übersiedler- und Aussiedlerfamilien, der gesamte Bereich der multikulturellen Erziehung sind Themen mit vielfältigen Erwartungsspektren.

Diese Erwartungsfülle, der eigentlich nur ein „Allround-Genie" gerecht werden kann, zeigt sich sehr deutlich im Rahmen einer Befragung von Erzieherinnen: Auf die Frage: „Wobei würden Sie sich Hilfe von der Fachberaterin wünschen, und wie müßte diese aussehen?" werden genannt:

- Gespräche, die mich in meiner pädagogischen Arbeit bestärken bzw. in der Arbeit bestätigen,
- regelmäßige Besuche und Gespräche mit den Erzieherinnen,
- Anwesenheit bei Dienstbesprechungen,
- Hilfe bei Problemen, die sich nicht durch die Einrichtung lösen lassen,
- Begleitung bei der Weiterentwicklung des pädagogischen Konzepts,
- Beratung des Teams in der pädagogischen Arbeit,
- fachliche Anleitung,
- gemeinsame Reflexion,
- Hilfe bei Erziehungsfragen,
- Hilfe bei arbeitsrechtlichen Fragen,
- Hilfe bei Problemen mit Kindern (Gewalt und Aggression),
- Ansprechperson bei Unsicherheiten im Team,
- Vertrauensperson, mit der man über die Arbeit sprechen könnte,
- ständigen Kontakt, auch wenn es keine Probleme gibt,
- individuelle Beratung in der Kita
  (vgl. Hartmann 1995, S. 109).

Diese Erwartungen seitens der Erzieherinnen, die Erwartungsvielfalt der übrigen Kooperationspartner, ergeben ein Spannungsfeld konkurrierender Ansprüche: „Fachberatung stellt sich auch heute noch als kaum zu bewältigendes Spannungsfeld dar. Zerrissen zwischen sehr vielen konkurrierenden Ansprüchen ist es eher eine politische Aufgabe als eine im engeren Sinne an einen therapeutischen Beratungsbegriff angelehnte Profession" (Manderscheid 1992: 97).

(NEUES) SELBSTVERSTÄNDNIS VON FACHBERATUNG

Fachberatung hat sich aus den Bedürfnissen der Praxis entwickelt. Dabei haben die unterschiedlichen Anstellungsträger unterschiedliche Anforderungen an die Fachberaterinnen gestellt; die Beraterinnen wiederum haben diese unterschiedlich erfüllt.

Fachberatung hat sich in den vergangenen Jahrzehnten in den beiden deutschen Staaten sehr unterschiedlich entwickelt. Dabei fällt es Beraterinnen, die in der DDR gelebt und gearbeitet haben, begründeterweise schwer, sich einem neuen Beratungsverständnis zu öffnen.

Fachberatung steht in einem Spannungsfeld vielfältiger Erwartungen seitens der Träger, Erzieherinnen, Eltern, der Öffentlichkeit, des Amtes oder des Verbandes. Dies weist schon auf verschiedene Problemstellungen und Spannungsfelder hin, angesichts so vielfältiger, zum Teil konkurrierender Erwartungen an Fachberatung.

In der dargestellten Literatur zur Fachberatung wird deutlich, daß es bis heute kein einheitliches Verständnis von dem gibt, was Fachberatung ist und welche Bereiche und Aufgaben sie umfassen sollte. Damit gibt es auch kein einheitliches Qualitätsformat und keine einheitliche Qualifizierung zur Fachberaterin.

Daraus ergibt sich die Frage, welche Handlungsperspektiven sich angesichts der Situation von Fachberatung ableiten lassen. Ein Ansatz ist, *Fachberatung als vernetztes Handeln in sozialpädagogischen Bezügen* zu begreifen. Vernetzung hat dabei folgende Zielsetzungen:

(1) Mehr inhaltliche Qualität in Breite und Tiefe für die Praxis;
(2) Entlastung der Fachberaterinnen davon, alles allein können zu müssen;
(3) Unterschiedliche Blickwinkel auf eine Situation bereichern den Erkenntnisgewinn;
(4) Verantwortung an Sachkompetenz delegieren und teilen können.

Fachberatung kann sich nach diesem Verständnis nicht mehr nur auf den Binnenbereich der einzelnen Einrichtung beziehen, sondern muß zunehmend deren Umfeld einbeziehen.

Ein anderer Ansatz ist es, *Fachberatung als vernetztes Handeln in sozialpolitischen Bezügen* zu sehen. Fachberatung ist dabei nicht mehr als ausschließlich pädagogische Tätigkeit, sondern als politische Funktion zu sehen, auch und besonders im Rahmen regionaler Kooperation der Träger der Jugendhilfe. Eine solche Aufgabenwahrnehmung muß einhergehen mit der Entlastung von spezifischen einrichtungsbezogenen Beratungsanliegen.

Für beide Handlungsansätze wäre eine strukturelle Entkoppelung der verschiedenen Aufgaben und Funktionen von Fachberatung vorteilhaft. Von Aufsichtsfunktionen unbelastetes Vertrauen sehe ich als eine wesentliche Voraussetzung für die Beratungsprozesse beim Träger und in den Einrichtungen an. Beratung wird so zu einer wirklichen Begegnungsmöglichkeit (vgl. Rothermel 1988: 281), wird als Praxisunterstützung verstanden und leitet Veränderungen in Praxis und Verwaltung ein.

Bezogen auf die anfangs zitierte chinesische Weisheit heißt das, nach anderen Möglichkeiten der Hilfestellung als jener der direkten Einwirkung von oben zu suchen. Es gilt, das zu nutzen und zu fördern, was beim jeweiligen Gegenüber vorhanden ist.

LITERATUR:

Arbeitsgemeinschaft der Spitzenverbände des freien Wohlfahrtspflege des Landes NRW. 1981. Ziele, Aufgaben und Organisation von Fachberatung in Tageseinrichtungen für Kinder. Manuskript

Budde, J. 1976. Fachberatung im Kindergarten. In: Welt des Kindes, 3/1976

Bundesarbeitsgemeinschaft der Freien Wohlfahrtspflege/Bundesvereinigung der Kommunalen Spitzenverbände, o. J. (Projektblatt) 1993. Multiplikatoren-Fortbildung Tageseinrichtungen „MFT". Falkensee

Caritasverband für die Erzdiözese Freiburg e.V. 1996. Fachberatungskonzeption. Freiburg

Empfehlungen/Forderungen der Arbeitsgemeinschaft für Jugendhilfe. 1987. Fachberatung für Kindertageseinrichtungen – eine unverzichtbare Leistung für Erzieherinnen und Träger. Bonn

Erath, P. 1991. Entlastung und Vernetzung, Katholische Kindertagesstätten als Teil der kommunalen Infrastruktur für Kinder und Familien. In: Bayrischer Landesverband Katholische Kindertagesstätten e.V. Rundbrief. München

Fürstenberger, M./ Müller, H. 1985. Fachberatung für Kindertagesstätten. In: Sozialpädagogik, 6/1985

Greese, D. 1992. Aufgaben und Grundlagen der Fachberatung nach dem KJHG. In: Irskens/Engler (Hrsg.)1992. Fachberatung zwischen Beratung und Politik – eine kritische Bestandsaufnahme. In: Materialien für die sozialpädagogische Praxis (MPS) 23. Frankfurt a. M.

Hartmann, U. 1995. Fachberatung für Kindertagesstätten im Spanungsfeld zwischen Beratung und Aufsicht. Diplomarbeit an der FU Berlin

Hebenstreit, S. 1984. Fachberatung für Tageseinrichtungen für Kinder, DJI Materialien. München

Irskens, B. 1992. Fachberatung – ein Berufsbild oder eine Sackgasse. In: Materialien für die sozialpädagogische Praxis (MPS) 23. Frankfurt am Main

Kercher, A. 1995. Stichwort: Fachberatung. In: Klein und Groß, 10/1995

Kinder- und Jugendhilfegesetz – KJHG vom 26. Juni 1990. Bonn

Klauke, S. 1992. Fachberatung in der DDR. In: Irskens/Engler (Hrsg.). Fachberatung zwischen Beratung und Politik – eine kritische Bestandsaufnahme. In: Materialien für die sozialpädagogische Praxis (MPS) 23. Frankfurt a. M.

Manderscheid, H. 1992. Fachberatung beim Deutschen Caritasverband. In: Deutscher Verein für öffentliche und private Fürsorge (Hrsg.) 1992. Fachberatung zwischen Beratung und Politik. Frankfurt a. M.

Ministerium für Volksbildung 1975. Anweisung zum Einsatz von Fachberatern für Vorschulerziehung im Pädagogischen Kreiskabinett und zu ihren Aufgaben bei der politisch-pädagogischen Arbeit in den Kindergärten. Berlin

Ministerium für Volksbildung 1987. Arbeitsmaterial an die Bezirks- und Kreisschulräte zur weiteren Vervollkommnung der Arbeitsweise der Fachberater im Bereich der Vorschulerziehung. Berlin

Neunter Jugendbericht 1994. Bericht über die Situation der Kinder und Jugendlichen und die Entwicklung der Jugendhilfe in den neuen Bundesländern. Deutscher Bundestag 13. Wahlperiode, Drucksache 13/70

Rahner, C.-M. 1884. Fachberaterausbildung. Anklam. USB-NR. 907/84

Rothermel, G. 1989. Beratung und Aufsicht als pädagogische Probleme der Schulverwaltung, Dissertation. Pädagogische Hochschule. Schwäbisch Gmünd

Scherer, P.-A. 1978. Fachberatung für Kindergärten. In: Mörsberger, H./ Moskal, E./ Pflug, E. (Hrsg.) 1978. Der Kindergarten, Bd. 1. Freiburg i. Br.

Verband Katholischer Tageseinrichtungen für Kinder (KTK) 1993. Fachberatung für katholische Tageseinrichtungen für Kinder. Freiburg i. Br.

Wagner, U. 1979. Aufgaben und Kompetenzen eines Fachberaters. In: Theorie und Praxis der Sozialpädagogik 1979

11. Aufgaben der Beratung und der Aufsicht in der Hand der Fachberaterin – Ein Widerspruch?[1]

Birgit Ludwig-Schieffers

EIN BEISPIEL

Die Leiterin einer Kindertageseinrichtung schilderte mir ein schon länger anhaltendes Problem mit einem Kind in der Kindertagesstättengruppe. Da die Leiterin keine Hilfsmöglichkeiten mehr sah, bat sie mich als Fachberaterin, das Kind in der Gruppe anzusehen. Ich verabredete einen Zeitpunkt und hospitierte einen Vormittag in der Gruppe, in der Kevin betreut wurde. Nach kurzer Zeit fragte Kevin, ob ich mit ihm ein Spiel spielen möchte. Ich willigte ein und spielte mit ihm Memory. Nach 30 Minuten war das Spiel beendet und Kevin suchte sich eine andere Spielgruppe. Auffällig war über den Vormittag hinweg, daß Kevin versuchte, jede Aufmerksamkeit des Erwachsenen auf sich zu lenken. Er zerstörte mutwillig Spielsituationen von anderen Spielgruppen, schlug kleine Kinder, lief aus der Gruppe usw. Während meines Aufenthaltes in der Gruppe fiel mir auf, daß die Kinderpflegerin in der Gruppe sich aus dem gesamten Gruppengeschehen heraushielt und nur vereinzelt mit einem Kind spielte. Die Erzieherin hingegen versuchte der Gruppensituation gerecht zu werden und situationsgerecht zu handeln. Beim Reflexionsgespräch mit der Leiterin der Einrichtung schilderte ich neben meinem Eindruck, den ich von Kevin gewonnen hatte, auch das passive Verhalten der Kinderpflegerin, das mir aufgefallen war. Die Leiterin war daraufhin sehr erleichtert, daß mir das Verhalten von Frau N. auch aufgefallen war und sagte, „darüber wollte ich schon lange mit ihnen sprechen". Das von mir beobachtete Verhalten von Frau N. war schon über einen längeren Zeitraum ein Problem für die Gruppe. Die Erzieherin fühlte sich von ihrer Kollegin nicht unterstützt und dadurch mit der schwierigen Gruppensituation überfordert. Bei Ausfall der Erzieherin war es nicht möglich, Frau N. alleine in der Gruppe zu lassen, die freigestellte Leiterin mußte ständig selbst in die Gruppe. Während der Hospitation war mir dar-

---

[1] Überarbeitete Fassung des Vortrags bei der 3. MFT-Fachtagung in Templin, Juni 1995

über hinaus aufgefallen, daß die Kinder neben Gruppen- und Nebenraum auch Spielmöglichkeiten in der Eingangshalle suchten, die jedoch nicht mit Spielmaterialien ausgestattet war. Auch diese Beobachtung sprach ich der Leiterin gegenüber an. Eine Spiellandschaft in der Halle konnte sie sich gut vorstellen und entsprach ihren pädagogischen Vorstellungen, nur die erforderlichen finanziellen Mittel für das gewünschte Material fehlten. Vor allem aber war uns klar: Kevin brauchte wirklich Hilfe.

Gemeinsam mit der Leiterin überlegte ich mehrere Handlungsschritte, die in der nächsten Zeit anzugehen waren:

(1) Einschalten weiterer Fachleute (Erziehungsberatungsstelle, Allgemeiner Sozialer Dienst, Helferkonferenz), um für Kevin einen Hilfeplan zu erarbeiten,
(2) Gespräch mit Erzieherin und Kinderpflegerin über das pädagogische Handeln in der Gruppe,
(3) Regelmäßige Reflexionsgespräche von Kinderpflegerin, Erzieherin, Leiterin (wöchentlich) sowie mit Fachberatung (jeden Monat),
(4) Beschaffung der Spiellandschaft für die Eingangshalle.

DIE SITUATION NACH EINEM JAHR

Ein Psychologe der städtischen Erziehungsberatungsstelle erarbeitete mit den pädagogischen Mitarbeiterinnen unterstützende Handlungsmöglichkeiten, mit Kevin in der Gruppe besser umgehen zu können. Eine sozialpädagogische Einzelfallhelferin betreute Kevin mehrere Stunden in der Woche in der Familie.

Diese schnelle Jugendhilfemaßnahme war möglich, da ich als Fachberaterin den Fall in die wöchentliche Teamsitzung im Fachbereich Jugend und Familie eingebracht hatte und in Zusammenarbeit mit der Sozialarbeiterin des Allgemeinen Sozialen Dienstes diese Jugendhilfemaßnahme für Kevin einleiten konnte.

Die Reflexionsgespräche mit der Kinderpflegerin, der Erzieherin und der Leiterin ergaben, daß eine langfristige Zusammenarbeit dieser beiden Kolleginnen nicht weiter möglich war, da die Erzieherin durch ihre dominante Art in der Gruppe der sehr zurückhaltenden Kinderpflegerin keine eigenen Handlungsmöglichkeiten einräumte. Die Erzieherin bat mich, ihr bei der Versetzung in eine andere Einrichtung behilflich zu sein, die näher an ihrem Wohnort liegt. Eine neue Erzieherin wurde als Gruppenleiterin eingestellt, die von ihrer Persönlichkeit her besser mit Frau N. zusammenarbeiten kann.

Für die Eingangshalle wurde eine Rutsch- und Kletterkombination beschafft; sie ist heute ein beliebtes Spielobjekt während des ganzen Tages – auch für Kevin.

FACHBERATUNG ALS KATALYSATOR

In diesem Beispiel werden unterschiedliche Arbeitsvorgänge der Fachberatung, der Dienstaufsicht und der Fachaufsicht deutlich, die nahtlos ineinander übergehen:

Einzelberatung
Gruppenberatung
Institutionsberatung
Personalangelegenheiten
Bedarfsgerechte Verteilung der Haushaltsmittel

Fachberatung in Koppelung mit Dienst- und Fachaufsicht wird im Beratungskonzept meines Anstellungsträgers, der Stadt Köln, als Schnittpunkt für die Interessen der unterschiedlichsten Bezugsgruppen verstanden. Die Fachberatung ist in die Verwaltungsstrukturen und in die bezirklichen Dienststellen der Stadt Köln eingegliedert. Der ständige Kontakt zwischen Verwaltung und Fachberatung erleichtert es, die notwendigen administrativen Maßnahmen nicht zu rein bürokratischen Vorgängen zu degradieren, sondern sich an den Besonderheiten des Einzelfalles zu orientieren. Dieses Verständnis von der Fachlichkeit aller Verwaltungsvorgänge wird von den Fachberaterinnen innerhalb der Trägerorganisation an die Mitarbeiterinnen in den Einrichtungen vermittelt. Bei jedem Verwaltungsvorgang, der die Kindertagesstätten betrifft, ist Fachberatung beteiligt. Fachberatung wird in dieser Verbindung als Katalysator verstanden.

Wie im angeführten Beispiel deutlich wird, können nach der pädagogischen Beratung durch die Fachberaterin die verschiedenen notwendigen Interventionen eingeleitet und durchgeführt werden. Das Problem muß nicht unterschiedlichen Stellen transparent gemacht werden, bevor eine Intervention erfolgt: Alles bleibt in einer Hand.

BERATUNG IN VIELE RICHTUNGEN

Fachberatung ist die Schnittstelle für die Vermittlung gegenseitiger Ansprüche der verschiedenen Bezugsgruppen, Abteilungen, Institutionen.

Gesetze, Verordnungen, Erlasse und Richtlinien, die den Kindertagesstättenbereich regeln und reglementieren, sind für die Fachkräfte entsprechend zu erläutern, es sind Einweisungen in die Handhabung zu geben. Umgekehrt müssen fachliche Erfordernisse aus der Praxis begründet und problembewußt an die Verwaltung weitergegeben werden: Fachberatung richtet sich an Träger und Praxis.

Zu unterscheiden ist dabei: Beratung für die Mitarbeiterinnen in den Kindertagesstätten ist gekennzeichnet durch die Initiative der Kolleginnen aus den Einrichtungen, durch Absprache des Beratungsgegenstandes zwischen Beraterin und zu Beratenden und durch Prozeßoffenheit. Beratung ist dann der Interaktionsprozeß zwischen der Fachberaterin und den Ratsuchenden; sie findet nur dann statt, wenn die Kolleginnen freiwillig Beratung wünschen, wenn sie Beratung als helfende Beziehung eingehen und durchhalten wollen. Verständlich ist die Meinung, daß jede Kollegin, die bei der Fachberaterin Rat sucht, nicht vergessen darf, daß diese auch Vorgesetzte und Beurteilende ist. Aber: Ist es ein Fehler, Probleme offenkundig zu machen und die Bereitschaft zu haben, Hilfestellungen anzunehmen? Kritikfähigkeit zeigt Stärke, dies weiß auch die Fachberaterin in Dienstaufsichtsfunktion und legt dies eher positiv als negativ aus. Das Gelingen einer jeden Beratung ist personenabhängig. Voraussetzung ist Klarheit und Offenheit über den jeweiligen Auftrag und eine Transparenz der verschiedenen Interessen.

Bei der Fachaufsicht geht es um die Gewährleistung der fachlichen Standards, um die Rechtmäßigkeit und Zweckmäßigkeit der Arbeit, um die pädagogische Angemessenheit des Angebotes angesichts vorgegebener Qualitätsstandards. Hier spielt neben der Beratung der Einrichtungen die Einflußnahme auf den Träger eine entscheidende Rolle. Bei der Dienstaufsicht geht es um die Einhaltung arbeitsvertraglicher, dienst- und tarifrechtlicher Verpflichtungen, auf deren Einhaltung über Weisungsbefugnis einerseits und über Intervention beim Arbeitgeber bzw. berufspolitische Arbeit andererseits Einfluß genommen werden kann.

Aufsicht bedeutet immer Interventionsbefugnis, aber eben Intervention in alle Richtungen des Beziehungsgefüges.

Wechselwirkung der Funktionen

Für mich haben Beratung, Dienstaufsicht und Fachaufsicht eine Wechselwirkung. Fällt mir z. B. auf, daß in einer Einrichtung insgesamt ein sehr hoher Krankenstand ist, muß ich mir u. a. folgende Fragen stellen:

Sind die Mitarbeiterinnen überfordert wegen vakanter Stellen?
Gibt es Probleme im Team?
Welche strukturellen Bedingungen führen evtl. zur Überforderung (z. B. Öffnungszeiten)?
Sind die Mitarbeiterinnen durch äußere Faktoren überfordert?
Nach der Situationsanalyse habe ich z. B. folgende Handlungsmöglichkeiten:
Stellenvakanz kann vorübergehend durch den kurzfristigen Einsatz von Mitarbeiterinnen aus anderen Einrichtungen entlastet werden. Gleichzeitig gilt es, bei berufspolitisch wirkenden Gremien (Personalrat, Gewerkschaft) bezüglich der Einhaltung des Stellenplans zu intervenieren bzw. mit dem Träger neu über den Stellenplan zu verhandeln.
Bei Problemen im Team kann eine Teamberatung oder eine Gruppensupervision angeboten werden.
Für die Bearbeitung struktureller Probleme kann ich eine Konzeptionsberatung anbieten.
Bei äußeren, nicht von mir beeinflußbaren Faktoren kann der Kontakt zu Fachleuten (Erziehungsberatung, Familienhilfe, Sozialer Dienst etc.) vermittelt werden.
Es wird deutlich, daß Beratung, Dienst- und Fachaufsicht sich gegenseitig unterstützen, wenn diese Funktionen in einer Person vereint sind.
Die Ergebnisse der Fachberatung sind nicht sofort in der Praxis abzulesen. Eine Fachberaterin muß in langen Zeiträumen denken und lernen, die Grenzen von Veränderungen und der beruflichen Möglichkeiten zu akzeptieren. Die Ansprüche an Tageseinrichtungen für Kinder ändern sich mit der Zeit ebenso wie die pädagogischen Themen. Schnell schieben sich Dinge in den Vordergrund, die vor kurzer Zeit noch keine Rolle spielten.
Die beschriebenen Handlungsschritte und Möglichkeiten öffnen den Blick auf die Chancen, die in dem Arbeitsfeld der Fachberatung mit Dienst- und Fachaufsicht stecken. Es läßt viel selbständiges Arbeiten zu, gibt Möglichkeiten, neue Wege und Methoden auszuprobieren, um für die Kinder in den Einrichtungen bessere Bedingungen zu schaffen – durch Intervention bei der Verwaltung und in den Einrichtungen.

12. Fachberatung für Kindertageseinrichtungen im Spannungsfeld zwischen rechtlicher Verankerung und Anforderungen des Arbeitsfeldes[1]

Karl-Heinz Wolf

Eine seit vielen Jahren geübte Praxis zur Qualitätssicherung und Qualitätssteigerung ist die fachliche Beratung von Mitarbeitern und Einrichtungen. Unter uns Sozialpädagogen sprechen wir von Fachberatung – und ein jeder glaubt zu wissen, was damit gemeint ist. Auffällig ist an erster Stelle, daß eine Begriffsbestimmung und Beschreibung der Aufgaben von Fachberatung – obwohl diese als Institution schon Jahre existiert – nur in wenigen Veröffentlichungen aufzufinden ist.

Bezüglich Gesetzen oder Verordnungen taucht der Begriff „Fachberatung" bestenfalls in Landesausführungsgesetzen über die Förderung von Kindern in Kindertageseinrichtungen einiger Bundesländer auf. Eine spezielle gesetzliche Normierung der Fachberatung für Kindertageseinrichtungen fehlt im Kinder- und Jugendhilfegesetz (SGB VIII). Es wird in diesem Beitrag u. a. zu prüfen sein, ob Fachberatung unter die allgemeinen Beratungs- und Fortbildungsgebote, die im SGB VIII genannt werden, fällt. Die spezifische Bedeutung und Problematik des Themas zeigt sich in der Frage, ob Fachberatung als freiwillige Leistung der Träger der Jugendhilfe anzusehen ist: Wir stehen hier vor der grundsätzlichen Frage, welchen Zweck Fachberatung hat, wem sie nützt, wer sie ausübt und ob sie überhaupt notwendig ist.

1. DAS SPANNUNGSFELD UND SEINE EINFLUSSFAKTOREN

Die Themenstellung gibt ein Spannungsfeld vor, das zwischen den Anforderungen des Arbeitsfeldes – damit fachlich – und den rechtlichen Anforderungen – rechtlich also – existiert. Legt man zugrunde, daß die Entstehung und Umsetzung von Gesetzen und Verordnungen in der Regel von politischer Willensbildung begleitet ist, erhält man im

---

[1] Vortrag bei der Abschlußveranstaltung des MFT-Projektes am 4./5. Juni 1996 in Potsdam

Grunde eine weitere Dimension des Themas. Es entsteht ein Spannungsfeld aus drei Polen, welche die Dimensionen des Themas bestimmen (Abb. 1).

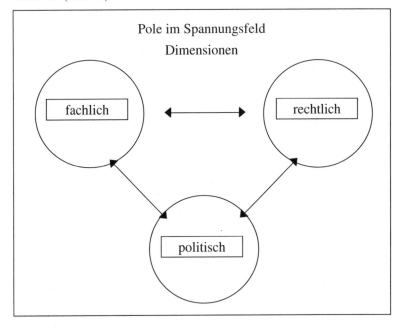

1.1. Die fachliche Dimension:

„Der Kindergarten hat sich in der Phase der Bildungsreform wie wohl kein anderer Bereich in seinem Selbstverständnis und in seiner Akzeptanz verändert. Bei unveränderter Zugehörigkeit zur Jugendhilfe wurde der Kindergarten als erste Stufe des Bildungswesens (Elementarbereich) bildungspolitisch definiert und aufgewertet."[2]

Soweit der VIII. Jugendbericht. Jeder, der Kindertageseinrichtungen kennt, weiß, daß nicht nur die bildungspolitische Aussage zur Einordnung des Kindergartens die Anforderungen an Tageseinrichtungen erhöht hat, sondern daß es auch die gesellschaftlich-integrative Seite unserer Arbeit ist, die für einen höheren Anspruch sorgt.

Der Kindergarten ist mit seiner Lebensnähe zu den Kindern und ihren Familien auch ein lebensweltbeeinflußter Ort geworden und als solcher auch von den Problemen der Familien und ihren Auswirkungen auf die Situation der Kinder betroffen.

---

[2] Bundestagsdrucksache 11/6576 vom 6.3.1990, Achter Jugendbericht, S. 97

Die Anforderungen wachsen aber auch hinsichtlich der interaktiven Funktion einer Kindertageseinrichtung. Die Integration von ausländischen Kindern gehört inzwischen zum Standard der Einrichtungen, neue Herausforderungen entstehen durch die Integration von behinderten Kindern in Regeleinrichtungen, die wünschenswert ist, aber vom Personal auch neue Konzepte verlangt.

„Gerade die Kooperation mit Eltern, die Vertretung der Belange im lokalpolitischen Raum, die notwendige Interessenvertretung beim Tauziehen um knappe öffentliche Mittel, die Vernetzung von Jugendhilfeleistungen mit anderen regionalen Ressourcen und Potentialen sind Dimensionen, die von den in Kindertageseinrichtungen tätigen Personen bisher als Teil ihrer Arbeit wahrgenommen werden können. Für dieses breite Aufgabenspektrum kann weder die bisher übliche Ausbildung genügend vorbereiten, noch lassen die Arbeitsbedingungen der meisten Einrichtungen (Personalausstattung, Vorbereitungszeit, Teamarbeit, Fortbildung) eine solche Arbeitsweise zu".[3]

Diese Ausführungen beweisen, wie notwendig Fachberatung in Kindertageseinrichtungen ist.

Die AGJ hat in ihren Empfehlungen „Fachberatung für Kindertageseinrichtungen" schon 1987 folgendes ausgeführt:

„Die Sicherung und notwendige Weiterentwicklung des in den Jahren der Kindergartenreform entwickelten Standards bedingt eine umfassende, personell und organisatorisch angemessene Fachberatung für den Kindergarten. Die komplexen pädagogischen Anforderungen an die Erzieherinnen und auch an die Träger bedürfen einer kontinuierlichen Beratung, Information, Fortbildung und Interessenvertretung. Diese zu erfüllen, ist Aufgabe der Fachberater."[4]

Damit wären wir also bei der Zielsetzung und der inhaltlichen Bestimmung von Fachberatung angelangt. Auch hier fehlen gesetzliche Vorgaben; Ziele und Funktionen sind nur der einschlägigen Fachliteratur und Resolutionen bzw. Empfehlungen verschiedener Fachverbände zu entnehmen.

Die Fachberaterin befindet sich in einer Zwickmühle verschiedener Interessen, die mit einem magischen Viereck zu vergleichen sind. Neigt sie sich einem Interesse zu, entfernt sie sich von den anderen (Abb. 2). Es dürfte sehr schwer fallen, immer den Ausgleich zwischen

---

[3] Bundestagsdrucksache 11/6576 vom 6.3.1990, Achter Jugendbericht, S. 101
[4] Arbeitsgemeinschaft für Jugendhilfe: „Fachberatung für Kindertageseinrichtungen – eine unverzichtbare Leistung für Erzieherinnen und Träger", in: Arbeitsgemeinschaft für Jugendhilfe (Hrsg.): Zur Situation gegenwärtiger Kindergartenerziehung, Bonn 1991

den einzelnen Zielen zu schaffen. Dieser Akt der Balance ist für die Beurteilung des Spannungsfeldes, in dem sich Fachberatung befindet, bedeutsam, sind doch mögliche Interessen in der Regel auch mit rechtlichen Positionen verbunden.

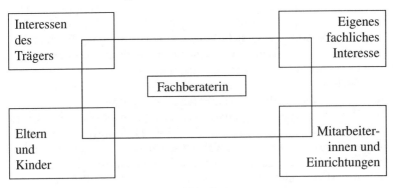

Abb. 2

Eine Reflexionsübung zu diesem „magischen Viereck" ist im Anhang A zu finden.

1.2. Die rechtliche Dimension

Noch einmal zurück zur Begifflichkeit des SGB VIII und damit zur rechtlichen Begründung der Fachberatung. Neben den Hinweisen zur sachlichen Zuständigkeit bei der Beratung der Träger von Einrichtungen nach § 85 SGB VIII taucht der Beratungsbegriff direkt oder indirekt noch einmal in § 72 III und § 74 V SGB VIII auf. Für das Thema Fachberatung sind Überlegungen nach § 72/74 SGB VIII wichtig. Festzustellen wäre zuerst, welche Intention und Bedeutung der Gesetzgeber der Begriffswahl unterlegt hat.

§ 72 III: Die Träger der öffentlichen Jugendhilfe haben Fortbildung und Praxisberatung der Mitarbeiter des Jugendamts und des Landesjugendamts sicherzustellen.
§ 74 VI: Die Förderung von anerkannten Trägern der Jugendhilfe soll auch Mittel für die Fortbildung der haupt-, neben- und ehrenamtlichen Mitarbeiter [...] einschließen.

Kann also unsere Fachberatung den vorgenannten Begriffen entsprechen?

Bezogen auf § 72 SGB VIII führt der Wiesner-Kommentar (dies ist bedeutsam, da Wiesner gewissermaßen als Vater des KJHG gilt)[5], zur Fortbildung aus: „Sie ist eine unerläßliche Voraussetzung für die Erhaltung und die Qualifikation der Mitarbeiter, die ihren Stellenwert durch die steigenden fachlichen Anforderungen erhält. Sie soll die Mitarbeiter mit neuen rechtlichen Grundlagen und mit neuen Erkenntnissen und Entwicklungen im fachlichen Bereich vertraut machen."

Zur Praxisberatung: Hier sieht Wiesner die Beratung von Fachkräften bei den berufsspezifischen Arbeitsbezügen durch speziell weitergebildete Praxisberater. Wiesner trennt aber nicht ganz sauber, denn er legt dar, daß Praxisberatung häufig auch als Supervision bezeichnet werde. Soweit zu den öffentlichen Trägern der Jugendhilfe.

Die Berücksichtigung angemessener Fortbildungskosten bei freien Trägern ergibt sich aus § 74 VI SGB VIII. Diese Verpflichtung ist auch im Verhältnis zu § 75 I 3 SGB VIII zu sehen, denn die freie Jugendhilfe vermag die an sie gerichteten Anforderungen hinsichtlich der fachlichen und personellen Voraussetzungen nur zu erfüllen, wenn die Mitarbeiterinnen mit neuen fachlichen Erkenntnissen und Entwicklungen vertraut sind. Ausgehend von den bisher erfolgten Darlegungen zur Funktion und zum Ziel der Fachberatung sowie zum Begriff der Fortbildung und Praxisberatung ist Fachberatung Fortbildung und Praxisberatung im Sinne der §§ 72 und 74 SGB VIII.

Damit entspricht die Fachberatung für Kindertageseinrichtungen zweifelsfrei der vom SGB VIII vorgegebenen Bedeutung.

Wenden wir uns also den gesetzlichen Bestimmungen für die Fachberatung genauer zu und prüfen die Verbindlichkeit der Bestimmungen: Die Regelung des § 72 III SGB VIII mit der Formulierung „[...] haben Fortbildung und Praxisberatung der Mitarbeiter des Jugendamts und des Landesjugendamts sicherzustellen", verpflichtet die öffentlichen Träger zur Fortbildung und Praxisberatung ihrer Mitarbeiter. Die Verpflichtung ist bindend, gibt aber „weder den Leistungsberechtigten noch den Mitarbeitern des öffentlichen Jugendhilfeträgers einen subjektiven Rechtsanspruch, d. h. Fortbildung und Praxisberatung kann nicht gerichtlich eingeklagt werden..."[6] Ein Gutachten des Deutschen

---

[5] vgl.: Wiesner u. a. SGB VIII Kinder- und Jugendhilfe, München 1995, § 72, Rz. 17f

[6] Baltz, Jochem: „Fachberatung für Tageseinrichtungen für Kinder nach dem KJHG", NDV 6/1996, S. 197

Vereins für öffentliche und private Fürsorge stützt sich an dieser Stelle auf den Kommentar Schellhorn/Wienand. Münder verweist an dieser Stelle darauf, daß für die freie Jugendhilfe insofern § 74 VI SGB VIII gelte, der nun zur Prüfung ansteht.[7] Der Begriff „soll" in der Formulierung über den Einschluß der Fortbildungskosten in die Förderung anerkannter freier Träger der Jugendhilfe eröffnet dem öffentlichen Jugendhilfeträger zwar ein Ermessen über die Zurverfügungstellung von Fortbildungsmitteln, dieses Ermessen ist jedoch eng begrenzt.
Die allgemeinen Auslegungsregeln besagen, daß mit dem Begriff „soll" ein hoher Verpflichtungsgrad für den öffentlichen Jugendhilfeträger verbunden ist: „Will er, als Ausnahme von der regelmäßig zu gewährenden Fortbildungsförderung, Mittel nicht bewilligen, muß er detailliert und ausführlich begründen, warum er der Auffassung ist, daß die Bereitstellung von Fortbildungsmitteln nicht erfolgt. Gründe für eine solche Entscheidung werden in der Regel nicht vorliegen."[8] Der alleinige Verweis auf nicht vorhandene finanzielle Mittel durchbricht nicht die Soll-Vorschrift. Hinzu kommt noch die Verpflichtung, die sich aus der Anwendung des § 74 V SGB VIII ergibt: „Werden gleichartige Maßnahmen von der freien und der öffentlichen Jugendhilfe durchgeführt, so sind bei der Förderung die Grundsätze und Maßstäbe anzuwenden, die für die Finanzierung der Maßnahmen der öffentlichen Jugendhilfe gelten."
Aus § 72 III ergibt sich, wie bereits ausgeführt, die bindende Verpflichtung der öffentlichen Jugendhilfeträger für die Fortbildung ihrer Mitarbeiter. Damit aber die freie Jugendhilfe hier nicht schlechter gestellt wird, muß diese Sicherstellung der Fortbildung und Praxisberatung auch im Verhältnis zu den freien Trägern Gültigkeit haben, d. h. auch hier könnte der freie Träger vom öffentlichen Träger der Jugendhilfe gleiche Fortbildung verlangen. Somit ergibt sich für den Träger der öffentlichen Jugendhilfe zur Ablehnung von Fortbildung und Beratung ein nur kleiner Ermessensspielraum.
Eine besondere Rolle spielen noch die kommunalen Träger, die Kindertageseinrichtungen und damit im Rahmen ihrer kommunalen Selbstverwaltung Jugendhilfeeinrichtungen betreiben, ohne öffentlicher Träger der Jugendhilfe zu sein: Die allseits bekannte Konstellation, daß der Landkreis A als Träger der öffentlichen Jugendhilfe ein eigenes Jugendamt unterhält, selbst aber keine Kindertageseinrichtungen betreibt. Viele der Tageseinrichtungen im Kreisgebiet werden von

---

[7] Münder u. a.: Frankfurter Lehr- und Praxiskommentar zum KJHG, Münster 1991 § 72, Rz. 27
[8] Baltz, Jochem, a. a. O.

den kreisangehörigen Kommunen C, D und E allein oder in Trägergemeinschaften unterhalten.

Um das Verhältnis des Trägers der öffentlichen Jugendhilfe zu den kreisangehörigen Gemeinden darzustellen, sind die Regelungen der §§ 69 V und 79 SGB VIII heranzuziehen. Ausgehend von der Gesamtverantwortung des örtlichen Trägers (in diesem Falle des Landkreises) obliegt diesem eine Garantenstellung im Hinblick auch auf die Tätigkeit kreisangehöriger Gemeinden ohne eigenes Jugendamt. Kreisangehörige Gemeinden können nach dem Wiesner-Kommentar zu § 79 II SGB VIII „im Rahmen des eigenen Wirkungskreises Aufgaben der Jugendhilfe wahrnehmen, ohne dazu durch das SGB VIII oder die Gemeindeordnung verpflichtet zu sein. Damit bleibt der Kreis dafür verantwortlich, daß in seinem Bereich alle Einrichtungen und Dienste vorhanden sind, die zur Erfüllung der Aufgaben der Jugendhilfe erforderlich sind. Dies gilt [...] für Tageseinrichtungen für Kinder- und zwar unabhängig davon, ob diese nur der Versorgung der Gemeinde oder der des Kreises dienen."[9]

Wenn dies für die Tageseinrichtung an sich gilt, muß es folgerichtig auch für die mit dem qualifizierten Betrieb der Tageseinrichtungen verbundene Fachberatung Gültigkeit haben. Und zwar wegen der engen Verzahnung von Fachberatung und Tageseinrichtungen unabhängig von den Zuständigkeitsregelungen, die eventuell aus § 85 SGB VIII abzuleiten wären. Ein qualifiziertes (nicht quantifiziertes) Platzangebot umfaßt auch die Fachberatung. Platzgarantie erstreckt sich aus dieser Sicht also auch auf die notwendige Fachberatung. Außerdem sind in den meisten Bundesländern die kreisangehörigen Gemeinden über eine Kreisumlage an der Kreisfinanzierung – und damit auch des Jugendamtes – beteiligt.

2. Die Umsetzbarkeit

2.1. Funktion und Rolle des Fachberaters in der Organisation „Träger"

In den vom Deutschen Verein veröffentlichten „Materialien für die sozialpädagogische Praxis 23" findet man Ausführungen darüber, was diese Schrift nicht anbieten kann: „Ein klares deutliches Modell dafür, wie Fachberatung in idealtypischer Weise in die Trägerhierarchie einzugliedern ist, wie genau die Aufgaben beschrieben, die Funktionen

---

[9] Vgl.: Wiesner u. a. SGB VIII Kinder- und Jugendhilfe, München 1995, § 79, Rdnr. 5

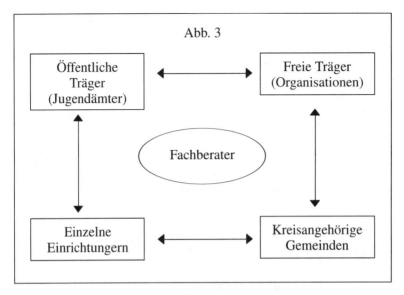

Abb. 3

bestimmt werden können ..."[10]. Daran hat sich bis heute nichts wesentliches geändert. Die Einbindung der Fachberatung in die einzelnen Trägersysteme ist vielfältig wie das Trägernetz selbst.
Häufig hat Fachberatung eine Vermittlerfunktion zwischen Verwaltungsapparat, Einrichtungen und Mitarbeitern. Eine klare Vorschrift über die Organisation der Fachberatung gibt es nicht. Aus Kosten- und Wirtschaftlichkeitsgründen ist die Fachberatung häufig bei übergeordneten Einheiten angesiedelt. Dies wird schon deutlich, wenn man an die Refinanzierung von Fachberatung denkt, denn die meisten Landesausführungsgesetze zum KJHG sehen Finanzierungsmöglichkeiten für Fachberatung vor, knüpfen diese aber als Teilanrechnung an die Zahl der bei einem Träger bestehenden Einrichtungen.
Ein ortsbezogener Caritasverband kann nicht für drei Kindergärten in einer Stadt eine Fachberaterin einstellen, Berater auf Honorarbasis sind nicht eng genug mit dem Träger verbunden, Mitarbeiter nicht zusätzlich zu belasten und ABM nicht unproblematisch. Also wird eine Finanzierbarkeit erst möglich, wenn die Fachberatung in Trägerverantwortung z. B. auf Bistumsebene angesiedelt wird. Der Nachteil einer möglichen Ortsferne wird möglicherweise durch ein besonderes Vertrauensverhältnis innerhalb der Trägerorganisation ausgeglichen.

---

[10] Deutscher Verein für öffentliche und private Fürsorge: „Fachberatung zwischen Beratung und Politik", Materialien für die sozialpädagogische Praxis 23, Konzept und Bearbeitung: Beate Irskens/Renate Engler, Frankfurt 1992, S. 6

Ein ungebundener freier Träger oder eine kleine kreisangehörige Gemeinde als kommunaler Träger kann nicht für eine Kindertageseinrichtung eine Planstelle schaffen. Stellen wir uns Beteiligte/Gruppen/Organisationen im Spannungsfeld Jugendamtsbezirk vor, so bilden diese die vier Ecken eines Rechtecks. Jeder „Ecke" einen Fachberater zuzuordnen wäre nicht finanzierbar, ein „freischwebender" Fachberater in der Mitte des Rechteckes nicht realisierbar (siehe Abb. 3, S. 159).

Bildet man ein Dreieck und schiebt das Jugendamt aus der Randposition auf den zentralen Punkt, so ist der Fachberater hier angesiedelt, und das Jugendamt mit Fachberater bildet den (geometrisch gesehen) Mittelpunkt des Außenkreises, der die einzelnen Eckpunkte des Dreiecks auf seiner Kreislinie hat und von allen gleich weit entfernt ist (Abb 4).

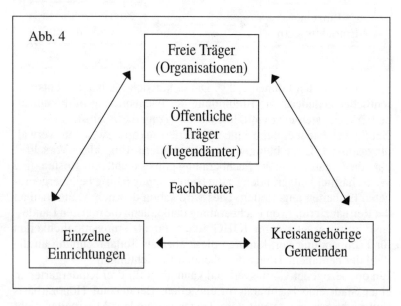

Abb. 4

Sinnvoll wäre hier eine Fachberatung, die beim örtlichen Träger angesiedelt und frei von jeder Weisungs- und Aufsichtsbefugnis wäre, nur beraten kann und ihre Amtskompetenz allein aus Fachkompetenz erwirbt. Gerade die letzte Lösung ließe sich gut mit der Gesamtverantwortung der öffentlichen Jugendhilfe in Einklang bringen, auch gerade wenn der öffentliche Träger keine eigenen Einrichtungen unterhält. Um der Fachberatung beim öffentlichen Träger jeden Anschein der Unterordnung unter die Verwaltungsstrukturen des Jugendamtes zu nehmen oder bei kleinen freien Trägern keine Kontrollangst zu wekken, wären auch ungewöhnliche Lösungen, wie z.B. eine direkte Zuordnung zum JHA oder als sog. Stabsstelle beim Landrat etc. denkbar. Ähnliche Modelle sind bereits bei Kinderbeauftragten, Frauenbeauftragten usw. existent.

Die schlechteste Lösung ist auf jeden Fall, Fachberatung auf Honorarbasis ausführen zu lassen oder dem Jugendamtsleiter als Zusatzaufgabe zu übertragen.

2.2. Zusammenarbeit zwischen Fachberatung verschiedener Träger

Abzurunden wäre das Thema durch die rechtliche Bewertung der Zusammenarbeit zwischen Fachberaterinnen und die weiteren Bestimmungen des SGB VIII, die unseren Arbeitsbereich tangieren. Als erstes gerät dabei das Verhältnis zwischen öffentlichen und freien Trägern in den Blick, das Grundlage der Betätigung für die verschiedenen Träger ist. Dieses Verhältnis ist in den §§ 3 und 4 SGB VIII proklamiert und in den §§ 73 ff SGB VIII im einzelnen ausgeführt, insbesondere hinsichtlich der Maßnahmen, der Veranstaltungen und der Finanzierung.

Die Basis dieses Verhältnisses und damit das Wesensmerkmal des KJHG ist die Pluralität der Jugendhilfe, die besonders in § 3 SGB VIII ausgedrückt wird. Aus ihr folgt die Konsequenz, daß ein Dualismus öffentlicher und freier Träger für die Leistungen der Jugendhilfe konstituiert existiert. Die freien Träger verfügen über ein eigenständiges Betätigungsrecht, das nicht abgeleitet werden muß. Begrenzt wird die Betätigung lediglich durch selbstbestimmte Zielsetzung. Die Verpflichtung zur Zusammenarbeit trifft die öffentlichen Träger. Eine vergleichbare gesetzliche Verpflichtung für die freien Träger mit den öffentlichen Trägern existiert nicht. Dies kann nur durch Vereinbarungen und Absprachen erreicht werden.

Nach § 4 SGB VIII sollen die öffentlichen Träger mit der freien Jugendhilfe partnerschaftlich zusammenarbeiten. „Wie das Wort ‚partnerschaftlich' verdeutlicht, erfolgt die Zusammenarbeit auf der Ebene der Gleichordnung. Der Träger der freien Jhilfe wird nicht zum Beauftragten des Trägers der öffentlichen Jhilfe, sondern erfüllt seine Aufgabe. [...] (Es) lassen sich daraus bestimmte Verhaltenspflichten für den Umgang zwischen Trägern der öffentlichen und der freien Jhilfe ableiten."[11] Die Aussage des § 4 SGB VIII hat programmatischen Charakter, sie begünstigt nicht einzelne konkrete Personen. Da es sich

---

[11] vgl.: Wiesner u.a. SGB VIII Kinder- und Jugendhilfe, München 1995, § 4, Rdnr. 5f.

jedoch um das Verhältnis öffentliche/freie Träger handelt, muß dies auch auf die Fachberatung Auswirkungen haben.
Das Beziehungssystem der freien Träger untereinander ist weder in § 4 SGB VIII noch an anderer Stelle ausdrücklich erwähnt. Teilaspekte finden sich in den §§ 74 ff SGB VIII. Nicht zu unterschätzen ist das Beteiligungsgebot bei der Jugendhilfeplanung. § 80 III SGB VIII sieht eine frühzeitige Beteiligung der freien Träger der Jugendhilfe bei der Jugendhilfeplanung vor – ein Gebiet, auf dem von seiten der Fachberatung bei freien Trägern stets Ansprüche angemeldet werden sollten. Außerdem besteht die Möglichkeit, von Arbeitsgemeinschaften nach § 78 SGB VIII Gebrauch zu machen. Gerade hinsichtlich sich verändernder Anmeldezahlen können hier schon frühzeitig Vorgehensweisen abgestimmt werden. Insgesamt hat sich in vielen Bundesländern eine Vernetzung der Fachberatung auf regionaler Ebene entwickelt.
Weitere Ausführungen zur rechtlichen Dimension der Fachberatung ergeben sich aus dem Wunsch- und Wahlrecht nach § 5 SGB VIII sowie durch das Toleranzgebot und Tendenzregelung nach § 9 SGB VIII, das besonders für weltanschaulich festgelegte Träger von Bedeutung ist, und selbstverständlich durch die §§ 22 ff SGB VIII.
Letztendlich gibt der § 26 SGB VIII den Bundesländern Raum für konkretisierende und lückenfüllende Regelungen. Gerade im Bereich Kindertageseinrichtungen sind seit längerer Zeit für jedes Bundesland eigenständige Landesausführungsgesetze erlassen, die auch u. a. selbst oder in Ausführungsbestimmungen die Notwendigkeit und Finanzierung von Fachberatung regeln.

3. Fazit

(1) Fachberatung in Kindertageseinrichtung ist zur Schaffung und zum Erhalt eines fachlichen notwendigen Standards unverzichtbar. Neue Herausforderungen erfordern auch neue Konzepte der Beratung und Fortbildung, wobei eine Transparenz hinsichtlich der vorherrschenden Interessen an und in Fachberatung wünschenswert wäre.
(2) Fachberatung ist Fortbildung und Praxisberatung im Sinne des SGB VIII Kinder- und Jugendhilfegesetz. Der Anspruch auf Fachberatung ist gegeben, jedoch nicht als individuell einklagbarer Rechtsanspruch.
(3) Wenn Fachberatung unabdingbar zur Tageseinrichtung gehört, ist der Anspruch auf einen qualifizierten Platz in einer Einrichtung nur zu erfüllen, wenn Fachberatung erfolgt und sichergestellt ist. Somit rückt

die Garantenstellung des Trägers der öffentlichen Jugendhilfe in den Blick und damit auch die Sicherstellung der Fachberatung durch den örtlichen Träger, unbeschadet der Regelungen nach § 85 SGB VIII.
(4) Das Verhältnis öffentlicher zu freien Trägern ist durch §§ 3 ff. SGB VIII partnerschaftlich vorgezeichnet. Diese Darstellung erstreckt sich somit auch auf das Verhältnis der jeweils trägereigenen Fachberatung zueinander. Wie in allen anderen Bereichen der Jugendhilfe ist auch im Bereich der Fachberatung eine partnerschaftliche Zusammenarbeit vorgesehen. Ansätze, etwa durch Vorgaben oder Auflagen eine Art Weisungsgefälle von öffentlichen zu freien Trägern zu errichten, sind kritisch zu beobachten und zu beurteilen.
(5) Außerdem ist das Verhältnis der beiden Träger zueinander im Bereich der Jugendhilfeplanung durch das SGB VIII bestimmt. Freie Träger sind an der Jugendhilfeplanung frühzeitig zu beteiligen – ein Bereich, den besonders die Fachberater für Kindertageseinrichtungen besetzen sollten. Die Möglichkeiten der Planung und Vernetzung werden derzeit bei weitem nicht ausgeschöpft.

13. Fachberatung für Tageseinrichtungen für Kinder nach dem KJHG – Pflichtaufgabe oder „freiwillige" Aufgabe der Jugendhilfe?[1]

Jochem Baltz

Fachberatung für Kindertageseinrichtungen gerät zunehmend in den Blick der interessierten sozialpädagogischen Fachöffentlichkeit. Dazu beigetragen hat nicht zuletzt der vom Deutschen Verein für öffentliche und private Fürsorge vom 11. bis 13. Oktober 1995 durchgeführte erste bundesweite Kongreß zur Fachberatung in Kindertagesstätten in Berlin, an dem nahezu die Hälfte der im Bundesgebiet tätigen Fachberaterinnen teilgenommen hat.[2]
Aufgrund des Qualifizierungsbedarfes in den neuen Bundesländern haben die Bundesvereinigung der kommunalen Spitzenverbände, die obersten und oberen Landesjugendbehörden der neuen Bundesländer und die Bundesarbeitsgemeinschaft der Freien Wohlfahrtspflege gemeinsam ein Modellprojekt zur Qualifizierung von FachberaterInnen in Tageseinrichtungen für Kinder ins Leben gerufen. Das Projekt „Multiplikatoren-Fortbildung Tageseinrichtungen für Kinder (MFT)" wurde vom damaligen Bundesministerium für Frauen und Jugend mit initiiert und finanziert.
Aufgrund der schwierigen und zunehmend dramatischen Entwicklung der kommunalen Haushalte und deren Auswirkungen auf die Ausgestaltung und Gewährung von Sozialleistungen im allgemeinen und der Kinder- und Jugendhilfe im besonderen drängt sich die Frage nach der rechtlichen Einordnung von Fachberatung für Kindertageseinrichtungen im Kontext des Kinder- und Jugendhilfegesetzes auf. Der Beitrag will der Frage nachgehen, ob Fachberatung eine nach dem Kinder- und Jugendhilfegesetz verpflichtende Aufgabe der Jugendhilfe bzw. der Jugendämter oder eine sogenannte „freiwillige" Aufgabe ist, die von

---

[1] Dieser Beitrag ist zuerst erschienen im Nachrichtendienst des Deutschen Vereins, Heft 6/1996, S. 197–199. Abdruck mit freundlicher Genehmigung von J. Baltz, Referent beim Deutschen Verein für öffentliche und private Fürsorge, Frankfurt am Main.
[2] Vgl. Beate Irskens, Fachberatung für Kindertageseinrichtungen – eine Standortbestimmung, in: Nachrichtendienst des Deutschen Vereins 6/96.

den Kommunen je nach den finanziellen und personellen Ressourcen bzw. der allgemeinen Haushaltslage wahrgenommen oder dem „Sparzwang" geopfert werden kann.[3] Je nachdem, ob die Arbeit in der Kindertageseinrichtung in öffentlicher oder freier Trägerschaft geleistet wird, stellt sich die rechtliche Einordnung unterschiedlich dar. Bereits die Frage, was Fachberatung ist und was sie leistet, kann nur schwer beantwortet werden. Der Begriff der Fachberatung wird in unterschiedlichsten Zusammenhängen verwendet.[4] Die FachberaterInnen sollen Mitarbeitern/Mitarbeiterinnen und Rechtsträgern von Kindertageseinrichtungen in juristischen, organisatorischen und pädagogischen Fragen helfen, sie beraten und fortbilden sowie koordinierende Aufgaben zwischen Einrichtungen, Trägern und Verbänden wahrnehmen, mit dem Ziel, die Arbeit in Kindertageseinrichtungen inhaltlich-fachlich, organisatorisch-strukturell und personell zu begleiten und zu verbessern.[5] Auch das Kinder- und Jugendhilfegesetz kennt den Begriff der „Fachberatung" nicht ausdrücklich. Allerdings haben nach § 72 Abs. 3 SGBVIII (KJHG) die Träger der öffentlichen Jugendhilfe Fortbildung und Praxisberatung der Mitarbeiter des Jugendamtes und Landesjugendamtes sicherzustellen. Darüber hinaus soll gemäß § 74 Abs. 6 SGB VIII (KJHG) die Förderung von anerkannten Trägern der Jugendhilfe auch Mittel für die Fortbildung der haupt-, neben- und ehrenamtlichen Mitarbeiter einschließen. Darüber hinaus ist in einer ganzen Reihe von landesrechtlichen Regelungen Fort- und Weiterbildung der Mitarbeiter von Kindertageseinrichtungen als Aufgabe festgeschrieben[6], und in einigen Landesgesetzen findet die Aufgabe der Fachberatung ausdrücklich Erwähnung.[7] In den zuletzt angesprochenen Landesgesetzen hat die Fachberatung neben Fortbildung, Weiterbildung und Praxisberatung eine ausdrückliche Hervorhebung gefunden. Für die Exi-

---

[3] Dem Beitrag liegt ein vom Autor verfaßtes Gutachten des Deutschen Vereins (DV 19/96) zugrunde

[4] Beate Irskens, Fachberatung – ein Berufsbild oder eine Sackgasse? in: Fachberatung zwischen Beratung und Politik, eine kritische Bestandsaufnahme; Eigenverlag des Deutschen Vereins, Materialien für die sozialpädagogische Praxis (MSP), 1992, Band 23, 1992, S. 9.

[5] Magda Göller, „Mit uns auf Erfolgskurs" – Was leistet Fachberatung? in: Forum Jugendhilfe 1996, S. 32; Stellungnahme der Arbeiterwohlfahrt „Fachberatung Tageseinrichtungen für Kinder" in: MSP 23, a. a. O., S. 157.

[6] § 16 SÄKita; § 20 Abs. 3 KitaG Sachsen-Anhalt; § 19 KitaG Schleswig-Holstein; § 7 Abs. 2 KitaG Mecklenburg-Vorpommern; § 15 AGKJHG-Rheinland-Pfalz; § 6 Abs. 2 Bayrisches Kindergartengesetz.

[7] § 15 SäKitaG; § 19 Abs. 1 KitaG Schleswig-Holstein; § 11 Abs. 1 Satz 1 KitaG Niedersachsen.

stenzberechtigung von Fachberatung ist aber die zentrale Frage von Bedeutung, ob sich bereits auch aus dem Kinder- und Jugendhilfegesetz, unabhängig von einzelnen landesrechtlichen Regelungen, ergibt, daß die Träger der öffentlichen Jugendhilfe Fachberatung als Pflichtaufgabe nach dem Kinder- und Jugendhilfegesetz sicherzustellen haben. Dabei ist zunächst zu klären, ob Fachberatung als Fortbildung und/oder Praxisberatung im Sinne von § 72 Abs. 3 SGB VIII (KJHG) oder im Sinne von § 74 Abs. 6 SGB VIII (KJHG) angesehen werden kann. Eine klar abgegrenzte Definition des Begriffs Fachberatung (für Kindertageseinrichtungen) ist auch in der (sozialwissenschaftlichen) Literatur, soweit ersichtlich, nicht vorhanden. Nach der Empfehlung/ Forderung der Arbeitsgemeinschaft für Jugendhilfe „Fachberatung für Kindertageseinrichtungen – eine unverzichtbare Leistung für Erzieherinnen und Träger" (verabschiedet im März 1987)[8], ist das Ziel von Fachberatung die Weiterentwicklung der qualifizierten pädagogischen Arbeit der Kindertageseinrichtung. Darunter dürfte einerseits die persönliche und fachliche Fortbildung und Qualifizierung der pädagogischen Mitarbeiter der Kindertageseinrichtungen und andererseits die Fort- und Weiterbildung der Rahmenbedingungen und Strukturen der Kindertageseinrichtungen im Sinne einer Organisationsentwicklung zu verstehen sein. Letztlich dient die Fachberatung damit der Sicherung der Fachlichkeit der sozialpädagogischen Arbeit in den Kindertageseinrichtungen im Sinne einer prozeßhaft-begleitenden Organisations- und Personalentwicklung.

Im Gesetzentwurf der Bundesregierung zur Neuordnung des Kinder- und Jugendhilfegesetzes[9] wird zur Begründung des § 72 Abs. 3 SGB VIII (KJHG) – im Gesetzentwurf noch § 64 Abs. 3 – ausgeführt, daß „Personen, die mit Aufgaben im Bereich der Jugendhilfe betraut sind, über neue Erkenntnisse und Entwicklungen ihres Bereiches ausreichend informiert und in der Lage sein müssen, mit wirksamen Methoden zu arbeiten. Die gesetzliche Absicherung von Fortbildung und Praxisberatung dient der Stärkung der Fachlichkeit der Jugendhilfe."

Zu § 74 Abs. 6 SGB VIII (KJHG) wird in den gleichen Materialien[10] (noch zu § 66 Abs. 6) ausgeführt, daß „die Fortbildung der Mitarbeiter anerkannter Träger der freien Jugendhilfe der Qualität und Kontinuität ihrer Arbeit dient. Durch die Fortbildung der Mitarbeiter werden die Voraussetzungen dafür geschaffen, daß Träger der freien Jugendhilfe

---

[8] S. AGJ (Hrsg.): Zur Situation gegenwärtiger Kindergartenerziehung, Bonn 1991; MSP 23, a. a. O. S. 160 ff.
[9] BT-Drucks. 11/ 5948, S. 97.
[10] BT-Drucks. 11/ 5948, S. 99.

bedarfsgerechte Angebote entwickeln und mit dem Angebot der öffentlichen Jugendhilfe ‚konkurrieren' können".

Im Achten Jugendbericht, der als Bericht über Bestrebungen und Leistungen der Jugendhilfe konzipiert ist, wird Fachberatung in Kindertageseinrichtungen an verschiedenen Stellen ausdrücklich hervorgehoben. In Teil III (Tätigkeitsfelder der Jugendhilfe) wird unter Ziffer 1.2.5. (Personal in Kindertageseinrichtungen – eine neue Form der Professionalität erforderlich) ausgeführt, daß Anstrengungen unternommen werden müssen, „die Qualifizierung der bereits berufstätigen Mitarbeiterinnen durch praxisbegleitende Fortbildung und qualifizierte Fachberatung voranzutreiben".[11] Später heißt es in Teil IV (Rahmenbedingungen und Voraussetzungen der Jugendhilfe) unter Ziffer 3.7. (Praxisberatung und Selbstevaluation), daß sich im Bereich der Kindergarteneinrichtungen mit der Fachberatung ein wichtiges Instrument zur Unterstützung der Einrichtungen etabliert hat.[12]

Sowohl aus den Gesetzesmaterialien zum Kinder- und Jugendhilfegesetz als auch aus dem Achten Jugendbericht läßt sich daher ableiten, daß Fachberatung einerseits Elemente der persönlichen und fachlichen Fortbildung der Mitarbeiter und Mitarbeiterinnen und andererseits Elemente der Praxisberatung mit dem Ziel enthält, die Qualifikation und Professionalität der Mitarbeiter in Tageseinrichtungen für Kinder und damit die Fachlichkeit der sozialpädagogischen Arbeit insgesamt zu sichern und zu fördern.

Als Zwischenergebnis kann daher festgehalten werden, daß Fachberatung sowohl Elemente der Fortbildung als auch der Praxisberatung im Sinne von §§ 72 Abs. 3, 74 Abs. 6 SGB VIII (KJHG) enthält.

Damit gerät der Rechtscharakter der beiden genannten Rechtsvorschriften in den Blickpunkt. Nach § 72 Abs. 3 SGB VIII (KJHG) haben die Träger der öffentlichen Jugendhilfe Fortbildung und Praxisberatung der Mitarbeiter des Jugendamtes und des Landesjugendamtes sicherzustellen. Daraus ergibt sich, daß Fortbildung und Praxisberatung verpflichtende Aufgaben der öffentlichen Jugendhilfeträger sind, die sich aber zunächst nur auf die Mitarbeiter des Jugendamtes und des Landesjugendamtes beziehen.[13]

Nun stellt sich die Frage, ob diese Pflichtaufgabe der öffentlichen Jugendhilfeträger im Zweifel auch durchgesetzt werden kann, wenn

---

[11] BT-Drucks. 11/6576, S. 101, linke Spalte
[12] BT-Drucks. 11/6576, S. 172, linke Spalte
[13] So auch: Schellhorn/Wienand, KJHG, § 72 Rz. 11 f.; Münder u. a. Frankfurter Lehr- und Praxiskommentar zum KJHG (FLPK) 1993, § 72 Rz. 35; Wiesner u. a.; SGB VIII, § 72 Rz. 17 f.

die Jugendhilfeträger, z. B. wegen fehlender Haushaltsmittel für Fort- und Weiterbildungsmaßnahmen, Fachberatungsaufgaben erheblich einschränken oder überhaupt nicht durchführen. Einen durchsetzbaren, d. h. im Zweifel auch einklagbaren Anspruch auf Durchsetzung von gesetzlich normierten Pflichten durch Dritte, hier durch Leistungsberechtigte oder Mitarbeiter des öffentlichen Jugendhilfeträgers, gewährt das öffentliche Recht nur dann, wenn die Verpflichtungsnorm mit einem subjektiven Rechtsanspruch ausgestattet ist. Dieser kann sich unmittelbar aus dem Wortlaut bzw. der Formulierung der Vorschrift ergeben oder daraus, daß sich aus dem Sinn und Zweck der Rechtsnorm ergibt, daß diese auch dem Schutz der Individualinteressen einzelner dient.[14]

§ 72 Abs. 3 SGB VIII (KJHG) ist aber vom Wortlaut nicht als subjektiver Anspruch auf Fortbildung und Praxisberatung für Mitarbeiter formuliert. Leistungsberechtigte oder Kinder und Jugendliche kommen nach der Formulierung als Anspruchsinhaber ohnehin nicht in Betracht. § 72 Abs. 3 SGB VIII (KJHG) dient auch nicht dem Schutz einzelner Bürger, die Verpflichtung will vielmehr sicherstellen, daß die in § 1 SGB VIII (KJHG) genannten Ziele verwirklicht werden und die Fachlichkeit in den Einrichtungen gewährleistet wird. Aus diesen Gründen läßt sich weder für die Mitarbeiter der öffentlichen Jugendhilfeträger noch für die Leistungsberechtigten ein subjektiver Rechtsanspruch, d. h. ein gerichtlich einklagbarer Anspruch auf Fortbildung und Praxisberatung, und letztlich auch nicht von Fachberatung herleiten. Damit ist die bindende Verpflichtung aus § 72 Abs. 3 SGB VIII (KJHG) aber nicht völlig wirkungslos, denn die Rechts- und Kommunalaufsichtsbehörden haben darauf zu achten, daß dieser gesetzlichen Verpflichtung entsprochen wird.[15] Darüber hinaus stellt sich die Frage, ob nicht ein „Mindeststandard" an fachlicher Beratung über das Betriebserlaubnisverfahren gem. § 45 Abs. 2 SGB VIII (KJHG) sichergestellt werden kann und muß, indem Fortbildung, Praxis- oder Fachberatung zur Auflage gemacht wird, und ob bei völligem Fehlen oder Verweigern von Fachberatung bzw. von Fort- und Weiterbildung für die Mitarbeiter die Versagung einer beantragten Betriebserlaubnis gemäß § 45 Abs. 2 KJHG erwogen wird.

In Korrespondenz zu § 72 Abs. 3 SGB VIII (KJHG) soll gemäß § 74 Abs. 6 SGB VIII (KJHG) die Förderung von anerkannten Trägern der Jugendhilfe auch Mittel für die Fortbildung der Mitarbeiter einschlie-

---

[14] Maurer, Hartmut, Allgemeines Verwaltungsrecht, 9. Auflage 1994, Wiesner u. a., SGB VIII, vor § 11 Rz. 7.
[15] Schellhorn, in: Schellhorn/Wienand, KJHG, § 72 Rz. 13.

ßen. Die Ausgestaltung dieser Vorschrift als sog. Soll-Vorschrift eröffnet dem Jugendhilfeträger kein (unbegrenztes) Ermessen darüber, ob Fortbildungsmittel zur Verfügung gestellt werden können, sondern beinhaltet ebenfalls einen hohen Verpflichtungsgrad[16] des öffentlichen Jugendhilfeträgers auf die Bereitstellung von Fortbildungsmitteln, der zwar nicht vollständig identisch ist mit der Verpflichtung aus § 72 Abs. 3 SGB VIII (KJHG), aber dem Jugendhilfeträger nur ein sehr eingeschränktes Ermessen bei der Frage einräumt, ob er Fortbildungsmittel gewähren will. Will er, als Ausnahme von der regelmäßig zu gewährenden Fortbildungsförderung, diese Mittel nicht bewilligen, muß er detailliert und ausführlich begründen, warum die Bereitstellung von Fortbildungsmitteln nicht erfolgt. Gründe für solche Entscheidungen werden in aller Regel nicht vorliegen.[17] Zudem gebietet § 74 Abs. 5 Satz 2 SGB VIII (KJHG), daß bei der Durchführung gleichartiger Maßnahmen von der freien und der öffentlichen Jugendhilfe bei der Förderung die gleichen Grundsätze und Maßstäbe anzuwenden sind, die für die Finanzierung der Maßnahmen der öffentlichen Jugendhilfe gelten. Da öffentliche Jugendhilfeträger Fortbildungs- und Praxisberatung ihrer Mitarbeiter bindend sicherstellen müssen (§ 72 Abs. 3 SGB VIII [KJHG]), muß dies über § 74 Abs. 5 Satz 2 SGB VIII (KJHG) auch für Mitarbeiter der freien Jugendhilfe gelten, sollen die freien Träger nicht schlechter gestellt werden.[18] Das ohnehin eingeschränkte Ermessen in § 74 Abs. 6 SGB VIII (KJHG) dürfte dadurch weiter in Richtung einer Ermessensreduktion eingeschränkt sein.

Die Förderungsfinanzierung freier Träger hat unter Beachtung des Gleichheitsgrundsatzes (Art. 3 GG) zu erfolgen, der gemäß § 74 Abs. 5 Satz 1 SGB VIII (KJHG) auch seinen ausdrücklichen Eingang in das Kinder- und Jugendhilfegesetz gefunden hat.[19] Bei Verletzung dieses Grundsatzes kann sich daraus auch ein gerichtlich durchsetzbarer subjektiver Anspruch des freien Trägers auf gleichberechtigte Förderung ergeben. Darüber hinaus stellt sich auch hier die Frage der Sicherstellung von Mindeststandards an Fort- und Weiterbildung im Betriebserlaubnisverfahren gemäß § 45 Abs. 2 SGB VIII (KJHG).

Abschließend kann festgestellt werden, daß Fortbildung und Praxisberatung (und damit auch Fachberatung) für Mitarbeiter von Tagesein-

---

[16] Wiesner u. a., SGB VIII, vor § 11 Rz. 8, Maurer § 7 Rz. 7.
[17] Der Hinweis auf fehlende Haushaltsmittel oder die schlechte Finanzlage allein dürfte als Begründung jedenfalls nicht ausreichen.
[18] Schellhorn, in: Schellhorn/Wienand, KJHG § 74 Rz. 23.
[19] Schellhorn, in: Schellhorn/Wienand, KJHG § 74 Rz. 22 f.; Münder u. a., Frankfurter LPK – KJHG 1993, § 74 Rz. 18; Wiesner SGB VIII, § 74 Rz. 45.

richtungen für Kinder eine Pflichtaufgabe nach dem KJHG ist, die sich für die öffentlichen Jugendhilfeträger verpflichtend aus § 72 Abs. 3 SGB VIII (KJHG) ergibt, und durch die Verpflichtung zur gleichberechtigten Gewährung von Fördermitteln für die Fortbildung auch auf Kindertageseinrichtungen in freier Trägerschaft ausstrahlt. Allerdings verschafft § 72 Abs. 3 SGB VIII (KJHG) weder den Mitarbeitern noch den Leistungsempfängern oder -berechtigten einen einklagbaren Rechtsanspruch auf Durchsetzungen von Leistungen der Fachberatung. Bei der Fortbildungsförderung der freien Jugendhilfe gemäß § 74 Abs. 6 SGB VIII (KJHG) ist aber gemäß § 74 Abs. 5 Satz 1, Satz 2 SGB VIII (KJHG) die Gleichbehandlung aller freien und öffentlichen Träger bezüglich der Förderung zu gewährleisten, wobei die gleichberechtigte Förderung im Zweifel auch gerichtlich erzwungen werden kann.

Die inhaltliche Ausgestaltung und der organisatorische Rahmen von Fortbildung, Praxisberatung und Fachberatung ist Aufgabe der sozialpädagogischen Fachdiskussion und Praxis, wozu der eingangs genannte erste bundesweite Fachkongreß einen wesentlichen Beitrag geleistet hat.

14. Neue Steuerungsmodelle, Qualitätsstandards in Kindertageseinrichtungen und die Rolle der Fachberaterin

André Dupuis

Der Ansatz der Kommunalen Gemeinschaftsstelle für Verwaltungsvereinfachung (KGSt)

Das Neue Steuerungsmodell wurde 1990 in Karlsruhe bei einem Forum der Kommunalen Gemeinschaftsstelle für Verwaltungsvereinfachung (KGSt) vorgestellt. Es ging dabei um die Präsentation des Tilburger Modells (Tilburg ist eine Stadt in den Niederlanden mit etwa 170.000 Einwohnern). Das Modell zeichnet sich durch eine Veränderung der Verwaltungs- und Organisationsstruktur aus. Entscheidend dabei ist, daß es eine klare Unterscheidung und Trennung zwischen der politischen Leitungsverantwortlichkeit und dem Management der Verwaltung gibt. Das heißt, die Politik bestimmt, was gemacht wird, das Management und die Fachbereiche bestimmen selbst, wie es gemacht wird. Im Kontext der derzeit diskutierten Qualitätsansätze nimmt das Neue Steuerungsmodell folgende Position ein:

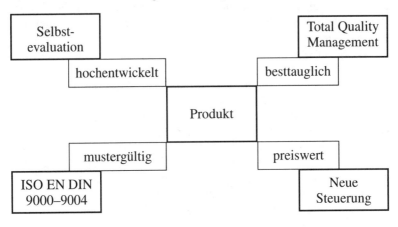

Die spätestens seit Beginn der 90er Jahre offenkundig werdende Finanzknappheit der Kommunen sowie die Notwendigkeit der Umsetzung und Ausgestaltung des Kinder- und Jugendhilfegesetzes

(KJHG) als Leistungsgesetz zwingen die Jugendhilfeträger dazu, eine konkrete Formulierung von Leistungs- und Finanzzielen vorzunehmen. Es gilt, die Ziele und Aufgaben der Jugendhilfe, die im KJHG formuliert sind, in Übereinstimmung mit den vorhandenen Finanzressourcen zu bringen. Gleichzeitig gilt es, die zunehmend komplexer und schwerfällig gewordenen Verwaltungsabläufe durchschaubar zu machen.

Hinter dem zusammenfassenden Begriff Neues Steuerungsmodell (NStM) verbergen sich die unterschiedlichsten Inhalte: Dienstleistung, Kundenorientierung, Budgetierung, Controlling, Produktbeschreibung, Personalmanagement, Konzeptionierung, Qualitätssicherung sind Stichworte, die damit verbunden werden.

Grundlegend für das NStM in der Jugendhilfe ist die Aufhebung der bisherigen Trennung von Verantwortlichkeiten. Haushalt und Stellenplan wurden bisher in der Regel auf der Grundlage der Haushaltsansätze der Vorjahre fortgeschrieben. Der jeweilige Haushaltsplan als das zentrale Steuerungsinstrument bestimmte das Handeln innerhalb der Verwaltung. Die Zuteilung der Ressourcen (Personal, Geld, Sachmittel) selbst lag in der Verantwortung der Querschnittsämter Personal und Finanzen, während die fachliche Zuständigkeit in der Verantwortung der Fachämter lag. Das NStM geht demgegenüber von der Einheit der Fach- und Finanzverantwortung aus. Das heißt, die Abteilung Jugend ist – wie auch alle anderen Fachbereiche der Verwaltung – verantwortlich für alle Tagesaufgaben innerhalb ihres eigenen Verantwortungsbereiches, und zwar sowohl für die Bereitstellung der entsprechenden Leistungen und Produkte wie auch für ihre Kosten.

Die KGSt verfolgt mit dem Neuen Steuerungsmodell ein höheres Maß an Transparenz für Mitarbeiter/innen und Bürger/innen, eine größere Autonomie der Fachämter, d. h. die teilweise Ablösung von Hierarchien zugunsten von Partnerschaft und dezentraler Verantwortung, und mehr Verantwortung für die einzelnen Mitarbeiter/innen.

Die wichtigsten Merkmale der Veränderungen der Verwaltung hin zum Dienstleistungsunternehmen sind: die Einheit von Fach- und Finanzverantwortung, der Abbau von Hierarchie-Ebenen, eine produktorientierte Steuerung, d. h. die Formulierung von Zielen sowie die Angabe von Produkten und Leistungen, um diese Ziele zu erreichen, und die Vereinbarung von Finanzzielen, im Rahmen derer diese Produkte und Leistungen zu erstellen sind.

Damit gibt es eine Reihe neuer Anforderungen für die Verantwortlichen in der Jugendhilfe, sollen diese Elemente realisiert werden: Es müssen dann die Zielsetzungen und Leitvorstellungen in der Jugendhilfe formuliert und Prioritäten gesetzt werden. Steuerung ist nur dann möglich, wenn Klarheit über das Ziel besteht. Erste Bedingung der NStM ist also, von mehrdeutigen, inoperationalen Zielvorgaben überzugehen zu eindeutigen, operationalen: Ziele, deren Erreichbarkeit überprüfbar ist, müssen festgelegt werden.

Und es müssen die Produkte, die bereitgestellt werden und mit deren Hilfe die Ziele zu erreichen sind, beschrieben werden. Dazu bietet die KGSt folgende Kriterien an: Zur Produktbeschreibung gehören: Art / Inhalt, Quantität, Qualität / Standard, Zielgruppen, Träger, Wirksamkeit. Es muß eine Vereinbarung getroffen werden, was diese Produkte und die notwendigen Leistungen kosten und wie sie zu finanzieren sind (Budgetierung). Es muß eine Kontrolle über die Zielvorgaben und deren Zielerreichung erfolgen (Controlling).

Die im KJHG formulierten Zielvorgaben sind vor diesem Hintergrund zu differenzieren. Jugendhilfe soll präventiv wirksam werden und lebenswerte, stabile Verhältnisse garantieren, damit erst gar keine Krisen und Konflikte auftreten. Dazu zählt auch die Partizipation der betroffenen Kinder, Jugendlichen und deren Erziehungsberechtigten. Beratungs- und Kooperationsangebote für Kinder und Jugendliche und deren Familien treten an die Stelle von Kontrolle und Bevormundung. Damit soll sich Jugendhilfe aktiv mit den Lebensbedingungen von Kindern und Jugendlichen auseinandersetzen und sich offensiv und parteilich für deren Interessen stark machen.

Die Beschreibung von Qualitätsstandards – unbequeme Normierung durch die „ISO 9000"?

Bis vor wenigen Jahrzehnten wurde fast ausschließlich im Bereich der Produktion, dort wo Waren produziert wurden, über Qualität und Qualitätsmerkmale nachgedacht. Gütesiegel, Zertifikate o. ä. wurden für alle möglichen Waren verteilt.

In den letzten Jahren ist die „Stiftung Warentest" mit ihren Qualitätsurteilen in die Öffentlichkeit gelangt. Für alle lesbar gibt sie Ermittlungen und Testergebnisse in ihrer Zeitschrift bekannt, versehen mit einem entsprechenden Urteil. Für die Hersteller hat dieses Urteil häufig weitreichende Konsequenzen, weil sich viele Kunden an diesem orientieren und die entsprechenden Produkte mit den guten oder sehr guten Testergebnissen eher kaufen als die, bei denen das Urteil negativ ausgefallen ist. Manche Unternehmen verändern dann etwas an ihren Produkten, oder sie nehmen das Produkt mit dem schlechten Ergebnis aus ihrem Sortiment.

Lange Zeit hat man sich ausschließlich um das Endergebnis gekümmert. Erst in letzter Zeit macht man sich verstärkt Gedanken um die Rahmenbedingungen, unter denen ein bestimmtes Produkt hergestellt wird. Es werden also verstärkt die Abläufe untersucht, unter denen Produkte hergestellt werden. Damit ist der Qualitätsansatz wesentlich breiter definiert als in der Vergangenheit.
Besonders die „DIN EN ISO 9000 ff-Normierung" spielt in vielen Unternehmen eine große Rolle. Dieser Norm bedient man sich, um im internationalen Handeln vergleichbare Kriterien zu definieren. „ISO" ist die weltweite Vereinigung nationaler Normungsinstitute; sie hat die internationale Normungsreihe „ISO 9000 – 9004" entwickelt (übernommen von der europäischen und der deutschen Norminstitution – EN, DIN), die ein branchen- und produktunabhängiges System von Regeln anbietet, das die Qualität von Produkten und Dienstleistungen sichern soll. So ist z. B. seit dem 1.1.1993 die öffentliche Hand europaweit gehalten, Aufträge ab einem Auftragsvolumen von mehr als 200.000 DM nach Möglichkeit nur noch an „zertifizierte" Unternehmen zu vergeben – dies sind jene Unternehmen, die ein Zertifikat nach ISO 9000 ff vorweisen können, die sich also einer unabhängigen Prüfung ihres Qualitätsmanagements unterworfen haben.
Um die in der ISO-Norm 9000 ff. geforderten Standards zu erfüllen, müssen die Unternehmen die betrieblichen Abläufe und ihre Aufgaben und Verantwortlichkeiten genau definieren. Ziel ist, die möglichst frühzeitige Vermeidung von Fehlern zu erreichen, anstatt einer späteren, wesentlich teureren Behebung.
Im Bereich der Dienstleistungen kommen zwei zusätzliche Gesichtspunkte hinzu, die von der ISO 9004 aufgegriffen werden:

(1) Die Qualität der Dienstleistung ist wesentlich von der Qualifikation und Motivation der Mitarbeiter/innen abhängig (Personalmanagement).
(2) Die Dienstleistung wird zunächst einmal vom Kunden selbst beurteilt werden müssen, um dann zu messen, wie die Qualität der spezifischen Dienstleistung aussieht (Kundenorientierung).

Im Bereich der Jugendhilfe über eine Normierung oder Zertifizierung zu sprechen, ist vielfach mit großen Vorbehalten besetzt. Sicherlich ist die Frage nach der Qualität von Einrichtungen und insbesondere von Tageseinrichtungen für Kinder auch schwieriger zu beantworten, weil es sich bei der Arbeit in den Einrichtungen um Erziehungsprozesse handelt. Schon die Beschreibung von Prozessen, die bei Kindern und im Zusammenleben mit Kindern ablaufen, ist sehr schwer zu leisten.

Die Beschreibung von Qualitätsstandards – eine Chance zur Konkretisierung konzeptioneller Vorstellungen

Es wird wichtig, sich zu überlegen, welche Qualitätsstandards in Tageseinrichtungen für Kinder konkret beschrieben werden könnten. Die bereits oben erwähnte ISO-Norm kann dabei einen Orientierungsrahmen für diese Einrichtungen darstellen.
Immer mehr Kinder in der Bundesrepublik verbringen einen immer größeren Zeitraum des Tages in Kindertageseinrichtungen; deshalb ist die Frage nach der qualitativen Gestaltung von Erziehung und Bildung ein wichtiger Faktor. Durch den seit dem 1.1.1996 geltenden Rechtsanspruch auf einen Kindergartenplatz hat sich in den alten Bundesländern die Situation für die drei- bis sechsjährigen Kinder, die eine Tageseinrichtung besuchen, verändert. Nahezu 90 % der Kinder dieser Altersgruppen werden zukünftig bereits mehrere Jahre vor dem Schuleintritt Gruppenerfahrungen gemacht haben. Für die Bundesrepublik insgesamt betrachtet, ist das eine quantitativ ganz neue Entwicklung. Das gilt besonders für die Situation in den alten Ländern, da in den neuen Ländern die Plätze für diese Kinder in ausreichendem Maß vorhanden waren und auch noch sind.
Erst in den letzten Jahren entwickelte sich auch die Diskussion über qualitative Standards in Kindertageseinrichtungen, und sie wird von unterschiedlicher Seite, insbesondere im Zuge der Umsetzung des Rechtsanspruchs, diskutiert. Die im KJHG, in Landesgesetzen und Richtlinien für den Bereich Tageseinrichtungen enthaltenen Vorgaben sind so allgemein abgefaßt, daß sie nicht ausreichen, um ohne weiteres eine gute Betreuung, Bildung und Erziehung der Kinder zu gewährleisten. Diese dort enthaltenen Vorstellungen sind lediglich als Vorbedingung zum Betrieb der Einrichtungen zu betrachten.
Einig ist man sich über die Ansprüche an Qualitätsmerkmale:

(1) Die Qualität in Kindertageseinrichtungen soll von drei Perspektiven aus gesehen werden: aus der Sicht der Kinder selbst, aus der Sicht der Eltern, aus der Sicht der Fachkräfte.
(2) Die Formulierung qualitativer Standards kann nicht auf ewig festgeschrieben werden, sondern muß vorübergehenden Charakter haben. Die Entwicklung bestimmter Qualitätsziele muß als dynamischer Prozeß zwischen den unterschiedlichen Interessengruppen (Politik, Träger, Eltern, Erzieherinnen, Kinder) ablaufen.
(3) Die Bestimmung von Qualitätsmerkmalen hängt davon ab, wie die Erwachsenen die Kinder sehen, welche Erwartungen sie haben, was sie für Kinder wünschen. Das heißt, es kommt in den Einrichtun-

gen darauf an, gemeinsam mit allen Beteiligten in einen Verständigungsprozeß einzutreten. Dazu gehört, die Sichtweisen, Einstellungen und Ziele in einer Konzeption darzustellen und festzuhalten.

Da Qualität nicht einfach da ist und Appelle und gute Vorsätze nicht ausreichen, muß die Suche nach Qualitätsstandards im Rahmen eines Qualitätsmanagement-Prozesses erfolgen. Dieser Prozeß kann in drei Phasen aufgeteilt werden:

(1) Entwicklung von Qualität (Bedürfnisse und Standards),
das beinhaltet Fragen:
nach den Zielen von Kindertageseinrichtungen,
nach den Bedürfnissen der Nutzer,
nach Übereinstimmung dieser Bedürfnisse mit den verfügbaren Ressourcen,
danach, welche Standards bestimmt werden müssen.
(2) Organisation des Qualitätsprozesses (Schritte und Verantwortlichkeiten),
das beinhaltet die Fragen:
Wer kann die Leistung erbringen?
Wie ist die Ausbildung bzw. Fort- und Weiterbildung zu organisieren?
Wie werden die Bedürfnisse von Kindern und Eltern einbezogen?
Wie erfolgt die Definition von Standards?
(3) Qualitätsbewertung (Methoden und Kontrolle),
das beinhaltet die Fragen:
Wer schätzt die Qualität ein?
Welche Methoden allgemeiner und spezieller Art werden eingesetzt?
Wer berichtet wem über das Ergebnis?
Welche Veränderungen sind vorgesehen oder geplant?
Wer braucht wann Beratung/Unterstützung?

In der Praxis bilden alle drei Phasen einen dynamischen Prozeß, verlaufen oft parallel, je nachdem, wie weit der Diskussionsprozeß fortgeschritten ist.
Die Aufstellung von Qualitätsstandards kann dazu dienen, daß alle Beteiligten selbstkritisch und offen die Qualität von Tageseinrichtungen immer wieder hinterfragen und Schritte zur Verbesserung miteinander absprechen und umsetzen. Spätestens jetzt wird deutlich: Es geht um nichts anderes als um die Entwicklung einer Konzeption für die Kindertagesstättenarbeit – und zwar um Konzeptionsentwicklung nach Maßstäben der Transparenz, der Beteiligung aller Betroffenen und der Orientierung auf „die Kunden" – Kinder und Eltern.
Die ständige, prozeßhafte Veränderung der eigenen Konzeption ist die

grundlegende Form der Entwicklung von Qualitätsstandards für die einzelne Einrichtung. Die Beschreibung von Qualitätsindikatoren steht in engem Zusammenhang mit den inhaltlich-pädagogischen Zielen und Möglichkeiten der Einrichtung, wenn die Inhalte der pädagogischen Arbeit konkret beschrieben werden und nicht nur globale Absichtserklärungen sind. So müssen zum Beispiel Fragen zur Selbständigkeit der Kinder in den verschiedenen Altersstufen oder zur Binnendifferenzierung in der Altersmischung sehr genau beschrieben werden, damit die Frage nach der Qualität überhaupt beantwortet werden kann.

Die Festlegung von Qualitätsstandards birgt sicherlich auch Risiken, aber sie bietet die Chance, in einen Diskurs einzutreten. Einstellungen und Haltungen der Personen, die mit einer bestimmten Einrichtung zu tun haben, werden deutlicher und können eingeschätzt werden. Sicherlich ist dann auch die pädagogische Arbeit einer Erzieherin transparenter – und damit überprüfbarer.

Die Schwierigkeit der Meßbarkeit von Qualitätsmerkmalen darf nicht dazu führen, daß im Bereich der Kindertageseinrichtungen erst gar nicht angefangen wird, darüber nachzudenken, welche Kriterien zugrundegelegt werden sollen.

DIE ORGANISATION DES QUALITÄTSPROZESSES: DIE ROLLE DER FACHBERATERIN

Als erste Aufgabe der Fachberaterin muß es angesehen werden, daß sie sich frühzeitig in das Qualitätsmanagement einklinkt. Voraussetzung dafür ist, daß sie über die Steuerungsbestrebungen des Trägers informiert ist und daß sie als zu Beteiligende im Qualitätsprozeß wahr- und ernstgenommen wird – die Interventionsaufgaben der Fachberaterin beginnen also schon lange vorher.

Dann gilt es, neben den Leistungserwartungen der Politik und der Verwaltung die Leistungserwartungen der Adressaten, also der Kinder und Eltern, in den Qualitätsprozeß einzubringen. Die KGSt empfiehlt als wesentliches Merkmal des Neuen Steuerungsmodells die Vereinbarung eindeutiger Leistungsabsprachen zwischen dem Amt, das eine Leistung haben möchte, und dem „Erbringer" der Leistung – in diesem Fall der Kindertagesstätte. In der Praxis hat sich gezeigt, daß die Einrichtung von „Qualitätszirkeln", d.h. Arbeitskreisen, in denen die Beteiligten (Politik, Verwaltung, Kindertagesstätte) sich über die Qualitätsstandards verständigen, ein sinnvolles Vorgehen ist. Hier kommt der Fachberaterin eine Schlüsselfunktion zu: Sie hat ja bereits Quali-

tätszirkel installiert – nämlich die Teams und Fortbildungsgruppen, mit denen sie Konzeptionsentwicklung betreibt; nun gilt es, deren Ansprüche zu vermitteln bzw. Kontaktmöglichkeiten zu schaffen. Ob sie mit Parteilichkeit für die eine oder andere Seite auftritt, hängt davon ab, wie sie ihr Arbeitsfeld zwischen Beratung und Politik gestaltet – jedenfalls wird deutlich, daß sie mal wieder zwischen allen Stühlen sitzt. (Vgl. dazu Abschn.12 – Anm. d. Hrsg.)
Inwieweit sich wirklich alle Beteiligtengruppen an einen Tisch bringen lassen (Wollen Politiker überhaupt mit Erzieherinnen reden? Welche Rolle können Kinder in diesem Beteiligungsprozeß spielen?), ist bisher wenig erprobt – auch hier liegen Aufgaben für die Fachberaterin: Das Abschätzen der aktuellen Notwendigkeiten und Möglichkeiten, das Aushandeln des Settings, das Kontraktmanagement.
Qualitätssicherung und Erfolgskontrolle kann nur in den Einrichtungen stattfinden. Hier ist die Fachberaterin darauf angewiesen, den Diskussionsprozeß mit den Leitungskräften und allen Beschäftigten fortzuführen; dabei stehen sowohl die teambezogenen Beratungsprozesse als auch die Bereitstellung und Überprüfung von Fortbildungsmaßnahmen in unmittelbarem Zusammenhang mit der Fortschreibung der Qualitätsstandards.
Insgesamt geht es nicht nur darum, „gute" Fachberatung durchzuführen, Konzeptionsentwicklung zu betreiben, Qualitätsstandards zu entwickeln oder zu verteidigen. Es gilt, den Trägern, Verbänden, Ämtern und der politischen Öffentlichkeit deutlich zu machen, welchen Nutzen sie vom fachlich gesteuerten Qualitätsmanagement haben. Es ist Aufgabe der Fachberatung, die Strukturen mitzuentwickeln, in denen die „Dienstleistung Kindertagesbetreuung" nachfragbar und überprüfbar gemacht werden soll.

WEITERFÜHRENDE LITERATUR

Kommunale Gemeinschaftsstelle für Verwaltungsvereinfachung (Hrsg.): Das Neue Steuerungsmodell – Begründung, Konturen, Umsetzung, Köln, KGSt-Bericht 5/93
Kühnlein, G. u. Wohlfahrt, N.: Zwischen Mobilität und Modernisierung – Personalentwicklungs- und Qualifizierungsstrategien in der Kommunalverwaltung, Berlin 1994
Merchel, J. u. Schrapper, C. (Hrsg.): Neue Steuerung, 1996
Pfitzinger, E.: DIN EN ISO 9000 für Dienstleistungsunternehmen, 1995
Reichard, C.: Umdenken im Rathaus – Neue Steuerungsmodelle in der deutschen Kommunalverwaltung, Berlin 1994
Rieder-Aigner, H. (Hrsg.): Handbuch Kindertageseinrichtungen, 1994.

Teil 5

Ausblicke: Qualität als lohnend betrachten und fordern

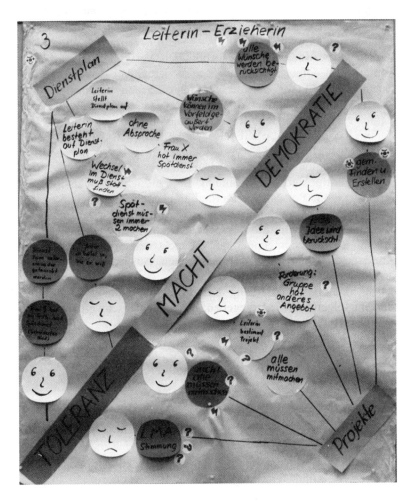

15. Was Fachberaterinnen von sich und anderen erwarten – Vorschläge und Forderungen zum Arbeitsfeld „Fachberatung für Kindertageseinrichtungen"

Karl Haucke

Tagungen und Kongresse sind eine wirksame Gelegenheit, viele Fachleute „an einen Tisch" zu bringen und Gedanken auszutauschen, Erfahrungen zu reflektieren, Wünsche und Erwartungen an die Entwicklung des Arbeitsfeldes zu formulieren, Vorschläge zu erarbeiten, Forderungen aufzustellen und zu adressieren. Vor der Frische und Unverfälschtheit der bei diesen Gelegenheiten aufgeschriebenen Gedanken habe ich großen Respekt, bergen sie doch den Vorteil, daß sie aus einer inspirierten Gesprächssituation heraus, unter dem Eindruck der Vielfalt des Arbeitsfeldes und im Konsens der Anwesenden formuliert sind.

Bei der Abschlußveranstaltung „Qualifizierung lohnt sich!" des Projektes „Multiplikatoren-Fortbildung Tageseinrichtungen für Kinder" im Juni 1996 in Potsdam haben rund 230 Fachberaterinnen, Multiplikatorinnen und Vertreterinnen/Vertreter der Verbände der freien und öffentlichen Jugendhilfe die Gelegenheit zum Austausch über aktuelle Fragen, Rahmenbedingungen und Perspektiven der Fachberatung im Kindertagesstättenbereich wahrgenommen. Aus den Arbeitsgruppen berichtete Einsichten und Ansprüche, auf verschiedenen Niveaus zwischen Situationsbeschreibung und Forderungskatalog angesiedelt, sind im folgenden wiedergegeben, nach Themenschwerpunkten zusammengefaßt:

KINDERTAGESEINRICHTUNGEN UND FACHBERATUNG
ALS LOBBY FÜR KINDER

(1) Jeder, der Verantwortung für Kinder übernimmt, muß sich mit ihren Problemen, Wünschen und vielfältigen Interessen sehr sensibel auseinandersetzen.

(2) Dabei kann nur gemeinsames Handeln zum Erfolg führen. Es setzt Bewußtsein, Kompetenz und Willen zur Aktion voraus.

(3) In der Einrichtung sollen Kinder Partizipation erleben können, denn Kinder lernen über die Erlebnisse im Alltag sich einzumischen, Meinungen zu erörtern und auszutragen.
(4) Kindertageseinrichtungen müssen zu Lobbyisten in der Kommunalpolitik werden. Von den Einrichtungen ausgehend, muß ein Netzwerk der Zusammenarbeit aufgebaut werden, das Kindern die aktive Beteiligung an der Durchsetzung ihrer Rechte und Interessen ermöglicht.
(5) Ressortdenken und Unterteilung behindert Lobbyarbeit für Kinder.
(6) Kinder dürfen nicht instrumentalisiert werden, man muß ihnen ein Forum bieten.

Berufshygiene und Berufsprofil der Fachberaterin

(1) Persönliche Entwicklung braucht Perspektive und ein Mindestmaß an Sicherheit.
(2) Auch Beraterinnen müssen ihre berufsbiografischen und historisch-politischen Brüche verarbeiten, durch die Bereitschaft zurückzublicken, sich zu verändern und sich den Kolleginnen zu stellen.
(3) Auch Beraterinnen müssen auftanken, sich entlasten, sich weiterentwickeln, sich reflektieren; kollegiale Beratung ist hier ein gutes Mittel.
(4) Trennung von Beratung und Aufsicht bedeutet Kooperation und Abgrenzung zwischen den Personen – die Klärung der verschiedenen Aufgaben und der Beziehungen ist auch wichtig im Verhältnis zu den Erzieherinnen. Dies gilt insbesondere in bezug auf das geänderte Bild von Fachberatung.
(5) Die Beraterin muß sich auch anbieten und bekannt machen, sie darf nicht immer abwarten, bis sie gerufen wird. Sie macht durch Fortbildung Angebote zu wichtigen Themen und Veränderungsnotwendigkeiten.
(6) Fachberatung umfaßt auch die Kontaktaufnahme und Informationsübermittlung zu anderen Stellen außerhalb der Kindertagesstätte und der eigenen Verwaltungslinie. Sie beinhaltet auch Vermittlung fachkompetenter Kontakte anderer Institutionen untereinander.
(7) Fachlichkeit verändern wollen – auch konfrontieren – steht in einem schwierigen Verhältnis zur Geduld, zum Aushalten.
(8) Persönliche Kompetenzen der Fachberaterin sind u. a.: Einfühlungsvermögen, Echtheit, Aufrichtigkeit, Vertrauen bilden können, ein eigenes Konzept haben und sich bewußt sein, daß sie als Frau

Frauen berät. Der Beratungsgegenstand sowie Regeln und Prinzipien zum Beratungsprozeß (Freiwilligkeit, Vertraulichkeit) sind unbedingt vorher zu klären.
(9) Fachberatung ist die Gestaltung von Spannungsverhältnissen zwischen personenbezogenen und sozialadministrativen Tätigkeiten.
(10) Die Weiterentwicklung des Arbeitsfeldes Kindertageseinrichtungen und der Fachberatung selbst ist nur möglich, wenn Fachberatung den Diskurs mit allen Beteiligten sucht.
(11) Der Aufgabenkatalog von Fachberatung läßt sich ableiten aus einem Beratungsverständnis als „Verknüpfungsdienstleistung".
(12) Fachberatung verlangt nicht nur die Reflexion des Handelns nach innen („Was bewirkt mein Handeln in der Kindertagesstätte, im Verband, im Amt?"), sondern auch die Überprüfung der Auswirkungen des Handeln nach außen („Was bewirkt mein Handeln in der Öffentlichkeit, in der Politik?").

QUALITÄTSENTWICKLUNG UND QUALITÄTSSICHERUNG IN DER FACHBERATUNG

(1) Bei allen Diskussionen um Dienstleistungs- und Kundenorientierung sollte der Begriff der Hilfe ohne eindeutige Definition nicht nur negativ betrachtet werden.
(2) Viele Köchinnen verderben vielleicht in der Küche den Brei, aber ein gutes Fachberatungsdrehbuch entsteht nur im ständigen Austausch mit allen Beteiligten.
(3) Es geht nicht nur darum, gute Fachberatung durchzuführen. Wir müssen Trägern, Leiterinnen, Erzieherinnen und auch der politischen Öffentlichkeit deutlich machen, welchen Nutzen sie durch uns haben.
(4) Qualität ist relativ. Aber auf die Frage relativ wie oder was müssen wir Antworten geben.
(5) Es ist ein Widerspruch, wenn Fachberaterqualifizierung die Fortbildung in pädagogischen Fragestellungen in den Mittelpunkt rückt und andererseits die politischen Rahmenbedingungen so gesetzt werden, daß die Hauptaufgabe der Beraterin in reinen Verwaltungsarbeiten liegt.
(6) Wenn wir selbst an den Strukturen, auch an den Strukturen Fachberatung nichts ändern, werden es fachpolitisch Unqualifizierte tun. Wir müssen die Strukturen schaffen, in denen unsere Leistungen auch nachfragbar sind.

TRÄGERÜBERGREIFENDE KOOPERATION MUSS MAN WOLLEN, MAN MUSS SIE KÖNNEN – UND AUCH TUN!

(1) Trägerübergreifende Kooperation in der Fachberatung kann nur dann gelingen, wenn die Beteiligten einigermaßen konsolidiert sind und nicht ständig mit existentiell bedrohenden Stellenplanproblemen kämpfen müssen.

(2) Trägerübergreifende Kooperation ist keine Schönwettereinrichtung. Sie muß immer wieder neu miteinander entwickelt, oft mühsam ausgehandelt werden.

(3) Trägerübergreifende Kooperation kann an Grenzen stoßen: An strukturelle Grenzen (z. B. der Anstellungsträger bewilligt nicht die notwendige Freistellung, oder er befürchtet finanzielle Nachteile, wenn Kooperation in starker Konkurrenzsituation realisiert werden soll); an persönliche Grenzen (z. B. wenn der Partner nicht auf meiner Linie liegt und ich mich innerlich zurückziehe).

(4) Trägerübergreifende Kooperation gelingt um so eher, je mehr alle Beteiligten den Satz beherzigen: „Ohne Kenntnis kein Verständnis ...":
Ohne Kenntnis der Ausgangssituation, der Rolle, der Rahmenbedingungen, der Spielräume, der Motivationslage der Beteiligten ..., kein Verständnis für Anliegen und Interessen, für Haltungen, für das jeweilige Agieren, für Möglichkeiten und Grenzen der Beteiligten.

(5) Ob trägerübergreifende Kooperation zur Belastung oder zu Entlastung führt, hängt auch davon ab, wie klar das eigene Selbstverständnis herausgearbeitet ist. „Wer nach allen Seiten offen ist, kann nicht ganz dicht sein."

(6) Trägerübergreifende Kooperation kann erst dann zu einer wunderschönen „Kür" ausgearbeitet werden, wenn alle Beteiligten die „Pflichtelemente" beherrschen, nämlich:

(a) die Überzeugung, daß Kooperation die Potenzierung von Kraft, Wissen und Erfolg ist,

(b) den Willen zu Kontinuität und dazu, auch schwigrige Zeiten gemeinsam durchzustehen,

(c) die nötige Zielorientierung und ein Bewußtsein dafür, daß ohne das eigene Input kein befriedigendes Output zu erwarten ist.

16. Hat Fachberatung Zukunft?
Ein Rückblick in die Gegenwart
aus dem Jahre 2010

Das Interview mit der Fach- und Organisationsberaterin Sybille Kluge anläßlich des zehnjährigen Bestehens ihres Unternehmens „Ideenschmiede" führte

Hilmar Hoffmann

Frau Kluge, Ihr Unternehmen wird jetzt zehn Jahre alt. Für Sie sicher ein Grund zu feiern? Oder ein Rückblick mit Skepsis?

Sicher beides. Es war nicht einfach – es hat viel Nerven gekostet und manchmal dachte ich, das kann gar nicht funktionieren. Aber, wie Sie sehen, ich lebe noch und nicht schlecht.

Vielleicht berichten Sie einmal kurz, wie das damals eigentlich losgegangen ist?

Also, das war so: Ich war damals Fachberaterin in unserer Kommune – 1997 war das, da war ich 36 – und zwar eine von denjenigen, die wirklich nur Beratung machte. Ich erwähne das, weil eine Menge meiner Kolleginnen so gut wie keine Zeit für diesen Bereich der Tätigkeit hatten, weil sie so stark in Verwaltungsarbeiten involviert waren. Insofern ging es mir schon gut. Aber so gut auch wieder nicht: 90 Einrichtungen hatte ich zu betreuen. Da können Sie sich ja ausrechnen, wie oft ich die einzelne Kollegin gesehen habe. Jetzt gab es ja damals diese Diskussion um die Dienstleistung in der Jugendhilfe, die ersten Kitas machten sich selbständig, die Jugendämter strukturierten sich um, Staat und Kommunen zogen sich auf hoheitliche Aufgaben zurück. Ich stand damals vor der Frage, entweder geht hier alle Qualität den Bach ab, oder es ist deine Chance. Ich ging erst einmal zu einer Unternehmensberatung. Schließlich wurden junge Existenzgründungen gefördert und die Beratung war kostenlos. Das war der erste Kick. Wenn die mir Hilfe verkaufen können, kann ich doch dasselbe tun. Ich guckte mich weiter um: der Beratungsmarkt boomte. Verbraucherberatung, Lohnsteuerberatung, Familienberatung und so weiter. In jedem Bereich gab es solche Serviceleistungen. Nur bei uns schien das noch Luxus zu sein. Die Industrie hatte längst erkannt, daß sich Beratung rechnet.

Also setzte ich mich hin und überlegte: Was benötigen Kitas für Hilfen? Eigentlich die, nach der sie schon immer verlangten und für die nie Geld da war: Sie brauchten fachliche Hilfe, z. B. in der Form, daß ihnen neue wissenschaftliche Erkenntnisse praxisnah zur Verfügung gestellt wurden. Sie forderten Fortbildungen, deren Themen sie selbst bestimmen konnten. Sie benötigten Organisationshilfen, z. B. bei der Umgestaltung der Dienstpläne, oder sie suchten einfach nach Wegen, die Einrichtung finanziell besser abzusichern, z. B. durch Erweiterung der Serviceleistungen. Das war eben nicht mehr der alte Kindergarten, das war der neue.

Vielleicht erinnern Sie sich noch: Damals wurde doch das Ladenschlußgesetz geändert. Zumindest in den Großstädten zogen dann neben den Läden auch andere Institutionen nach, z. B. Banken, Polizei, Busse und Bahnen. Während auf dem Land immer mehr Läden bereits früh dicht machten, ging es in den Städten erst um 10 Uhr morgens los und hörte um 20 Uhr auf. Wir als Kindertageseinrichtungen mußten doch reagieren. Wie organisiert man das, ohne daß Kinder 12 Stunden in einer Einrichtung bleiben und trotzdem Eltern gleichzeitig geholfen wird? Schließlich konnten wir doch nicht zusehen, wie abends noch mehr Kinder allein vor der Glotze saßen – solche Fragen waren es. Und was noch wichtiger war: Geld. Wie komme ich als Einrichtung an mehr Geld für Spitzenpersonal und gute Angebote? Und vor allem: Wie schaffe ich es, nicht ständig von Sponsoren abhängig zu sein, die danach verteilen, wo es steuerlich am günstigsten ist? Aber da war noch mehr: Wie organisiere ich neue Angebote, vielleicht auch generationsübergreifend? Wie kann ich kleine Gewinne machen, die ich wieder investiere? Das alles waren Fragen, die die Erzieherinnen insgeheim hatten, aber vor denen sie fast ohnmächtig dastanden.

Und Sie boten hierfür so einfach Hilfe an?

So einfach ging gar nichts. Gut, ich hatte eine qualifizierte Ausbildung als Sozialpädagogin, aber hier war mehr gefragt, zumindest wenn man alle Anforderungen zusammen nimmt: nicht Alltagsberatung, sondern professionelle Beratung, nicht kleine Verwaltungs- und Finanzierungshilfen, sondern exakte Organisations- und Unternehmensberatung, nicht nur Themenfortbildungen, sondern organisierter Wissenschaftstransfer – schließlich war spätestens mit dem Internet die Welt für Kinder nicht mehr so, wie sie viele Pädagogen gerne hätten. Das war für eine Person zuviel. In einem Chemieunternehmen ist schließlich der Ingenieur für Verfahrensentwicklung auch nicht gleichzeitig für die Umsetzung der Grundlagenforschung, dann für die Beratung der Mitarbeiter und vielleicht auch noch für die betriebswirtschaftliche Beratung der Geschäftsleitung zuständig. Ich kann bis heute nicht verstehen, warum wir das alles können sollten. Oder ist es für Sie ein gutes Gefühl, mit einem Koffer, gefüllt mit tausend Themen, loszuziehen, wenn Ihnen klar ist, daß das, was sie zu bieten haben, nicht selten allenfalls Halbwissen ist, trotz der 60 Stunden Arbeit in der Woche? Ich suchte mir also Unterstützung durch eine Betriebswirtin. Und es funktionierte.

Aber das zu verteilende Geld ist doch nicht mehr geworden?

Das stimmt schon. Aber es hatte sich ja mehr verändert. Die Einrichtungen konnten z. B. endlich autonom ihre Mittel verwalten. Das heißt, sie bestimmten, was sie brauchten und was nicht. Und unser Büro „Ideenschmiede" hatte das Ohr an der Praxis. Und so boten wir das an, wonach die Einrichtungen fragten. Und indem ich den Kitas half, qualitativ hochwertig und günstiger zu arbeiten und gleichzeitig durch Erweiterung der Angebote noch Gewinne zu machen, blieb auch für unser Büro immer mehr, sowohl an Geld als auch an Arbeitsangeboten. Und es war nicht nur quantitativ mehr, die Angebote selbst veränderten sich. Z. B. führe ich jetzt auch Elternberatung und -seminare zusammen mit Erzieherinnen durch. Was früher in vielen Beratungsstellen für Eltern schwierig war, weil sie die Schwelle nicht übertreten wollten, ist jetzt einfacher. Sie wissen, „die Frau Kluge berät sogar die Erzieherinnen, da können wir doch auch mal nachfragen". Und Träger und Kommunen beraten wir auch. Aber ich schweife ab. Ob ich das allein konnte? Ich sagte ja, nein. Wir schlossen uns mit anderen Fachberaterinnen zusammen. Mich wunderte, was um uns herum passierte. Plötzlich merkten Universitäten und Fachhochschulen, daß sie unseren Bereich sträflich vernachlässigt hatten. Ich kann mich noch genau erinnern an das Professionalisierungsgerede. So ein Unsinn. Wir waren und sind professionell und wie alle Profis brauchten wir immer wieder Fortbildung, klar, was denn sonst in einer sich schnell wandelnden Gesellschaft. Oder können Sie sich einen Bundesligaspieler vorstellen, der nur alle vier Jahre zum Training geht? Wir waren und sind Profis. Aber eine Professionalisierungsdebatte? Was wir brauchten, war eine Profession. Es mußte endlich klar werden, daß man eine spezifische Ausbildung für diese Tätigkeit benötigt. Aber die Hochschulen merkten schnell, daß ihnen mit den Unternehmensgründungen – wir waren ja nicht die einzigen – die Felle davonschwammen. Und sie begriffen, daß sie das Potential hatten, ein qualitativ hochstehendes Angebot zu machen. Schließlich gab es Hochschulen, die Pädagogik der frühen Kindheit, Sozialpädagogik, Erwachsenen-

bildung, Betriebswirtschaft und Organisationssoziologie und -psychologie als Schwerpunke hatten.
Heute kann man Diplom-Pädagogik mit dem Schwerpunkt Beratung studieren und nach einem verbindlichem Grundstudium differenzieren, also stärker betriebswirtschaftlich oder pädagogisch orientiert. Die ersten Absolventinnen arbeiten ja nun und es ist wirklich toll. Wir haben Personal, das gleichzeitig das Arbeitsfeld kennt und trotzdem ganz spezifisch für unterschiedliche Anforderungen ausgestattet ist.

Und die Träger? Wie haben die reagiert?

Ich verstehe, was Sie meinen: ob wir als Konkurrenz gesehen wurden? Teils – teils. Ich sag' einmal so: Viele, vor allem die Freien Träger, haben ja damals auch gemerkt, daß einige ihrer weltanschaulichen Überzeugungen im Apparat versickerten. Ich will sagen: Genau das, wofür sie in der Bundesrepublik standen, nämlich Orientierungsangebote zu machen, blieb vielfach auf der Strecke, weil die Verwaltung des Kolosses im Vordergrund stand. Die Trägerverbände sind heute auch nicht kleiner, aber sie können ihr Profil besser zeigen. Andererseits gibt es ja auch Fachberaterinnenbüros, die von Freien Trägern geführt werden, eben nur anders als früher, nämlich als Servicestelle, die autonom arbeitet und von der Struktur her sowohl Hilfen für den Träger wie auch für die Einrichtungen anbieten kann, aber eben nicht nach dem System: zehn Fachberaterinnen sind für alles zuständig, sondern jede hat ihre Schwerpunkte, und die kann sie dann eben auch an Einrichtungen verkaufen, die nicht dem gleichen Träger angehören. Ich will Ihnen mal ein Beispiel nennen: Früher, da saß ich da, analysierte die Fachzeitschriften und merkte: Bewegungskindergärten – das ist jetzt der Renner. Die Mittel, um qualifizierte Referentinnen zu engagieren, gab es zwar, aber doch zumeist nur für Großveranstaltungen. Was wir aber brauchten, damit Erkenntnisse aus Fortbildungen überhaupt umgesetzt wurden, waren kleine Teamseminare, also direkt vor Ort die Anwendbarkeit ausarbeiten. Aber ich konnte doch nicht für jede Einrichtung Frau Dr. X vom Träger Y einfliegen lassen, um dort die Fortbildung machen zu lassen: Jedesmal Hotel, Fahrt und Honorar. Also machte ich es wieder selbst. Ich wälzte Literatur: Theorie der Motorik, psychologische Grundlagen, konzeptionelle Ansätze usw. Dann Planung: Wie führe ich das Seminar in der Einrichtung durch? Natürlich alles neben der üblichen Beratungsarbeit. Gleichzeitig wußte ich, Frau X ist in dem Thema besser. Überlebensstrategie: Red dir ein, daß du genauso gut bist. Wofür ich aber eine Woche Vorbereitung brauchte, benötigte Frau X nicht mal einen Tag, weil sie drin war in dem Thema. Dafür krebste sie gerade eine Woche an dem Thema „flexible Dienstplangestaltung" herum. Das hätte ich ihr innerhalb eines Tages organisiert. Sie verstehen? Ich war schlechter, ich brauchte länger und ich war damit teurer, und der größte Witz: Frau X auch. Oder aus meiner Sicht heute: Wir haben den Einrichtungen acht Tage geklaut. Und aus Trägersicht: Er hätte viel Geld für andere Bereiche umschichten können. Heute tun sie dies. Wir arbeiten gut mit den Trägern zusammen, die ja auch noch eigene Referentinnen mit trägerspezifischen Schwerpunkten haben. Jeder hat hier und da etwas verloren, aber unter dem Strich haben doch alle gewonnen. Aber es ist nicht nur Sonnenschein: da kommt eine Einrichtung und möchte etwas über die „Wirkungen der Farben auf die kindliche Entwicklung" haben. Ich frag in unserem Büro. Schweigen im Walde. Keiner der Kolleginnen und Kollegen – jetzt werden es ja auch immer mehr Männer, die sich in diesen Beruf stürzen – fühlt sich richtig fit. Da ist dann dieselbe Entscheidung gefragt wie früher: selber tun und eine Woche brauchen oder aber mit einem anderen Büro zusammenarbeiten und Schwerpunktabsprachen bilden. Aber heute überlegen wir: Was ist billiger und besser zugleich, also effektiver? So läuft das halt.

Wenn Sie es auf den Punkt bringen, was hat sich besonders verändert?

Das ist schwer. Es ist so vieles: Einerseits Abhängigkeit von der Nachfrage und damit immer auch das Gespenst der Arbeitslosigkeit – aber jetzt kann ich das wenigstens durch meine Angebote beeinflussen. Andererseits, ich kann heute mehr meine Stärken ausspielen, ich weiß, das, was ich tue, kann ich auch zu 100 %. Und wenn ich etwas nicht kann, dann brauche ich das nicht durch Rennen gegen Windmühlen zu überspielen, sondern ich sage: „Da hilft Ihnen gerne meine Kollegin weiter, die ist da Spezialistin." Auf den Punkt gebracht, haben sie gesagt: Irgendwie alles ein bißchen ehrlicher und offener für alle. Und wenn ich an die zehn Jahre zurückdenke, fällt mir ein Goethe-Zitat ein: „Handeln ist leicht, denken schwer; nach dem Gedachten handeln unbequem". Aber es hat sich doch gelohnt, oder?

Anhang

④ Moderatoren: Was ist Ihnen durch die Moderatoren deutlich geworden im Hinblick auf die Gestaltung und Leitung von Fortbildungen?
Was hätten Sie gerne anders gehabt?

Fachkompetenz!   Methodenvielfalt
  Feingefühl/Takt   Sensibilität
Lockerheit   Individualität
                          Kompetenz,
beide gut aufeinander eingespielt sehr einfühlsam
Hilfe
                                  Gefühle ge-
Faden in der   Fortbildner - verbündet staltet →
Hand behalten, trotzdem sich mit den   herausgefordert
auf alle eingehen Teilnehmern
                                  für die Zeit eine
                                    lernende Familie
TN wurden in die Lage versetzt,
  selbst Antworten, Lösungen   veränderte
  zu finden   Blickrichtungen
Toleranz / Individualität

Klare Strukturierung u. Visualisierung
erleichterten den Erkenntnisprozeß

Anhang A

Das „magische Viereck"

Eine Reflexionsübung zur „Interessenmühle" der Fachberaterin
(vgl. dazu Abschnitt 12 und Abschnitt 14)

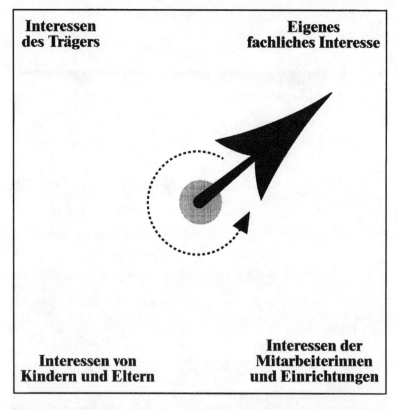

Zeichnen Sie die vier Interessenfelder nach obigem Modell auf eine Wandzeitung, und schneiden Sie aus farbigem Papier einen Zeiger aus, den sie mit Nadeln oder Heftzwecken in der Mitte der Interessenfelder befestigen. Nun können Sie den Zeiger, der die Fachberaterin symbolisieren soll, zwischen den verschiedenen Interessenfeldern hin und her bewegen. Für Kleingruppenarbeit reicht eine Kopie der obigen Grafik. Verweilen Sie in den einzelnen Interessenfeldern und lassen Sie sich von den Reflexionsfragen anregen.

Sie könnten sich z. B. fragen:

(1) Wenn der Zeiger auf das Feld *Interessen des Trägers* weist:
- Worin sieht der Träger seine wichtigsten Aufgaben?
- Welchen Stellenwert haben Kindertagesstätten im Aufgabenspektrum des Trägers?
- Welches Gewicht haben Aufgaben der Fachberatung aus Sicht des Trägers?
- Wer / welche Gruppen aus dem Trägerbereich repräsentieren die Trägersicht?
- Worin sieht mein Vorgesetzter den wichtigsten Teil meiner Arbeit?
- Wie unterstützt mich mein Vorgesetzter bei der Wahrnehmung dieser Aufgaben?
- Wo gehen meine Ideen von Fachberatung über die Vorstellungen des Trägers hinaus?
- Welche Freiräume habe ich bei der Verwirklichung meiner Ideen?
- Welche Ziele habe ich bezogen auf die Beratung des Trägers?
- Was kann ich tun, um meine Vorstellungen von Entwicklungsperspektiven der Fachberatung mit denen des Trägers zur Deckung zu bringen?

(2) Wenn der Zeiger auf das Feld *Eigenes fachliches Interesse* weist:
- Wie heißen für mich die Ziele meiner Arbeit?
- Welche Schwerpunkte habe ich dabei für die Beratung des Trägers / für die Beratung der Mitarbeiterinnen / bezogen auf die Kinder?
- Welche Wertvorstellungen prägen meine Ziele und Schwerpunkte?
- Leite ich meine Vorgehensweisen / Methoden aus diesen Wertvorstellungen, Zielen und Schwerpunkten ab?
- Was macht mich bei meiner Arbeit zufrieden?
- Gibt es irgend etwas, das ich an meiner Arbeit gern ändern würde?
- Wie heißt das wichtigste derzeit ungelöste Problem meiner Tätigkeit?

(3) Wenn der Zeiger auf das Feld *Kinder und Eltern* weist:
- Welches Bild vom Kind habe ich (z. B. bzgl. Anlage/Umwelt; Lernen; Entwicklung; Rechte des Kindes; Selbstbestimmung)?
- Wovon ist dieses Bild geprägt? Welche Aspekte meiner eigenen Biografie spielen eine Rolle?
- An welchen Stellen meiner Beratungsarbeit kommt dieses Bild vom Kind zum Tragen? Wie setze ich es um?
- Setze ich mich, gemessen an den übrigen „Interessenfeldern", genügend für die Interessen der Kinder ein?
- An welchen Stellen meiner Beratungsarbeit begegne ich den Interessen der Eltern?

- Welchen Stellenwert haben diese Interessen für mich? Wie berücksichtige ich sie?

(4) Wenn der Zeiger auf das Feld *Mitarbeiterinnen und Einrichtungen* weist:
- Was weiß ich über die Lage, Bedürfnisse, Probleme und Prioritäten dieser Zielgruppe?
- Woher bekomme ich meine Informationen? Wie systematisiere und dokumentiere ich sie?
- Welche Ziele habe ich für die Arbeit mit den Mitarbeiterinnen in den Einrichtungen?
- Welche Interessen tragen die Mitarbeiterinnen an mich heran?
- An welchen Stellen decken sich diese mit den Interessen der Kinder?
- Wie sehen die Mitarbeiterinnen meine Aufgabe und Funktion?
- Wie würden die Mitarbeiterinnen meinen Umgang mit ihnen beschreiben?
- Wie möchte ich mich selbst gern sehen im Umgang mit meiner Zielgruppe?

Versuchen Sie, mit Hilfe dieser Reflexionsfragen Ihre individuellen Schwerpunkte festzustellen! Versuchen Sie, Widersprüche, Widerstände, gemeinsame Interessen, Kooperationspartner in Ihrem Arbeitsfeld herauszufinden! Nutzen Sie dazu neben der individuellen Reflexion auch Gesprächsgelegenheiten mit Kolleginnen; initiieren Sie Gesprächs- und Arbeitskreise. Dabei werden Sie viele weitere Fragen finden, die Ihnen bei der Reflexion Ihres Arbeitsfeldes weiterhelfen. Lernen hört nie auf: Qualifizierung lohnt sich!

Copyright: K. Haucke, K. H. Wolf, 1996

Anhang B

Analysen und Konzepte aus den MFT-Kursen

Im Rahmen der Qualifizierungsmaßnahmen des MFT-Projektes haben die Teilnehmerinnen und Teilnehmer sich in Hausarbeiten mit bestimmten Themen auseinandergesetzt, um sie im Abschlußkolloquium als Broschüre, Faltblatt, Manuskript, Video, Diaserie und/oder moderationsweise zu präsentieren. Alle diese Themen waren selbstgewählt und aus der jeweiligen Situation des Praxisfeldes abgeleitet. Sie geben nur einen Ausschnitt der Kursinhalte wieder, aber die *Themenwahl* bietet einen anschaulichen Überblick über die aktuellen Themen der Kita-Landschaft in den neuen Bundesländern um 1995. Die Präsentation dieser Arbeiten vor dem Fachpublikum während des Abschlußkolloquiums war nicht immer mit einer dokumentierten Arbeitsform verbunden. Gleichwohl zeigen viele der schriftlich vorliegenden Arbeiten eine differenzierte Problemanalyse und entwickeln Lösungsansätze, die auch auf andere Arbeitsfelder übertragbar sind. Um die Arbeiten Interessierten aus der Fachöffentlickeit zugänglich zu machen, folgt hier ein thematisch orientiertes Verzeichnis mit Angaben zur Autorenschaft.

(Abkürzungen: AWO = Arbeiterwohlfahrt; DCV = Deutscher Caritasverband; DPWV = Deutscher Paritätischer Wohlfahrtsverband; DRK = Deutsches Rotes Kreuz; DW = Diakonisches Werk; JA = Jugendamt; KJA = Kreisjugendamt; LJA = Landesjugendamt; KV = Kreisverband; LV = Landesverband)

Mit Konzepten von *Fachberatung* setzen sich folgende Arbeiten auseinander:

„Handreichung für Fachberaterinnen in Kindertagesstätten"
  M. Hackl, JA Leipzig; M. Heckel, JA Zwickau; B. Koch, JA Leipzig; S. Nickel, JA Leipzig
„Fachberatung im Bereich Kindertagesbetreuung"
  E. Bartels, DW Schwerin; G. Behnke, JA Neubrandenburg; K. Beltz, Berlin, JA Marzahn; Dr. K. Heilmann, LJA Mecklenburg-Vorpommern, Neubrandenburg; M. Kosik, JA Neubrandenburg
„Eine Information für Erzieherinnen über Fachberatung"
  R. Briem, KJA Pritzwalk; H. Dollase, DRK LV Brandenburg, Potsdam; S. Giertz, AWO-KV Frankfurt/O; E. Sehmisch, KJA Zossen
„Praxisberatung am Beispiel verschiedener Arbeitsschwerpunkte"
  D. Butschke, KJA Oder-Spree, Beesko; G. Kleinert, JA Frankfurt/O;

H. Lasse, SOBAL-Projekt Fürstenwalde; I. Mütze, AWO-LV Brandenburg/ Cottbus; I. Peschel, KJA Oder-Spree, Beeskow; I. Walter, KJA Spree-Neisse-Kreis, Forst
„Fachberatung – heißes Eisen"
H. Huth, JA Weißenfels; R. Liebrecht, DRK KV Osterburg; P. Sroka, KJA Wanzleben; C. Zimmermann, DRK KV Weißenfels
„Ziele und Methoden einer ‚neuen' Fachberatung"
S. Eggert, JA Halle; V. Garzareck, JA Halle; M. Grünzig, JA Halle; S. Henning, Ev. Jacobusgemeinde Dessau
„Fachberatung öffentlicher und freier Jugendhilfe in Sachsen"
B. Holfert, KJA Dippoldiswalde; L. Jung, AWO-FLV Sachsen, Dresden; K. Kreschky, KJA Bautzen; U. Mehner, JA Dresden; H. Schimmank, KJA Kamenz; I. Wille, DW d. Ev. Luth. Landeskirche, Radebeul

Das Thema *Jugendhilfeplanung* behandeln die folgenden Arbeiten:

„Bedarfsplanung – Warum, wie, für wen?"
H. Groß, Gemeinde Kavertitz, B. Herbst, AWO-KV Stendal; M. Jenichen, KJA Wittenberg; C. Kuss, KJA Wittenberg
„Trägerberatung zur Konkretisierung der Bedarfsanalyse und Entwicklungsplanung"
S. Frank, JA Burg; I. Jagno, LJA Sachsen-Anhalt, Magdeburg; S. Lemme, KJA Salzwedel; R. Runow, JA Stendal; H. Stein, KJA Staßfurt
„Erfahrungen bei der strukturellen und inhaltlichen Entwicklung des Betreuungs- und Förderangebotes für behinderte und von Behinderung bedrohte Kinder vom 1. bis 6. Lebensjahr in der Stadt Magdeburg"
A. Nicolai, JA Magdeburg; B. Pieper, JA Magdeburg; M. Preim, JA Magdeburg

Folgende Arbeiten befassen sich mit der *Konzeptionsentwicklung* für Kindertagesstätten:

„Wege zur Konzeptionsentwicklung an praktischen Beispielen"
R. Baumann, KJA Altenburg; U. Böhm, Schulverwaltung Zeitz; A. Klaue, JA Wernigerode; M. Seeser, JA Naumburg; K. Senf, JA Gera; I. Umnuß, JA Merseburg
„Erarbeitung einer Fortbildungskonzeption zum situationsorientierten Ansatz"
R. Nessen, DRK KV Rudolstadt; E. Schulz, JA Erfurt; H. Schwarz, JA Jena; S. Tomaczek, Ev. Luth. Kirchengemeinde Sondershausen; M. Trenschka, JA Erfurt
„Offene Kindergartenarbeit – Konzept zur Durchführung einer Fortbildung"
S. Henning, AWO-KV Heiligenstadt; G. Heusing, AWO-KV Mühlhausen; U. Leubner, DRK KV Zittau; M. May, Verb. Ev. Kindergärten Erfurt
„Nicht für die Schule – für das Leben lernen wir"
R. Franck, Bezirksamt Hellersdorf, Berlin; R. Seeger, JA Jena; M. Tippelt, Kath. Pfarramt St. Marien, Halle; H. Wolf, BA Hellersdorf, Berlin

"Umwelterziehung in Kindertagesstätten"
I. Krasser, KJA Lobenstein; R. Pollack, KJA Schleiz; B. Preiser, KJA Greiz; H. Stumm, AWO Gera

Auf die *Rechte des Kindes* und die *Stellung von Kindern* in unserer Gesellschaft beziehen sich die Arbeiten:

"Du hast das Recht, so zu sein, wie Du bist"
M. Granz, Sächsisches Landesamt f. Familie und Soziales, Chemnitz; R. Keller, JA Mügeln; M. Lange, AWO-KV Reichenbach; S. Siegert, Sächsisches Landesamt f. Familie und Soziales, Chemnitz; E. Zöbisch, KJA Mittlerer Erzgebirgskreis, Marienberg

"Das Kind in unserer Zeit – was will es, was braucht es, wie geht der Kindergarten auf kindliche Bedürfnisse ein?"
M. Evers, Kath. Pfarramt Ludwigslust; U. Mewes, KJA Lübz; R. Schröder, KJA Ludwigslust; A. Weise, KJA Parchim; B. Westermann, Caritas Mecklenburg, Schwerin

"Kindheit heute"
E. Ibrom, AWO-KV Wittenberg; S. Lehmann, DRK KV Herzberg-Jessen; S. Montag, KJA Eisleben; R. Noack, KJA Köthen

"Stellung der Tageseinrichtungen für Kinder in der heutigen Zeit"
I. Buhtz, KJA Havelberg; D. Gensch, JA Salzwedel; M. Lenke, KJA Havelberg; M. Schartau, KJA Stendal

Mit der *Fortbildung und Beratung für Leiterinnen* befassen sich die Arbeiten:

"Weiterbildung für Leiterinnen von Kindertageseinrichtungen"
J. Körber, JA Magdeburg; G. Pöppe, JA Magdeburg

"Methoden der Gesprächsführung im Rahmen von Leitungsaufgaben"
A. Flurschütz, JA Suhl; I. Langguth, DW Sonneberg; G. Naundorf, KJA Sonneberg; H. Schönstein, KJA Hildburghausen

"Leiterinnenberatung zur Elternarbeit"
R. Neugebauer, Bezirksamt Hellersdorf, Berlin; U. Perner, Bezirksamt Hellersdorf, Berlin

"Kommunikation mit Eltern"
P. Dienemann, Johanniter-Unfallhilfe Nordhausen; C. Hederich, KJA Bad Salzungen; E. Hermsdorf, Jugendsozialwerk Nordhausen; B. Scheide, JA Leipzig

"Handreichung für die Leiterin"
G. Aurich-Kruse, DRK KV Greifswald; R. Jahrmärker, JA Malchin; G. Schult, KJA Röbel; U. Stoll, JA Weimar

"Arbeitshilfen für die Leitung einer Kindertageseinrichtung: Alles in Einem"
A. Arndt, LJA Mecklenburg-Vorpommern, Neubrandenburg; A. Helm, JA Neubrandenburg; B. Lehmann, KJA Ostvorpommern, Anklam; E. Löhr, Caritas Mecklenburg, Schwerin; K. Mörke, Diakonieverein des Kirchenkreises Malchin, Teterow

Folgende Arbeiten setzen sich mit Fragen der *Öffentlichkeitsarbeit* auseinander:

„Öffentlichkeitsarbeit sozialpädagogischer Einrichtungen"
S. Bauer, JA Gotha; S. Dönicke, JA Jena; A. Gehrmann, DCV Thüringen, Erfurt; H. Kussmann, Conrad-Martin-Haus, Bad Kösen; D. Weigel, Ursulinenkloster, Erfurt

„Öffentlichkeitsarbeit in den Kindertagesstätten"
U. Fischer, Schulverwaltungsamt Halberstadt; E. Kisser, Schulverwaltungsamt Halberstadt; M. Müller, Stadtverwaltung Haldensleben; I. Zech, Karmelitinnen v. goldenen Herzen Jesu, Halberstadt

„Öffentlichkeitsarbeit in der Kindertagesstätte"
E. Artmann, Kath. Kinderg. St. Elisabeth, Worbis; K. Brückner, Ev. Kirchenkreis Erfurt; B. Krause, KJA Krause; M. Waldmann, Caritasverband Thüringen, Erfurt; M. Wolf, Ev. Pfarramt Erfurt

„Öffentlichkeitsarbeit – Wir sind die Besten, aber keiner kennt uns"
U. Heiden, Amt f. Soziales u. Jugend, Schwerin; C. Jasmund, DRK KV Rostock; H. Riedel, KJA Nordwest-Mecklenburg, Grevensmühlen

„Wie sollte Öffentlichkeitsarbeit sein?"
S. Aßmann, JA Magdeburg; B. Behrens, KJA Halberstadt; J. Korzynietz, JA Magdeburg

Themen der *Altersmischung* und der *Betreuung von Hortkindern* sind in folgenden Arbeiten aufgegriffen:

„Die altersgemischte Gruppe – eine Chance für die Kinderbetreuung"
B. Baumann, KJA Uckermünde; M. Eichmann, ASB Neubrandenburg; I. Harz, AWO-KV Neubrandenburg; C. Hinz, LJA Mecklenburg-Vorpommern, Neubrandenburg

„Altersmischung – Ein Versuch, das Thema zu beleuchten"
S. Heyn, Amt f. Jugend u. Familie, Schwedt; J. Kienitz, JA Rostock; U. Köhler, Gemeinde Glienicke-Nordbahn; U. Paukewadt, Auf der Tenne e.V., Rostock; J. Pickut, AWO-KV Fürstenwalde; B. Wieczorek, LJA Brandenburg, Oranienburg

„Klein und Groß harmonisch und selbstbewußt unter einem Dach"
M. Birkigt, KJA Leipzig; W. Ewald, Volkssolidarität Leipzig-Land, Leipzig; Dr. U. Fucke, FU Berlin; S. Lucas, KJA Eilenburg; M. Nowusch, KJA Weißwasser; C. Pawlowsky, KJA Hoyerswerda; B. Sporbert, KJA Borna

„Horte für Kinder – Orte für Kinder – neue Strukturen in der Kindereinrichtung"
G. Mehnert, KJA Bad Langensalza; S. Preßler, KJA Mühlhausen; G. Rogowski, KJA Jena; U. Rüttinger, KJA Saalfeld; S. Scherer, KJA Heiligenstadt

„Hort – ein Ort für Kinder"
P. Frenzel, JA Dessau; M. Haschke, Gemeindeverwaltung Erkner; L. Kania, JA Pritzwalk; A. Pallartz, JA Straussberg; I. Tollenberg, JA Dessau

„Betreuung von Schulkindern in der Kindertagesstätte" (Faltblatt)
B. Beck, JA Arnstadt; S. Dudda, Ev. Luth. Kirchengemeinde Kesslar; G. Grauel, LJA Thüringen, Erfurt; A. Tetzel, Senatsverwaltung Jugend u. Familie, Berlin

„Ein Traum von einer Kindertagesstätte mit Hortbetreuung"
B. Kiesewalter, JA Leipzig; C. Nagel, Landesamt für Versorgung u. Soziales, Halle; M. Rauth, KJA Saalkreis, Halle; B. Rutkowski, JA Hohenmölsen

„Lebensräume für Kinder im Hortalter"
C. Höbel, Sächsisches Landesamt f. Familie u. Soziales, Chemnitz; M. Illguth, KJA Greiz; R. Klobe, AWO-KV Chemnitz; I. Melcher, JA Erfurt; S. Müller, KJA Pirna; U. Schönherr, DRK KV Marienberg

„Grundschulkinder in Tageseinrichtungen für Kinder"
S. Launer, KJA Saale-Holzlandkreis, Eisenberg; G. Roß, Pfarramt Neuenhof, Eisenach; E. Steinhäuser, JA Weimar; U. Uhlig, DW d. Ev. Luth. Landeskirche Sachsen, Radebeul

Die *Gestaltung der Innen- und Außenräume* in Kindertageseinrichtungen ist Kern der Arbeiten:

„Räume in Kindertagesstätten zu Orten für Kinder gestalten"
H. Jung, KJA Dahme-Spreewald, Lübben; R. Kunze, JA Cottbus; A. Rabe, AWO-LV Brandenburg, Frankfurt/O.; B. Raute, KJA Dahme-Spreewald, Lübben; H. Wetzk, JA Vetschau

„Die Gestaltung der Räume des Kindergartens als Lebens- und Erfahrungsraum für Kinder"
M. Kotyrba, KJA Wolmirstedt; H. Meier, KJA Haldensleben; G. Wichert, KJA Oschersleben; M. Wilke, Schulamt Oschersleben

„Verfahren zur Sensibilisierung von Erziehern zur bedürfnisorientierten Gestaltung von Räumen für Kinder"
B. Buchholz, Stadtverwaltung Velten; U. Henicke, Bezirksamt Hellersdorf, Berlin; M. Klengel, Bezirksamt Hellersdorf, Berlin; M. Krüger, KJA Templin

„Raumgestaltung in Kindertageseinrichtungen der Stadt Magdeburg"
M. Bauesfeld, JA Magdeburg; H. Orlamünder, JA Magdeburg; S. Rost, JA Magdeburg

„Freiflächengestaltung in Kindertagesstätten"
C. Eisenhardt, JA Torgau; M. Grundmann, JA Bernburg; B. Jentzsch, KJA Delitzsch; A. Ultsch, JA Leipzig

„Der naturnahe Spielplatz als erweiterter Lebensraum für Kinder"
H. Barteld, Dez. f. Bildung, Kultur u. Sport Staßfurt; R. Ducke, Landesamt f. Versorgung u. Soziales Sachsen-Anhalt, Halle; B. Fienhold, Landesamt f. Versorgung u. Soziales Sachsen-Anhalt, Halle; E. Nitsche, JA Schönebeck; A. Pissarek, Landesjugendamt Sachsen-Anhalt, Magdeburg

„Darstellung einer Fortbildung... zum Thema naturnahe Spielräume"
P. Betz, KJA Ilmkreis, Ilmenau; C. Eichler, AWO-KV Arnstadt; S. Hevesi, KJA Arnstadt; K. Jakob, AWO-KV Erfurt, C. Kleinicke, AWO-KV Wartburgkreis, Eisenach

Mit Aspekten der *medialen Arbeit* im Rahmen der Kita-Konzeption befassen sich folgende Arbeiten:

„Entwicklung der Sinne durch die Arbeit mit Kindern im musikalischen Bereich (Handreichung für Erzieherinnen)"
    I. Goblirsch, KJA Weißenfels; G. Hartmann, KJA Burgenlandkreis, Außenstelle Zeitz; H. Hansen, KJA Burgenlandkreis, Naumburg; M. Joachim, Gemeindeverwaltung Bornum; G. Keck, KJA Hohenmölsen

„Durch Musik Momente der Ruhe empfinden (Konzept einer Fortbildung für Erzieherinnen)"
    G. Merkel, JA Zittau; E. Reinicke, DRK KV Bautzen

„Psychomotorik im Kindergarten"
    R. Rickert, AWO-KV Quedlinburg; H. Stagge, AWO-KV Bad Langensalza; S. Tragboth, AWO-LV Thüringen, Erfurt

„Mit allen Sinnen die Umwelt entdecken, erleben und gestalten"
    E. Dörfler, KJA Plauen; K. Kreisch, KJA Spree-Neisse-Kreis, Forst; B. Kunze, KJA Westlausitz, Dresdener Land, Kamenz; I. Leutelt, KJA Leipziger Land, Leipzig; K. Schulze, AWO-KV Oberlausitz, Löbau

„Kinder und Konsum"
    A. Schwarzlose, DRK KV Magdeburg; I. Spindler, KJA Jerichower Land, Burg; M. Stellfeld, JA Bernburg; U. Vierig, Ev. Luth. Kirchengemeinde Lobeda, Jena-Lobeda; H. Wenzel, KJA Anhalt-Zerbst, Zerbst

„Hilfe, die Power-Rangers kommen"
    K. Melcher, Johaniter-Unfallhilfe Magdeburg; K. Loth, JA Halle; A. Trautmann, JA Halle

„Kreativ-Workshop Alles mit Papier (Konzeption einer Fortbildungsveranstaltung)"
    B. Kleiner, Landeskrankenhaus Uchtspringe-Altmark; A. Semmler, JA Bernburg;

Weitere Themen der Fachberatung:

„Beratungsfehler"
    S. Buche, Auf der Tenne e.V. Rostock; S. Lühnsdorf, Kindertagesstättenwerk e.V., Wittenberg, I. Rohrmann, JA Rostock; P. Trollius, JA Wittenberg

„Handreichung für Träger und Leiterinnen zur Erteilung der Betriebserlaubnis für Kindertageseinrichtungen"
    R. Lietz, KJA Schwarzenberg; H. Möbius, KJA Hohenstein-Ernstthal; M. Müller, Stadtverwaltung Oderan; C. Schuffenhauer, JJA Freiberg/Sachsen

„Unser Kind kommt zur Schule, aber ..."
    R. Deuber, JA Leipzig; A. Hielscher, DRK KV Leipzig; K. Kunze, JA Leipzig; B. Paatz, JA Leipzig; G. Stollberg, JA Leipzig

„Wie wir zu Frauen und Männern gemacht werden – Handreichung für Erzieherinnen"
A. Heinrich, DPWV Frankfurt/O.; F. Heinze, Bezirksamt Hellersdorf, Berlin; M. Körner, Bezirksamt Hellersdorf, Berlin; M. Lippske, DPWV-Landesverband Brandenburg, Potsdam; E. Pollähn, DPWV-Landesverband Brandenburg, Potsdam

Anhang C

Mitwirkende im Projekt „Multiplikatoren-Fortbildung Tageseinrichtungen für Kinder"

Mitglieder des MFT-Kuratoriums[1] und des MFT-Fachbeirates:

Diedrich, U., Jugendamt der Stadt Krefeld
Diller-Murschall, I., Arbeiterwohlfahrt Bundesverband e.V., Bonn[1]
Diskowski, D., Ministerium für Bildung, Jugend u. Sport Brandenburg, Potsdam[1]
Donath, U., Dr., Senatsverwaltung für Jugend und Familie, Berlin
Engelhard, D., Bundesministerium für Familie, Senioren, Frauen und Jugend, Bonn[1]
Gross, F., Zentralwohlfahrtsstelle der Juden in Deutschland e.V., Berlin[1]
Hartmann, U., Deutscher Caritasverband e.V., Berlin
Heilmann, K., Dr., Landesjugendamt Mecklenburg-Vorpommern, Neubrandenburg
Heitkamp, H., Prof., Hochschule für Technik, Wirtschaft und Sozialwesen, Görlitz
Hoven, v., G., Dr., Landesamt für Versorgung und Soziales Sachsen-Anhalt, Halle
Irskens, B., Deutscher Verein für öffentliche und private Fürsorge, Frankfurt
Knauer, J., Deutscher Städtetag, Köln[1]
Krebs, A., Sächsisches Staatsministerium für Soziales, Gesundheit und Familie, Dresden[1]
Krenz, K., Kultusministerium des Landes Mecklenburg-Vorpommern, Schwerin[1]
Kroll, S., Kath. Fachhochschule Berlin
Krüger, F., Jugendamt der Stadt Bergisch Gladbach[1]
Landenberger, G., Dr., Sozialpädagogisches Fortbildungswerk d. Landes Brandenburg
Ledig, M., Deutsches Jugendinstitut, München
Lindlahr, K., Deutscher Landkreistag, Bonn[1]
Lübking, U., Deutscher Städte- und Gemeindebund, Düsseldorf[1]
Mertens, L., Kultur- und Sozialamt Ilmenau
Michel, H., Ministerium für Soziales und Gesundheit, Erfurt[1]
Mörsberger, H., Deutscher Caritasverband e.V., Freiburg[1]
Müller, A., Deutsches Rotes Kreuz, Generalsekretariat, Bonn[1]
Nagel, B., Dr., Staatsinstitut für Frühpädagogik und Familienforschung, München

Schauwecker-Zimmer, H., Sächs. Staatsministerium f. Soziales, Gesundheit u. Familie, Dresden
Schleimer, S., Kultusministerium des Landes Mecklenburg-Vorpommern, Schwerin
Schock, R., Senatsverwaltung für Jugend und Familie, Berlin[1]
Uslar, v., G., Der Paritätische Wohlfahrtsverband, Gesamtverband, Frankfurt[1]
Wagner, I., Diakonisches Werk Hessen-Nassau, Frankfurt
Weßels, M., Der Paritätische Wohlfahrtsverband, Gesamtverband, Frankfurt[1]
Westphal, I., Ministerium f. Arbeit, Soziales und Gesundheit Sachsen-Anhalt, Magdeburg[1]
Wildt, G., Diakonisches Werk der Ev. Kirche in Deutschland, Stuttgart[1]
Wunderlich, T., Deutscher Caritasverband e.V., Freiburg[1]

Moderatorinnen und Moderatoren[2], Supervisorinnen und Supervisoren[3], Referentinnen und Referenten:

Heidi Arnold, Berlin[3]
Erdmute Bartels, Schwerin
Bernd Bienek, Berlin[3]
Peter Blum, Dingelstädt[3]
Dr. Ingeborg Brückner, Magdeburg
Dr. Renate Buch, Templin
Dr. Martin Creutzburg, Gotha[3]
Gertrud Dempwolf, Bonn
Ilsa Diller-Murschall, Bonn
Detlef Diskowski, Potsdam
André Dupuis, Berlin[2]
Ulrike Edelhoff, Berlin
Steffi Engelstätter, Weimar
Hans Fritz, München
Klaus-D. Gens, Berlin[3]
Dr. Axel Goldmann, Brandenburg
Dr. Dietrich Graf, Berlin[3]
Bernadette Grawe, Warburg[3]
Christa Grüber, Köln
Joachim Harbig, Erfurt[3]
Marei Hartlaub, Frankfurt[2]
Karl Haucke, Falkensee / Köln
Anne Heck, Berlin[2]
Barbara Heider, Leipzig[3]
Dr. Karola Heilmann, Neubrandenburg
Dr. Hilmar Hoffmann, Dortmund[2]
Marianne Hoppe, Cottbus[3]
Beate Irskens, Frankfurt
Dr. Ulrike Jänicke[3]

Frank Jansen, Freiburg
Prof. Marie-E. Karsten, Lüneburg
Paul Kersting, Fulda[3]
Steffi Klauke, Berlin[2]
Detlef Kölln, Lübeck[2]
Michaela Kosik, Neubrandenburg
Klaus-P. Krahl, Erzhausen[3]
Axel Kreth, Hamburg
Dr. Sylvia Kroll, Berlin[2]
Dr. Karin Krug, Berlin[3]
Angelika Kruschat, Berlin[3]
Doris Kunze, Fürstenwalde
Uta Langer, Bautzen[3]
Michael Ledig, München
Prof. Ilse Lehner, Berlin[2]
Silvia Lenz, Berlin
Michael Lerchner, Kiel
Birgit Ludwig-Schieffers, Köln
Prof. Wolfgang Mahlke, Wehrbach-Brunntal
Prof. Wolf-D. Mayer, Berlin
Klaus Martens, Berlin[3]
Fred Mente, Lübeck
Heidrun Mönicke, Cottbus[2]
Frank Mühlinghaus, Berlin[2]
Olieta Mumme, Köln
Marion Musiol, Halle
Dr. Bernhard Nagel, München
Karola Nowara, Cottbus
Ludger Pesch, Berlin[2]

Angelika Peter, Potsdam
Angelika Pfleger, Berlin
Ingrid Pickel, Düsseldorf[2]
Dr. Christa Preissing, Berlin[2]
Roger Prott, Berlin
Gudrun Prüfer, Kleinmachnow[2]
Peter Richter-Rose, Berlin[3]
Heinrike Schauwecker-Zimmer[2]
Silvia Schleimer, Schwerin/Mainz[2]
Gabriele Schmidt, Hof
Julitta Schönacker-Seitzer, Sinntal[2]
Dr. Wolfgang Schroeder, Wechselburg[3]
Ina Schütt, Güstrow[3]
Monika Schwendt, Berlin[3]
Thomas Seitz, Berlin[3]
Verena Sommerfeld, Berlin[2]
Petra Sperling, Berlin[2]
Bärbel Stooß, Potsdam
Gisela Thomas, Dresden
Hannelore Thuß, Chemnitz
Heide Trautwein, Hamburg[2]
Klaus Ulbrich, Leipzig
Dr. Sibylle Ulbrich, Berlin[3]
Rosemarie Vorkastner, Nauen
Andrea Voss, Berlin
Juanita Werner, Berlin[3]
Inge Westphal, Magdeburg
Gerda Wichtmann, Eichenzell[2]
Peter Witzel, Hildburghausen[3]
Karl-H. Wolf, Hamm
Theresia Wunderlich, Freiburg

Autorinnen und Autoren des vorliegenden Bandes

Jochem Baltz, Dipl. Sozialarbeiter/Sozialpädagoge, Jurist, Frankfurt
André Dupuis, Dipl. Pädagoge, Berlin
Dorothee Engelhard, M. A., Leiterin des Referates Allgemeine Fragen der Kindheit/Tageseinrichtungen im Bundesministerium für Familie, Senioren, Frauen und Jugend, Bonn
Ursula Hartmann, Erzieherin, Dipl. Sozialpädagogin, Dipl. Pädagogin, Berlin
Karl Haucke, Dipl. Sozialpädagoge, Falkensee / Köln
Hilmar Hoffmann, Dr. phil., Dortmund
Detlef Kölln, Dipl. Pädagoge, Lübeck
Roswita Kunze, Erzieherin, Dipl. Pädagogin, Cottbus
Birgit Ludwig-Schieffers, Erzieherin, Dipl. Sozialarbeiterin, Heilpädagogin, Köln
Birgit Mallmann, Dipl. Sozialwissenschaftlerin, Berlin
Heide Michel, Referatsleiterin im Thüringer Ministerium für Soziales u. Gesundheit, Erfurt
Frank Mühlinghaus, Dipl. Sozialpädagoge, Dipl. Pädagoge, Berlin
Marion Musiol, Dipl. Pädagogin, Halle
Ingrid Pickel, Dipl. Pädagogin, Supervisorin, Düsseldorf
Annemarie Schinke, Erzieherin, Wernigerode
Thomas Seitz, Dipl. Sozialarbeiter, Dipl. Psychologe, Supervisor, Familientherapeut, Berlin
Verena Sommerfeld, Pädagogin, Supervisorin, Berlin
Gabi Struck, Dipl. Agraringenieurin, Organisationsberaterin, Berlin
Karl-H. Wolf, Dipl. Sozialarbeiter, Studiendirektor, Hamm

Die Herausgeber

Ilsa Diller-Murschall, Dipl. Sozialarbeiterin, ist Abteilungsleiterin beim Bundesverband der Arbeiterwohlfahrt e.V., Bonn, und war Vorsitzende des Kuratoriums des Projektes „Multiplikatoren-Fortbildung Tageseinrichtungen für Kinder".

Karl Haucke, Dipl. Sozialpädagoge, war Geschäftsführer des Projektes „Multiplikatoren-Fortbildung Tageseinrichtungen für Kinder", Falkensee.

Anne Breuer, Lehramt Sozialwissenschaften Sek. II, Berlin, war stellvertretende Geschäftsführerin des Projektes „Multiplikatoren-Fortbildung Tageseinrichtungen für Kinder".

Anhang D

Literatur zur Fachberatung in Kindertageseinrichtungen

Das Literaturverzeichnis bietet eine nach derzeitigem Kenntnisstand vollständige Liste der bisher vorliegenden Veröffentlichungen, die sich konkret auf Fachberatung im Kindertagesstättenbereich beziehen. Systematisch recherchiert wurde zurück bis 1970, d. h. bis zum Beginn der ersten Reformphase im Kindergartenbereich (BRD); in der für das Kindergartenwesen der DDR maßgeblichen Fachzeitschrift *Neue Erziehung im Kindergarten* wurde zurück bis 1972 recherchiert. Die Verteilung der Fundstellen auf die Jahre 1970 bis 1996 ist aufschlußreich.

Der erste Beitrag zur Fachberatung in der BRD wurde in einer Veröffentlichung aus dem Jahre 1976 gefunden (Budde, *Welt des Kindes 3/76*), d. h. zum Zeitpunkt der Beendigung des bundesweiten Modellversuchs Vorklasse – Kindergarten (1970–1975). Im Jahr 1977 erschien in der DDR ein zusammenfassender Beitrag (Mauersberger u. a., *Neue Erziehung im Kindergarten 1/77*), der als Reaktion aus der Beratungspraxis auf die *Anweisungen zum Einsatz von Fachberatern... (Ministerium für Volksbildung, 1975)* eingeordnet werden kann. Danach gab es bis 1983 maximal drei Beiträge in Fachzeitschriften oder Anthologien jährlich, bis 1990 nie mehr als sechs Beiträge pro Jahr. Ausnahmen dabei sind die Jahre 1979 (9 Beiträge) und 1985 (14 Beiträge). Hier ist es einzelnen Fachzeitschriften zu verdanken, daß das Thema Fachberatung in die Diskussion nach der Reformphase eingebracht wurde *(Theorie und Praxis der Sozialpädagogik, Heft 4/1979; Welt des Kindes, Heft 4/1985; Sozialpädagogische Blätter, Heft 6/1985)*.

Einen Boom erlebte das Thema Fachberatung in der Literatur nach 1991 (1992: 36 Beiträge; 1993: 21; 1994: 32; 1995: 40; 1996: 53). Dies ist als Reflex auf die Qualitätsdiskussion zu sehen, die auf den Bereich der Jugendhilfe zukam; damit einher geht eine neue Ausrichtung der Beiträge in Richtung Organisationsentwicklung einerseits, Supervision andererseits. Gleichzeitig spiegelt sich hier wider, daß die neuen Bundesländer als Markt für Beratungsangebote und Reflexion von Beratungsgeschehen entdeckt wurden. Auch der Fachberaterkongreß „Mit uns auf Erfolgskurs" des Deutschen Vereins für öffentliche und private Fürsorge (1995) und die Aktivitäten des Projektes „Multiplikatoren-Fortbildung Tageseinrichtungen für Kinder" sind Auslöser für eine Vielzahl der Beiträge.

Andres, B.: Impulse aus Brandenburg – Ein Modellprojekt zur Weiterentwicklung von Pädagogik und Beratung in Kindereinrichtungen, KiTa aktuell MO 11/1994

Arbeiterwohlfahrt Bundesverband e.V. (Hrsg.): Stadtteilorientierte Fachberatung von Kindertagesstätten, München 1984

Arbeiterwohlfahrt Bundesverband e.V. (Hrsg.): Fachberatung in Tageseinrichtungen für Kinder, Stellungnahme, Bonn 1993

Arbeiterwohlfahrt Bundesverband e.V. (Hrsg.): Zur Fachberatung in Tageseinrichtungen für Kinder, Stellungnahme 1986, in: Hoffmann, H.: Der Kindergarten der Arbeiterwohlfahrt – Geschichte, Gegenwart, Zukunftsperspektiven, Bonn 1989

Arbeiterwohlfahrt Bundesverband e.v.: Fachberatung in Tageseinrichtungen für Kinder, in: Forum Jugendhilfe 1/1994

Arbeitsgemeinschaft der Spitzenverbände der Freien Wohlfahrtspflege des Landes Nordrhein-Westfalen (Hrsg.): Konzeption über Ziele, Aufgaben und Organisation von Fachberatung in Tageseinrichtungen für Kinder, Essen 1980

Arbeitsgemeinschaft der Spitzenverbände der Freien Wohlfahrtspflege des Landes Nordrhein-Westfalen (Hrsg.): Ziele, Aufgaben und Organisation von Fachberatung in Tageseinrichtungen für Kinder, o.O. 1981

Arbeitsgemeinschaft für Jugendhilfe: Fachberatung für Kindertageseinrichtungen – eine unverzichtbare Leistung für Erzieherinnen und Träger Stellungnahme 1987, in: Arbeitsgemeinschaft für Jugendhilfe (Hrsg.): Zur Situation gegenwärtiger Kindergartenerziehung, Bonn 1991

Arbeitsgruppe kommunaler Fachberaterinnen: Leitbild der kommunalen Fachberatung für Kindertageseinrichtungen, in: Nachrichtendienst des Deutschen Vereins 1/1997

Averkamp, M.: Pädagogische Sachbearbeitung in Berlin (West), in: Irskens, B./Engler, R. (Bearb.): Fachberatung zwischen Beratung und Politik – Eine kritische Bestandsaufnahme, Materialien für die sozialpädagogische Praxis Nr. 23, Frankfurt/M., 1992

Baltz, J.: Fachberatung für Tageseinrichtungen für Kinder nach dem KJHG – Pflichtaufgabe oder ‚freiwillige' Aufgabe der Jugendhilfe?, in: Nachrichtendienst des Deutschen Vereins, 6/1996

Barath, G. u.a: Lebenslanges Lernen, in: Hessisches Sozialministerium (Hrsg.): Erziehen als Beruf, Wiesbaden o.J.

Bartels, E./Behnke, G./Beltz, K./Heilmann, K./Kosik, M.: Fachberatung im Bereich Kindertagesbetreuung – Informationsschrift für die Praxis, Schwerin 1994

Bartels, E.: Ein entschiedenes Jain: Historisches und Zukünftiges, in: Devivere, v., B. (Bearb.): Fachberatung im gesellschaftlichen Wandel, Sonderheft ‚Theorie und Praxis der Sozialpädagogik' (TPS-Extra) 16, Bielefeld 1994

Bauer, S.: Fachberatung in den Kreisjugendämtern Thüringens – Derzeitige Situation und Problemlage, in: KiTa aktuell MO 5/1995

Baum, S./Klebingat, I./Müller, B.: Das Kleid der Fachberaterin – Fortbildung in der Diakonischen Akademie, in: Theorie und Praxis der Sozialpädagogik 2/1995

Bayerisches Staatsministerium für Unterricht, Kultus, Wissenschaft und Kunst: Aufgaben der Regierungen im Kindergartenbereich (Diskussionsgrundlage)/Aufgabenfelder der Fachberater/innen der bayerischen Regierungen, in: Oberhuemer, P.: Fachberatung für Tageseinrichtungen für Kinder in Bayern – Bestandsaufnahme und Anregungen zur Weiterentwicklung. Ergebnisbericht aus dem ‚Arbeitskreis Fachberatung' am Staatsinstitut für Frühpädagogik, München 1995

Behnke, G./Kamps, M./Helm, A.: Fachberatung in der Diskussion, in: Hort heute 4/1993

Behnke, G./Kosik, M.: Fachberatung heute – Ein traditioneller Begriff mit neuem Inhalt, in: KiTa aktuell MO 2/1995

Behrends, I.: Fachberatung in der Diskussion – Gespräch mit B. Irskens, in: Hort heute 2/1993

Berg, U.: Die Fachberaterin aus der Sicht des Trägers, in: Theorie und Praxis der Sozialpädagogik 4/79

Berger, I./Colberg-Schrader, H./Krug, M./Wunderlich, Th. (Hrsg.): Kollegiale Beratung – Chance zur Erweiterung des Berufsbildes, in: Berger, I. u. a. (Hrsg.): Landkindergärten, Freiburg 1992, S. 338–340

Berger, I./Colberg-Schrader, H./Krug, M./Wunderlich, Th.: Fachberatung neu befragt, in: Berger, I. u. a. (Hrsg.): Landkindergärten, Freiburg 1992, S. 340–342

Berger, I./Colberg-Schrader, H./Krug, M./Wunderlich, Th. (Hrsg.): Anstöße zur Weiterentwicklung der verbandlichen Fachberatungskonzeption, in: Berger, I. u. a. (Hrsg.): Landkindergärten, Freiburg 1992, S. 342–343

Beuthel, H.: Supervision, Praxisanleitung, Praxisberatung – Anmerkungen zur Begriffsbestimmung und -abgrenzung, in: Blätter der Wohlfahrtspflege 5/1975

Brandes, B.: Problemfeld Fachberatung, in: KiTa aktuell ND 8/1995

Briem, R./Dollase, H./Giertz, S./Sehmisch, E.: Eine Information für Erzieherinnen über Fachberatung, Manuskript aus dem Projekt Multiplikatoren-Fortbildung Tageseinrichtungen für Kinder, Schwerin 1994

Bringewald, U.: Bin ich nur eine Feuerwehr? – Aus dem Tagebuch eines Fachberaters, in: Welt des Kindes 4/85

Budde, J.: Fachberatung im Kindergarten, in: Welt des Kindes, 3/1976

Bundesarbeitsgemeinschaft der Freien Wohlfahrtspflege/Bundesvereinigung der kommunalen Spitzenverbände (Hrsg.): Multiplikatoren-Fortbildung Tageseinrichtungen für Kinder ‚MFT', (Projektinformation) Falkensee, o.J. (1993)

Bundesministerium für Familie, Senioren, Frauen und Jugend (Hrsg.): Bericht über die Situation der Kinder und Jugendlichen und die Entwicklung der Jugendhilfe in den neuen Bundesländern – Neunter Jugendbericht, Bundestagsdrucksache 13/70, Bonn 1994, S. 513 ff.

Bundesvereinigung Evangelischer Kindertagesstätten e.V. (Hrsg.): Beiträge zur Qualifizierung von Fachberatern/-innen, Stuttgart 1992

Caritasverband für die Erzdiözese Trier e.v. (Hrsg): Fachberatungskonzeption, Freiburg 1996

Collberg-Schrader, H./Behrens, C./Diller-Murschall, I. u. a.: Erfahrungen von Fachberatern, in: Projektgruppe Ganztagseinrichtungen: Leben und Lernen in Kindertagesstätten – Bericht über ein kooperatives Projekt des Deutschen Jugendinstituts und der Arbeiterwohlfahrt, München 1984

Dempwolf, G.: Qualifizierung lohnt sich! – Rede anläßlich der Abschlußveranstaltung des Projektes ‚Multiplikatoren-Fortbildung Tageseinrichtungen für Kinder', Pressemitteilung des Bundesministeriums für Familie, Senioren, Frauen und Jugend, 4. Juni 1996

Deneke, K./Hollmann, E.: Zur Entwicklung einer Konzeption für die Fort- und Weiterbildung in der Fach-/Praxisberatung im Kindertagesstättenbereich, in: Nachrichtendienst des Deutschen Vereins, 9/1977

Dengler-Bensmann, D.: Beratungsfassade. Nachdenkliches zu einem Berufsbild, in: Welt des Kindes 3/1990

Dengler-Bensmann, D.: Thesen zum Thema ‚Konzept Fachberatung', in: Bundesvereinigung Evangelischer Kindertagesstätten e.V. (Hrsg.): Beiträge zur Qualifizierung von Fachberatern/-innen, Stuttgart 1992

Deutsches Rotes Kreuz (Präsidium) (Hrsg.): Fachberatung für DRK-Kindertageseinrichtungen – Standortbestimmung, Stellungnahme, Bonn 1994

Devivere, v., B. (Bearb.): Fachberatung im gesellschaftlichen Wandel, Sonderheft ‚Theorie und Praxis der Sozialpädagogik' (TPS-Extra) 16, Bielefeld 1994

Devivere, v., B./Irskens, B. (Bearb.): Mit uns auf Erfolgskurs. Fachberatung in Kindertagesstätten – Kongreßdokumentation, Materialien für die sozialpädagogische Praxis Nr. 26, Frankfurt/M 1996

Devivere, v., B.: Perspektiven in der Professionalisierung, in: Devivere, v., B. (Bearb.): Fachberatung im gesellschaftlichen Wandel, Sonderheft ‚Theorie und Praxis der Sozialpädagogik' (TPS-Extra) 16, Bielefeld 1994

Devivere, v.,B.: Interviews à la Updike – Interviews mit zu wenig bekannten Fachberaterinnen, in: Devivere, v., B./Irskens, B. (Bearb.): Mit uns auf Erfolgskurs. Fachberatung in Kindertagesstätten – Kongreßdokumentation, Materialien für die sozialpädagogische Praxis Nr. 26, Frankfurt/M. 1996

Diakonisches Werk Hessen-Nassau (Hrsg.): Fachberatung für evangelische Kindertagesstätten, Faltblatt, Frankfurt o.J.

Diergarten-Hamm, A.: Bei mir macht Christoph das nie – Aus der Praxis einer Balint-Gruppe für Erzieher, in: Welt des Kindes 4/1985

Diller-Murschall, I./Haucke, K.: Qualifizierungsprojekt für Frauen in den neuen Bundesländern erfolgreich beendet, Pressemitteilung zur Abschlußveranstaltung des Projektes ‚Multiplikatoren-Fortbildung Tageseinrichtungen für Kinder', Potsdam, 5.6.1996

Diller-Murschall, I./Kellner, M./Merkel, B.: Zum Selbstverständnis von Fachberatung für den Bereich ‚Tageseinrichtungen für Kinder' , Unv. Tagungsbericht, Bonn 1992

Dörfel, C.: Vernetzung als Aufgabe von Fachberatung – Dritte Fachberatungswerkstatt in Wiesbaden, in: Theorie und Praxis der Sozialpädagogik 2/1995

Dübjohann, M./Felder, M./Frieling, I./Jansen, F./Manderscheid, H./Milkau-Schwämmle, G.: Fachberatung für katholische Tageseinrichtungen für Kinder – eine Reflexionshilfe zur Weiterentwicklung des Selbstverständnisses von Fachberatung und ihrer Bedingungen in den Diözesen, Freiburg 1993

Edding, C.: Supervision, Teamberatung, Organisationsentwicklung – Ist denn wirklich alles dasselbe?, in: Supervision 7/1985

Eitzenberger, P.: Und plötzlich war ich Fachberaterin. ‚burn out' – oder da war doch was, in: Welt des Kindes 2/1995

Ehrhardt, A.: Aspekte der Entwicklungsgeschichte eines typischen Frauenberufes – Von der Eingriffsverwaltung zum Dienstleistungsangebot, in: Devivere, v., B./Irskens, B. (Bearb.): Mit uns auf Erfolgskurs. Fachberatung in Kindertagesstätten – Kongreßdokumentation, Materialien für die sozialpädagogische Praxis Nr. 26, Frankfurt/M 1996

Engler, R.: Anforderungsprofile an Fachberatung: Schlüssel- und Spezialqualifikationen, in: Devivere, v., B./Irskens, B. (Bearb.): Mit uns auf Erfolgskurs. Fachberatung in Kindertagesstätten – Kongreßdokumentation, Materialien für die sozialpädagogische Praxis Nr. 26, Frankfurt/M 1996

Engler, R.: Frauenbewegung und Fachberatung, in: Devivere, v., B. (Bearb.): Fachberatung im gesellschaftlichen Wandel, Sonderheft ‚Theorie und Praxis der Sozialpädagogik' (TPS-Extra) 16, Bielefeld 1994

Erath, P.: Entlastung und Vernetzung – Katholische Kindertagesstätten als Teil der kommunalen Infrastruktur für Kinder und Familien, in: Rundbrief des Bayerischen Landesverbandes für Kindertagesstätten e.V., München 1991

Erath, P.: Fit für neue Aufgaben. Das Konzept der Fachberatung – wie dienlich ist es der Weiterentwicklung in der Praxis?, Welt des Kindes 5/1996

Fatzer, G./Eck, C.D. (Hrsg.): Beratung und Supervision, Köln 1990

Figiel, A.: Zur Entwicklung meines Beratungsverständnisses, in: Devivere, v., B./Irskens, B. (Bearb.): Mit uns auf Erfolgskurs. Fachberatung in Kindertagesstätten – Kongreßdokumentation, Materialien für die sozialpädagogische Praxis Nr. 26, Frankfurt/M. 1996

Fischer, E./Lehmenkühler-Leuschner, A.: ‚Muß ich wirklich Ahmeds Schuhe suchen?'- Supervision für Erzieherinnen: Hilfestellung oder Belastung?, in: Welt des Kindes 4/85

Forum Jugendhilfe (Red.): Mit uns auf Erfolgskurs – Erster bundesweiter Kongreß zur Fachberatung für Kindereinrichtungen..., in: Forum Jugendhilfe 4/1995

Frank, S./Jagno, I./Lemme, S./Runow, R./Stein, H.: Trägerberatung zur Konkretisierung der Bedarfsanalyse und Entwicklungsplanung eines Landkreises, Manuskript im Rahmen des Projektes Multiplikatoren-Fortbildung Tageseinrichtungen für Kinder/MFT, 1995

Fritz, A./Schmidt, E.: Team auf Zeit – Zusammenarbeit mit der Fachberatung, in: Welt des Kindes 3/1990

Führer-Lamberty, U.: Was erwarten die Kindergärten von der Fachberaterin?, in: Theorie und Praxis der Sozialpädagogik 4/79

Fürstberger, M./Müller, H.: Fachberatung für Kindertagesstätten, in: Sozialpädagogische Blätter 6/1985

Galli, G.: Gedanken zur Fachberatung aus der Sicht der Kindergartenpraxis, in: KiTa aktuell BW 6/1991

Garzarek, V./Eggert, S./Grünzig, M./Henning, S.: Erfahrungsbericht zu Zielen und Methoden einer ‚neuen' Fachberatung, Manuskript im Rahmen des Projektes Multiplikatoren-Fortbildung Tageseinrichtungen für Kinder/ MFT, Gera 1995

Giese, C.: Wie ich als Fachberaterin die Vorbereitung und Durchführung der Weiterbildung in den Kindergärten meines Territoriums unterstütze, in: Neue Erziehung im Kindergarten 1/83

Ginkel, M.: Sind Ratschläge auch Schläge? – Welche Vorstellungen verbinden Erzieherinnen mit ‚kollegialer Beratung?', in: Welt des Kindes 4/85

Glaser, K./Krahl, K.P.: Konzeptionelle Entwicklung von regionalisierter Fortbildung und Beratung im Kindertagesstättenbereich, Unv. Diplomarbeit an der Gesamthochschule Kassel, 1987

Göller, M.: Mit uns auf Erfolgskurs – Was leistet Fachberatung?, in: Forum Jugendhilfe 1/1996

Greese, D.: Aufgaben und Grundlagen der Fachberatung nach dem KJHG, in: Irskens, B./Engler, R. (Bearb.): Fachberatung zwischen Beratung und Politik – Eine kritische Bestandsaufnahme, Materialien für die sozialpädagogische Praxis Nr. 23, Frankfurt/M. 1992

Greese, D.: Trägererwartungen an Fachberatung, in: Devivere, v., B./Irskens, B. (Bearb.): Mit uns auf Erfolgskurs. Fachberatung in Kindertagesstätten – Kongreßdokumentation, Materialien für die sozialpädagogische Praxis Nr. 26, Frankfurt/M. 1996

Günder, R.: Was ist eigentlich Fachberatung? Fachberatung im Kindergarten, in: Welt des Kindes 5/80

Hackl, M./Heckel, M./Koch, B./Nickel, S.: Handreichung für Fachberaterinnen in Kindertageseinrichtungen, Manuskript im Rahmen des Projektes Multiplikatoren-Fortbildung Tageseinrichtungen für Kinder/MFT, Lichtenwalde 1994

Härtzsch, S.: Konzeption der Fachberatung in Baden, in: Theorie und Praxis der Sozialpädagogik 4/79

Hallendorff, I.: Fachberatung für Kindertageseinrichtungen in Schweden, in: Devivere, v., B./Irskens, B. (Bearb.): Mit uns auf Erfolgskurs. Fachberatung in Kindertagesstätten – Kongreßdokumentation, Materialien für die sozialpädagogische Praxis Nr. 26, Frankfurt/M. 1996

Hanke, F./Herzer, M.: Personalentwicklung und Organisationsentwicklung in der Kindertagesstätte – Herausforderung und Entwicklungschance für FachberaterInnen, in: Devivere, v., B./Irskens, B. (Bearb.): Mit uns auf Erfolgskurs. Fachberatung in Kindertagesstätten – Kongreßdokumentation, Materialien für die sozialpädagogische Praxis Nr. 26, Frankfurt/M. 1996

Hanselmann, P.G./Gschwend, U. u. a.: Sozialpädagogisches Selbstverständnis und verbandliches Anforderungsprofil Fachberatung, in: Bundesvereinigung Evangelischer Kindertagesstätten e.V. (Hrsg.): Beiträge zur Qualifizierung von Fachberatern/-innen, Stuttgart 1992

Hanselmann, P.G./Vollertsen-Ünsal, S. u. a.: Problemstellungen: Interessenvertretung, Innovation – Differenzierung, in: Bundesvereinigung Evangelischer Kindertagesstätten e.V. (Hrsg.): Beiträge zur Qualifizierung von Fachberatern/-innen, Stuttgart 1992

Hanselmann, P.G.: Werkstatt-Erfahrungen, in: Devivere, v., B. (Bearb.): Fachberatung im gesellschaftlichen Wandel, Sonderheft ‚Theorie und Praxis der Sozialpädagogik' (TPS-Extra) 16, Bielefeld 1994

Hanselmann, P.G.: Fachberatung für Kindertageseinrichtungen – Netzwerke für Kinder durch Beratung und Qualifizierung, in: Engelhard, D. u. a. (Hrsg.): Handbuch der Elementarerziehung, Ergänzungslieferung Okt. 1995

Hartmann, U.: Fachberatung für Kindertagesstätten im Spannungsfeld zwischen Beratung und Ausicht, Unv. Diplomarbeit an der FU Berlin, Berlin 1995

Harttung, S./Müller-Schöll, A./Wagner, I.: Alternativen einer Fortbildung für Fachberater im Vorschulbereich, in: Sozialpädagogik, Nr. 6, Nov. 1984

Haucke, K.: Multiplikatoren-Fortbildung (MFT) in den östlichen Bundesländern, in: KiTa aktuell NW 4/1993

Haucke, K.: Fachberatung in der Diskussion, Hort heute, 5/1993

Haucke, K.: Multiplikatoren-Fortbildung Tageseinrichtungen für Kinder ‚MFT' – Eine Zwischenbilanz, Forum Jugendhilfe 2/1994

Haucke, K.: Multiplikatoren-Fortbildung Tageseinrichtungen für Kinder (MFT) – Bilanz und Perspektiven, Vortrag zur BMFJ-Fachtagung ‚Beratungs- und Fortbildungsprogramme des BMFJ in den neuen Bundesländern', Magdeburg, 25. Mai 1994

Haucke, K.: Zur Zusammenarbeit zwischen Fachberatung und Amtsleitung, unv. Manuskript, Falkensee 1995

Haucke, K.: Strukturanalyse: Teilnahme am Kongreß ‚Mit uns auf Erfolgskurs – Fachberatung für Kindertageseinrichtungen' des Deutschen Vereins für öffentliche und private Fürsorge, 11.–13. Oktober 1995, Berlin, unv. Manuskript, Falkensee 1995

Haucke, K.: Ein Projekt geht zu Ende – die Aufgaben bleiben. Eine Bilanz, in: KiTa aktuell MO, 5/1996

Haucke, K.: Am Mute hängt der Erfolg, Vortrag zur Abschlußveranstaltung des Projektes ‚Multiplikatoren-Fortbildung Tageseinrichtungen für Kinder', Potsdam, 4. Juni 1996

Haucke, K.: Qualifizierung lohnt sich – Rückblick und Ausblick zum Projekt ‚Multiplikatoren-Fortbildung Tageseinrichtungen für Kinder', in: Der Städtetag, 8/1996

Haucke, K.: Tageseinrichtungen für Kinder: Das MFT-Projekt geht zu Ende – Eine Bilanz, in: Stadt und Gemeinde, 9/1996

Hebenstreit, S.: Fachberatung für Tageseinrichtungen für Kinder – Konzeption, Arbeitsfeld und berufliches Selbstbild, München 1984

Hebenstreit, S.: Thesen zum Thema ‚Konzept Fachberatung', in: Bundesvereinigung Evangelischer Kindertagesstätten e.V. (Hrsg.): Beiträge zur Qualifizierung von Fachberaterinnen, Stuttgart 1992

Heck, A./Krappmann, L./Preissing, Ch./Thiel, T./Zimmer, J.: Arbeitskreise, Fachberatung und Fortbildung, in: Heck, A. u. a.: Reform des Kindergartens – Ein Programm und seine Folgen. Abschlußbericht zum Projekt ‚Zur Evaluation des Erprobungsprogramms', Berlin 1995, S. 95 – 130

Heilmann, C.: Die Beratung von Trägern als Aufgabe des Landesjugendamtes, in: Devivere, v., B./Irskens, B. (Bearb.): Mit uns auf Erfolgskurs. Fachberatung in Kindertagesstätten – Kongreßdokumentation, Materialien für die sozialpädagogische Praxis Nr. 26, Frankfurt/M. 1996

Heller, E.: Die Weiterbildung der Pädagogen ist eine politische und pädagogische Errungenschaft unseres sozialistischen Staates – Einige Aussagen über die historische Entwicklung der Weiterbildung der Kindergärtnerinnen, in: Neue Erziehung im Kindergarten 9/1984

Hense, M.: Fachberatung für Kindergärten und Elternbildung in einem Arbeitsauftrag – Ein Organisationsmodell praktischer Gemeinwesenarbeit, in: Nachrichtendienst des Deutschen Vereins, 11/1982

Herrmann, K./Kunze, D.: Was bedeutet ‚vom Kind aus denken' für Beratung?, in: Devivere, v., B./Irskens, B. (Bearb.): Mit uns auf Erfolgskurs. Fachberatung in Kindertagesstätten – Kongreßdokumentation, Materialien für die sozialpädagogische Praxis Nr. 26, Frankfurt/M. 1996

Hienerwadel, U./Ihle, H.J./Stümpfl, C.: Praxisbericht: Zusammenarbeit von Kindertagesstätten, Fachberatung von Kindertagesstätten und Erziehungsberatung, in: Jugendwohl 2/85

Höber, K./Schlönhardt, I./Semmler, A.: Fachberaterinnen arbeiten zur Erfüllung der gestellten Aufgaben auf hohem Niveau, in: Neue Erziehung im Kindergarten 7/8/1985

Hoffman, H.: Kein Kurs wie jeder andere, Klein & Gross Nr. 48, 2/1995

Hohlfeld, F.: Trägerübergreifende Vernetzung von Fachberatung und die Chancen bei der Trägerberatung, in: Devivere, v., B./Irskens, B. (Bearb.): Mit uns auf Erfolgskurs. Fachberatung in Kindertagesstätten – Kongreßdokumentation, Materialien für die sozialpädagogische Praxis Nr. 26, Frankfurt/M. 1996

Höhmann, B.: Beratungsaufgaben in Eltern-Initiativ-Kindertagesstätten (EKT), in: Devivere, v., B./Irskens, B. (Bearb.): Mit uns auf Erfolgskurs. Fachberatung in Kindertagesstätten – Kongreßdokumentation, Materialien für die sozialpädagogische Praxis Nr. 26, Frankfurt/M. 1996

Holfer, B./Jung, L./Kreschky, K./Mehner, U./Schimank, H./Wille, I.: Fachberatung öffentlicher und freier Jugendhilfe in Sachsen, Manuskript im Rahmen des Projektes Multiplikatoren-Fortbildung Tageseinrichtungen für Kinder/MFT, Dresden 1994

Holländer, R.: Regionale und überregionale Fachberatung, in: Devivere, v., B. (Bearb.): Fachberatung im gesellschaftlichen Wandel, Sonderheft ‚Theorie und Praxis der Sozialpädagogik' (TPS-Extra) 16, Bielefeld 1994

Hollmann, E.: Anforderungsprofile an Fachberatung, in: Devivere, v., B./Irskens, B. (Bearb.): Mit uns auf Erfolgskurs. Fachberatung in Kindertagesstätten – Kongreßdokumentation, Materialien für die sozialpädagogische Praxis Nr. 26, Frankfurt/M. 1996

Hollmann, E.: Kindertagesstättenentwicklung mit Hilfe von Teamberatung, in: Hollmann, E./Irskens, B. (Bearb.): Kindertagesstättenentwicklung – Bedarf und Flexibilisierung, Materialien für die sozialpädagogische Praxis (MSP) Nr. 18, Frankfurt/M. 1989

Hoppe, J.R./Wend, B.: Aufgaben der Fachberatung bei der Umsetzung pädagogischer Konzepte in bauliche Lösungen, in: Devivere, v., B./Irskens, B. (Bearb.): Mit uns auf Erfolgskurs. Fachberatung in Kindertagesstätten – Kongreßdokumentation, Materialien für die sozialpädagogische Praxis Nr. 26, Frankfurt/M. 1996

Ingerfurth-Kuss, J./Neuhöfer, U.: Fachberaterinnen in Erzieherarbeitsgemeinschaften: ‚Mit uns': Als Vorgesetzte in Arbeitsgemeinschaften – trotz möglicher Beeinträchtigung sinnvoll, in: Theorie und Praxis der Sozialpädagogik 4/84

Irskens, B./Engler, R. (Bearb.): Fachberatung zwischen Beratung und Politik – Eine kritische Bestandsaufnahme, Materialien für die sozialpädagogische Praxis Nr. 23, Frankfurt/M. 1992

Irskens, B.: Untergehen oder dominieren? Probleme von Fachberater/innen in Arbeitsgemeinschaften von Erziehern, in: Theorie und Praxis der Sozialpädagogik 4/84

Irskens, B.: Der Kongreß und seine Themen: Eine zusammenfassende Einschätzung, in: Devivere, v., B./Irskens, B. (Bearb.): Mit uns auf Erfolgskurs. Fachberatung in Kindertagesstätten – Kongreßdokumentation, Materialien für die sozialpädagogische Praxis Nr. 26, Frankfurt/M. 1996

Irskens, B.: Fachberatung – ein Berufsfeld oder eine Sackgasse?, in: Irskens, B./Engler, R. (Bearb.): Fachberatung zwischen Beratung und Politik – Eine kritische Bestandsaufnahme, Materialien für die sozialpädagogische Praxis Nr. 23, Frankfurt/M. 1992

Irskens, B.: Fachberatung für Kindertageseinrichtungen – eine Standortbestimmung, in: Nachrichtendienst des Deutschen Vereins, 6/1996

Irskens, B.: Fachberatung, in: Senatsverwaltung für Jugend und Familie (Hrsg.): Bilanz der Zukunft wegen – Fachtagung zur Kindertagesstätten – Beratung, Berlin 1992

Irskens, B.: Heimaufsicht und Fachberatung für Kindertageseinrichtungen: Wege zur besseren Kooperation – Bericht über die Ergebnisse einer Fachtagung des Fortbildungswerkes für sozialpädagogische Fachkräfte, in: Nachrichtendienst des Deutschen Vereins für öffentliche und private Fürsorge, 7/1987

Irskens, B.: Mit dem Tandem in die Zukunft, in: Devivere, v., B. (Bearb.): Fachberatung im gesellschaftlichen Wandel, Sonderheft ‚Theorie und Praxis der Sozialpädagogik' (TPS-Extra) 16, Bielefeld 1994

Irskens, B.: Qualitätssicherung in Tageseinrichtungen für Kinder, in: Forum Jugendhilfe, 3/1993

Jakubeit, G.: Ohne Beratung geht es nicht – Aufgaben der Fachberatung bei der Umsetzung neuer Ziele in die Kindergartenpraxis, in: Welt des Kindes 4/85

Jansen, F.: Problemstellungen von Fachberatung: Interessensvertretung, Innovation und Differenzierung, in: Bundesvereinigung Evangelischer. Kindertagesstätten: Beiträge zur Qualifizierung von Fachberaterinnen, Stuttgart 1992

Jansen, F.: Institutionelle Verankerung und Entwicklung der Kita-Beratung im katholischen Bereich: Einblicke in eine Konzeptionsdebatte, in: Senatsverwaltung für Jugend und Familie (Hrsg.): Bilanz der Zukunft wegen – Fachtagung zur Kindertagesstätten – Beratung, Berlin 1992

Janzen, H.: Fachberatung, in: Theorie und Praxis der Sozialpädagogik 4/81

Jugendhilfe Aktuell (Red. Beitrag): MFT-Projekt: Neue Anforderungen für Erzieherinnen, Jugendhilfe Aktuell, 3/1992

Jurklies, K. Konzept Fachberatung Evangelischer Kindertagesstätten in Bayern, in: KiTa aktuell, 3/1991

K., Friederike: Fachberatung in der Diskussion, in: Hort heute 3/1993

Kappesz, H.: Eine Erzieherin plädiert für Fachberatung, in: KiTa aktuell 6/1991

Karsten, M.: Fünf Thesen zu: Fachberatung – ein Modell der Verknüpfungsdienstleistungsarbeit, in: Devivere, v., B./Irskens, B. (Bearb.): Mit uns auf Erfolgskurs. Fachberatung in Kindertagesstätten – Kongreßdokumentation, Materialien für die sozialpädagogische Praxis Nr. 26, Frankfurt/M. 1996

Kercher, A.: Fachberatung braucht eine Lobby, in: Klein & Groß 10/1995

Kindergarten heute (Red. Beitrag): Multiplikatoren-Fortbildung Taseseinrichtungen für Kinder ‚MFT', Kindergarten heute 6/1993

Kinderzeit (Red. Beitrag): Multiplikatoren-Fortbildung, Kinderzeit 1, März 1993

KiTa aktuell (Red. Beitrag): Multiplikatoren-Fortbildung (MFT) in den östlichen Bundesländern, KiTa MO 4/1993

KiTa aktuell (Red. Beitrag): Fachberatung für Kindertageseinrichtungen – bundesweiter Kongreß: Bilanz und Ausblick, in: KiTa MO 12/1995, KiTa BY 12/1995, KiTa BW 12/1995

KiTa aktuell (Red. Beitrag): Fachberatung für Kindertageseinrichtungen – Bilanz und Ausblick zu einem bundesweiten Kongreß, in: KiTa ND 12/1995

KiTa aktuell (Red. Beitrag): ‚Qualifizierung lohnt sich': Fachberatung im Wandel – Rückblick und zukünftige Anforderungen – Über die Abschlußveranstaltung des MFT-Projektes, in: KiTa MO 7/8/1996

Klauke, S.: Erlebte Geschichte – Fachberaterinnen erzählen, in: Devivere, v., B./Irskens, B. (Bearb.): Mit uns auf Erfolgskurs. Fachberatung in Kindertagesstätten – Kongreßdokumentation, Materialien für die sozialpädagogische Praxis Nr. 26, Frankfurt/M. 1996

Klauke, S.: Fachberatung in der DDR, in: Irskens B./Engler, R. (Bearb.): Fachberatung zwischen Beratung und Politik – Eine kritische Bestandsaufnahme, Materialien für die sozialpädagogische Praxis Nr. 23, Frankfurt/M. 1992

Klein, I.: Themenzentrierte Interaktion in der Fortbildung für Sozialpädagogische Fachkräfte – Aufgezeigt an zwei Beispielen aus der Fortbildung für Fachberater/innen von Kindertagesstätten, in: Sozialpädagogische Blätter 1/1988

klein & groß (Red. Beitrag): Multiplikatoren-Fortbildung Tageseinrichtungen für Kinder, Klein & Groß 4/1993

klein & groß (Red. Beitrag): Anerkennung für MFT-Teilnehmerinnen, klein & groß 10/1995

klein & groß (Red. Beitrag): Fachberatung: Entwicklung, Realitäten, Visionen – Gespräch mit Ilse Keppler, in: Klein & Groß 2/1996

Knake-Wollschläger, C.: FOKUS Team – praxisnahe Fort- und Weiterbildung und greifbare Beratung, in: KiTa aktuell HR 3/1995

Kokigei, M.: Fortbildung – Weiterbildung – Qualifizierungssysteme für Fachberatung, in: Devivere, v., B./Irskens, B. (Bearb.): Mit uns auf Erfolgskurs. Fachberatung in Kindertagesstätten – Kongreßdokumentation, Materialien für die sozialpädagogische Praxis Nr. 26, Frankfurt/M. 1996

Kommunale Gemeinschaftsstelle für Verwaltungsvereinfachung (KGST): Organisation des Jugendamtes: Fachberatung ‚Tageseinrichtungen für Kinder', Bericht Nr. 14, Köln 1979

Kriwat, G.: Zur Entwicklung der Kita-Beratung, in: ÖTV-Berlin (Hrsg.): Für Kinder und Tagesstätten – Beiträge der pädagogischen Fachtagung vom 6.11. – 8.11.1986, Berlin 1987

Kriwat, G.: Kindertagesstättenberatung in Berlin – organisationsinterne und berufsbegleitende Beratung ‚vor Ort', in: Supervision 12/1987

Krüger, G.: Qualifizierung – Notwendigkeiten und Möglichkeiten in Aus-, Fort- und Weiterbildung, in: Bundesvereinigung Evangelischer Kindertagesstätten e.V. (Hrsg.): Beiträge zur Qualifizierung von Fachberaterinnen, Stuttgart 1992

Landesjugendamt Rheinland (Hrsg.): Zusammenarbeit zwischen Fachberatern bei freien und öffentlichen Trägern der Jugendhilfe und mit der Heimaufsicht, Köln 1981

Landesjugendamt Rheinland (Hrsg.): Zusammenarbeit zwischen Fachberatern bei freien und öffentlichen Trägern der Jugendhilfe und mit der Heimaufsicht, Köln 1993(2)

Landesjugendamt Westfalen-Lippe (Hrsg.): Selbstverständnis des Fachberaters – Auszug aus dem Protokoll der 5. Arbeitstagung für Fachberater am 9.3.1982, o.O., 1982

Lange-Kaluza, A.: Fachberatung zwischen Krisenintervention und Fortbildungsangebot, in: KiTa aktuell ND 10/1996

Ledig, M.: Aufgaben der Fachberatung bei Jugendhilfeplanung und Vernetzung, in: Devivere, v., B./Irskens, B. (Bearb.): Mit uns auf Erfolgskurs. Fachberatung in Kindertagesstätten – Kongreßdokumentation, Materialien für die sozialpädagogische Praxis Nr. 26, Frankfurt/M. 1996

Lehner, I.: Wie kommen wir zu dem, was wir brauchen – Überlegungen zur Qualifizierung von Fachberatung, Manuskript zum MFT-Kurs 3, Berlin, o.J.

Lehner, I.: ‚Wie kommen wir zu dem, was wir brauchen...?' – Erwartungen und Ansprüche von Fachberaterinnen, in: KiTa aktuell MO 7/8/1995

Loschky, A./Wolter-Buhlmann, D.: Das A und O der Fachberatung – Ideen, Erfahrungen, Modelle und Spielräume der Fachberatung, in: KiTa aktuell ND 9/1995

Mager, G.: Zur Vernetzung von Kita-Beratung im Jugendamt, in: Senatsverwaltung für Jugend und Familie (Hrsg.): Bilanz der Zukunft wegen – Fachtagung zur Kindertagesstätten – Beratung, Berlin 1992

Magistrat der Stadt Hanau/Jugendamt (Hrsg.): Fachberatung für Kindertagesstätten, 1988

Manderscheid, H.: Fachberatung – Innovation oder Kontrolle? Kritische Anfragen aus einem etablierten Bereich von Fachberatung (Kindertagesstätten), in: Hedtke-Becker, A./Mörsberger, Th. (Red.): Fachliche Beratung – Planung – Vernetzung. Zur Entwicklung eines neueren Aufgabenfeldes in der Altenhilfe, Sonderveröffentlichung im Eigenverlag des Deutschen Vereins für öffentliche und private Fürsorge, Frankfurt 1991

Manderscheid, H.: Fachberatung 1985 bis 1988: Grunddaten und Entwicklungszahlen, in: Zentralverband katholischer Kindergärten und Kinderhorte e.V. (Hrsg.): Info-Dienst 3/1988

Manderscheid, H.: Fachberatung beim Deutschen Caritasverband, in: Irskens, B./Engler, R. (Bearb.): Fachberatung zwischen Beratung und Politik – Eine kritische Bestandsaufnahme, Materialien für die sozialpädagogische Praxis Nr. 23, Frankfurt/M. 1992

Manderscheid, H.: Fachberatung für Kindertageseinrichtungen im Umbruch, in: Caritas '90, Jahrbuch des Deutschen Caritasverbandes, Freiburg 1989

Mauersberger, H./Peter, M./Forberg, S./Mai, B./Bauer, C./Opitz, E.: Zur Arbeit der Fachberater für Vorschulerziehung, in: Neue Erziehung im Kindergarten, 1/1977

Mehring, H./Wagner, I.: Personale Qualitäten im Institutionengefüge, in: Devivere, v., B. (Bearb.): Fachberatung im gesellschaftlichen Wandel, Sonderheft ‚Theorie und Praxis der Sozialpädagogik' (TPS-Extra) 16, Bielefeld 1994

Merkel, B.: Fachberatung in einem Bezirksverband der Arbeiterwohlfahrt, in: Irskens, B./Engler, R. (Bearb.): Fachberatung zwischen Beratung und Politik – Eine kritische Bestandsaufnahme, Materialien für die sozialpädagogische Praxis Nr. 23, Frankfurt/M. 1992

Merkel, H.: Es kommt noch besser, bald geht die Sache weiter – Erziehungsberatung: Modell einer erweiterten Fachberatung, in: klein & groß 9/1995

Merker, H. (Hrsg.): Beratung von Tageseinrichtungen mit behinderten und nichtbehinderten Kindern, Köln 1993

Merker, M.: Worauf es ankommt – Die EKD-Kundgebung aus der Sicht einer Fachberaterin, in: Theorie und Praxis der Sozialpädagogik 2/1995

Meyer, H.: Trägerübergreifende Zusammenarbeit von Fachberatern – Die ‚Konferenz der Fachberater der Tageseinrichtungen für Kinder der freien und öffentlichen Jugendhilfe' in Köln, in: Merker, H./Schulte, F.: Tageseinrichtungen für Kinder, Köln 1992

Minister für Arbeit, Gesundheit und Soziales des Landes Nordrhein-Westfalen: Richtlinien über die Gewährung von Zuwendungen zur Förderung der Fachberatung für Tageseinrichtungen für Kinder v. 28. 4. 1983 (IV/2–6001.74), in: Ministerialblatt für das Land Nordrhein-Westfalen, Nr. 38, Juni 1983

Ministerium für Bildung, Jugend und Sport des Landes Brandenburg: Empfehlungen des Ministeriums für Bildung, Jugend und Sport für die Beratung von Tageseinrichtungen für Kinder durch den Einsatz von Praxisberatung, in: MBJS (Hrsg.): Schwerpunkt Konzeptentwicklung, Kita Debatte 2/1994

Ministerium für Volksbildung: Anweisung zum Einsatz von Fachberatern für Vorschulerziehung im Pädagogischen Kreiskabinett und zu ihren Aufgaben bei der politisch-pädagogischen Arbeit in den Kindergärten, Berlin 1975

Ministerium für Volksbindung: Arbeitsmaterial an die Bezirks- und Kreisschulräte zur weiteren Vervollkommnung der Arbeitsweise der Fachberater im Bereich der Vorschulerziehung, Berlin 1987

Motejus, H.: Veränderung ist möglich – Zur Rolle einer Kita-Beraterin bei der Umsetzung des Eingewöhnungsmodells, in: Andres, B./Laewen, H.J. (Hrsg.): Ich verstehe besser, was ich tue... Erfahrungen mit dem Eingewöhnungsmodell, Berlin 1993

Mucha, K.: Innovation und Widerstand, Ansprüche und Widersprüche. Neuere Überlegungen zu Theorie und Praxis innerbetrieblicher Personalberatung im Jugendamt, Forum Wissenschaft, Studienheft Nr. 15, o.O. 1991

Müller, H.: Ein Tag, wie manch ein anderer..., in: Sozialpädagogische Blätter 6/85

Müller-Scholl, A.: Wer berät die Fachberater?, in: Sozialpädagogische Blätter 6/85

Nachrichten Parität (Red. Beitrag): Fortbildung für Multiplikatoren, Nachrichten Parität 4/1993

Nagel, B./Rückert, E.: Fortbildungsmaßnahme des Staatsinstituts für Frühpädagogik und Familienforschung (IFP) München in Thüringen – Fachberaterfortbildung, in: KiTa aktuell MO 1/1992

Nagel, B.: Empirische Befunde zur Fachberatung, in: Devivere, v., B./Irskens, B. (Bearb.): Mit uns auf Erfolgskurs. Fachberatung in Kindertagesstätten – Kongreßdokumentation, Materialien für die sozialpädagogische Praxis Nr. 26, Frankfurt/M 1996

Nowara, K.: Fachberatung nach der Wende, in: klein & groß 4/1993

Nowara, K.: Berufsbild – Menschenbild – Selbstbild: Geschichtliche Entwicklungen zum Zusammenhang zwischen Menschenbild, pädagogischem Konzept und Beratungskonzeption, in: Devivere, v., B./Irskens, B. (Bearb.): Mit uns auf Erfolgskurs. Fachberatung in Kindertagesstätten – Kongreßdokumentation, Materialien für die sozialpädagogische Praxis Nr. 26, Frankfurt/M. 1996

Oberhuemer, P.: Fachberatung in anderen europäischen Ländern – Beispiele: Großbritannien und Schweden, in: Devivere, v., B./Irskens, B. (Bearb.): Mit uns auf Erfolgskurs. Fachberatung in Kindertagesstätten – Kongreßdokumentation, Materialien für die sozialpädagogische Praxis Nr. 26, Frankfurt/M. 1996

Oberhuemer, P.: Fachberatung für Tageseinrichtungen für Kinder in Bayern – Bestandsaufnahme und Anregungen zur Weiterentwicklung. Ergebnisbericht aus dem ‚Arbeitskreis Fachberatung' am Staatsinstitut für Frühpädagogik, München 1995

Oberhuemer, P.: Weiterentwicklung der Fachberatung. Ein gemeinsames Anliegen, in: Devivere, v., B. (Bearb.): Fachberatung im gesellschaftlichen Wandel, Sonderheft ‚Theorie und Praxis der Sozialpädagogik' (TPS-Extra) 16, Bielefeld 1994

Obermeyer, M./Sensen, H.: Neue Anforderungen an Tageseinrichtungen für Kinder: Konsequenzen für die Beratung, in: Sozialpädagogisches Institut NRW (Hrsg.): Kindheit heute – Neue Anforderungen an den Lebensraum Tageseinrichtungen für Kinder, Köln 1996

Penk, W.: Klare Ziele und Erwartungen eines Trägers, in: Devivere, v., B. (Bearb.): Fachberatung im gesellschaftlichen Wandel, Sonderheft ‚Theorie und Praxis der Sozialpädagogik' (TPS-Extra) 16, Bielefeld 1994

Pischky, R.: Fachberatung – Ein Katalysator im Kita-System, in: Klein & Gross 2/1994

Pound, L.: Fachberatung in Großbritannien, in: Devivere, v., B./Irskens, B. (Bearb.): Mit uns auf Erfolgskurs. Fachberatung in Kindertagesstätten – Kongreßdokumentation, Materialien für die sozialpädagogische Praxis Nr. 26, Frankfurt/M. 1996

Preissing, C.: Fortbildung und Beratung – ein spannendes Verhältnis, in: Senatsverwaltung für Jugend und Familie (Hrsg.): Bilanz der Zukunft wegen – Fachtagung zur Kindertagesstätten – Beratung, Berlin 1992

Prott, R.: Kita-Beratung im Rahmen von Personalentwicklung und -förderung im Kita-Bereich, in: Senatsverwaltung für Jugend und Familie (Hrsg.): Bilanz der Zukunft wegen – Fachtagung zur Kindertagesstätten – Beratung, Berlin 1992

Rienits, H.: Kindertagesstätten-Beratung und Jugendhilfeplanung, in: Senatsverwaltung für Jugend und Familie (Hrsg.): Bilanz der Zukunft wegen – Fachtagung zur Kindertagesstätten – Beratung, Berlin 1992

Rahner, C.M.: Fachberaterausbildung, USB 907/84, Anklam 1984

Richter, E.: Zur Führung der Vorschulerziehung durch den Kreisschulrat, in: Neue Erziehung im Kindergarten 6/1979

Rose, H.: Eine sichtbare, lesbare Autorität entwickeln, in: Devivere, v., B. (Bearb.): Fachberatung im gesellschaftlichen Wandel, Sonderheft ‚Theorie und Praxis der Sozialpädagogik' (TPS-Extra) 16, Bielefeld 1994

Roßberg, M. Erfahrungen zur Einbeziehung der Fachberater in die Anleitung und Kontrolle der pädagogischen Arbeit, in: Neue Erziehung im Kindergarten 7/8/1978

Salecker, D. u. a.: Anstöße zur Qualifizierung von Fachberatern/-innen, in: Bundesvereinigung Evangelischer Kindertagesstätten e.V. (Hrsg.): Beiträge zur Qualifizierung von Fachberatern/-innen, Stuttgart 1992

Schemmel, S.: Historische und aktuelle Aspekte der Kitaberatung in Berlin (Ost), in: Senatsverwaltung für Jugend und Familie Berlin (Hrsg.): Bilanz der Zukunft wegen. Dokumentation: Fachtagung zur Kindertagesstätten-Beratung, Berliner Beiträge zur Kindertagesstättenerziehung, Berlin 1992

Scherer, P. A.: Fachberatung für Kindergärten, in: Mörsberger, H./Moskal, E./Pflug, E. (Hrsg.): Der Kindergarten – Handbuch für die Praxis, Bd. 1, Freiburg 1978

Schlummer, B.: Erfolgreich beraten in Tageseinrichtungen für Kinder – Konzepte zwischen Fachberatung und Supervision, Aachen 1995

Schmidt, U./Döbjohann, M./Briel, R.: Fachberatung '83, Versuch einer Problemskizze, in: Deutscher Caritasverband e.V (Hrsg.): Caritas '84, Jahrbuch des Deutschen Caritasverbandes, Freiburg 1983

Schmittner, R.: Was erwarte ich von der Fachberaterin?, in: Theorie und Praxis der Sozialpädagogik 4/79

Schneider, K.: Auswirkungen veränderter Familienstrukturen auf Kitas und die Kita-Beratung, in: Senatsverwaltung für Jugend und Familie (Hrsg.): Bilanz der Zukunft wegen – Fachtagung zur Kindertagesstätten – Beratung, Berlin 1992

Scholze, G./Zimmermann, C./Huth, H./Liebrecht, R./Sroka, P.: Fachberatung – Heisses Eisen. Fachberatung für Tageseinrichtungen für Kinder in Sachsen-Anhalt – Positionspapier, Manuskript im Rahmen des Projektes Multiplikatoren-Fortbildung Tageseinrichtungen für Kinder/MFT, Bad Kösen 1995

Schulte, A.: Kollegiale Fachberatung, in: Theorie und Praxis der Sozialpädagogik 4/79

Schulze-Oben, D.: Erfolgreiche Fachberatung = Unternehmensberatung (?), in: Devivere, v., B./Irskens, B. (Bearb.): Mit uns auf Erfolgskurs. Fachberatung in Kindertagesstätten – Kongreßdokumentation, Materialien für die sozialpädagogische Praxis Nr. 26, Frankfurt/M. 1996

Sell, I.: Was sich in meiner Arbeit als Fachberater bewährt, in: Neue Erziehung im Kindergarten 2/3/1989

Senatsverwaltung für Frauen, Jugend und Familie: Ausführungsvorschriften für die Tätigkeit des Beraterpersonals in bezirklichen Kindertagesstätten (Kindertagesstätten-Beraterpersonalvorschriften – KBPV) vom 4. Juli 1990

Senatsverwaltung für Jugend und Familie (Hrsg.): Bilanz der Zukunft wegen – Fachtagung zur Kindertagesstätten-Beratung, Berlin 1992

Senatsverwaltung für Jugend und Familie (Hrsg.): Kindertagesstätten-Beratung Berlin. Konzepte und Erfahrungen Berlin 1992

Siebenmorgen, E.: Die Aufgaben des Fachberaters in einem kommunalen Jugendamt, in: Der Städtetag 9/1977

Siegler, M.: ‚Vermittlung' – eine schwierige Aufgabe in komplizierten Organisationen, in: Devivere, v., B. (Bearb.): Fachberatung im gesellschaftlichen

Wandel, Sonderheft ‚Theorie und Praxis der Sozialpädagogik' (TPS-Extra) 16, Bielefeld 1994

Siemensmeyer, B.: Fachberatung für Erzieherinnen – Ein Aufgabenfeld für Sozialpädagogik, Unv. Diplomarbeit an der Katholischen Fachhochschule NW, Paderborn 1991

Solbach, R.: Wesentliche Aussagen der Fachberaterinnen und der türkischen Mitarbeiter an Jugendämtern im Hinblick auf die Beratung der Kindergärten mit Kindern und Eltern aus unterschiedlichen Herkunftsländern, in: Solbach, Regina: Chancen der Vielfalt im Kindergarten – Interkulturelle Erziehung aus der Perspektive von Erzieherinnen, Müttern, Fachberaterinnen und türkischen Mitarbeitern der Jugendämter, Köln 1996, S. 28 – 36

Sommer, E.: Fachberatung auf Kirchenkreisebene – Ein Erfahrungsbericht, in: Theorie und Praxis der Sozialpädagogik 4/79

Sonnabend, B.: Fachberatung in Tageseinrichtungen für Kinder in NW, in: Merker, H./Schulte, F.: Tageseinrichtungen für Kinder – Beiträge aus der Praxis, Köln 1982

Soziale Arbeit (Red. Beitrag): Multiplikatoren-Fortbildung Tageseinrichtungen für Kinder – MFT, Soziale Arbeit 3/1993

Sozialpädagogisches Institut des Landes Nordrhein-Westfalen (Hrsg.): Gewalt gegen Kinder – Anforderungen und Grenzen von Fachberatung, Kongreßbericht, Köln 1994

Staatsinstitut für Frühpädagogik (Hrsg.): Fachberatung für Tageseinrichtungen für Kinder in Bayern – Bestandsaufnahme und Anregungen zur Weiterentwicklung, München 1995

Steinkamp, H.: Zur Praxistheorie der Fachberatung. Unv. Manuskript des Vortrages bei der Fachwoche 1989 des Zentralverbandes katholischer Kindergärten und Kinderhorte Deutschlands e.V. in Augsburg

Stocklossa, D.: ‚Modell Berlin' – Kita-Beratung in der Abwicklung, in: Devivere, v., B. (Bearb.): Fachberatung im gesellschaftlichen Wandel, Sonderheft ‚Theorie und Praxis der Sozialpädagogik' (TPS-Extra) 16, Bielefeld 1994

Stocklossa, D.: Aufbruch und Demontage – Berliner Kindertagesstättenberatung in Zeiten des Mangels schnell überflüssig?, in: klein & groß 7 + 8/1994

Stracke, G.: Fachberatung in Kurhessen-Waldeck, in: Theorie und Praxis der Sozialpädagogik 4/79

Strätz, R.: Fachberatung – ein Instrument zur Umsetzung der Trägerphilosophie, in: Devivere, v., B./Irskens, B. (Bearb.): Mit uns auf Erfolgskurs. Fachberatung in Kindertagesstätten – Kongreßdokumentation, Materialien für die sozialpädagogische Praxis Nr. 26, Frankfurt/M. 1996

Strätz, R.: Fachberatung, in: Strätz, R.: Neue Konzepte für Kindertageseinrichtungen. Eine empirische Studie zur Situations- und Problemdefinition der beteiligten Interessengruppen – Landesbericht Nordrhein-Westfalen, Köln, o.J., S. 51 – 58

Strätz, R.: Fachberatung, in: Strätz, R.: Neue Konzepte für Kindertageseinrichtungen. Eine empirische Studie zur Situations- und Problemdefinition der beteiligten Interessengruppen – Landesbericht Nordrhein-Westfalen – Tabellenband, Köln, o.J., S. 193 – 237

Strätz, R.: Fachberatung – einfach unverzichtbar, in: KiTa aktuell NRW 10/1995

Teuber, M.: Fachberatung aus der Sicht der Praxis, in: KiTa aktuell BY, 4/1991

Thiel, T.: Come Together, in: klein & groß 12/1995

Thiel, T.: Come Together, in: Welt des Kindes 1/1996

Thiersch, H.: Menschenbild – Selbstbild – Berufsprofil. Zur Situation von Fachberaterinnen für Kindertagesstätten, in: Devivere, v., B./Irskens, B. (Bearb.): Mit uns auf Erfolgskurs. Fachberatung in Kindertagesstätten – Kongreßdokumentation, Materialien für die sozialpädagogische Praxis Nr. 26, Frankfurt/M. 1996

Tietze, C.: Aufgreifen von Innovationen in der Fachberatung – am Beispiel von betrieblich geförderter Kinderbetreuung, in: Devivere, v., B./Irskens, B. (Bearb.): Mit uns auf Erfolgskurs. Fachberatung in Kindertagesstätten – Kongreßdokumentation, Materialien für die sozialpädagogische Praxis Nr. 26, Frankfurt/M. 1996

Tietze, C.: Erster Bundesweiter Kongreß der Kita-Fachberatung in Berlin, in: Parität aktuell 4/1995

Timman, I.: Fachberatung in Kitas – notwendig, sinnvoll oder überflüssig?, in: KiTa aktuell ND 4/1994

Timmann, I.: Fachliche Beratung der Tageseinrichtungen für Kinder, in: KiTa aktuell ND 4/1995

Tomala-Brümmer, E.: Forum, Sprachrohr und noch mehr... – Hessische Fachberater/innen gründen eine Landesarbeitsgemeinschaft, in: KiTa aktuell HR 7/8/1995

Tomala-Brümmer, E.: Pädagogische Fachberatung – Notwendige Hilfe in einer Zeit notwendiger Veränderungen, in: KiTa aktuell HRS 10/1996

Towle, C.: Die Praxisberatung in der Sozialarbeit – Einige allgemeine Grundsätze im Hinblick auf die Grundbedürfnisse des Menschen und die inneren Beweggründe für sein Verhalten, in: Towle, C.: Die emotionalen Grundbedürfnisse von Kindern und Erwachsenen in ihrer Bedeutung für die soziale Arbeit, Arbeiterwohlfahrt Bundesverband e.V., Bonn 1966, S.112–141

Theorie und Praxis der Sozialpädagogik (Red.): Mit uns auf Erfolgskurs: Fachberatung für Kindertageseinrichtungen – Fachkongreß in Berlin, in: Theorie und Praxis der Sozialpädagogik 1/1996

Trescher, H.-G.: Was ist bloß mit Tobias los? – Psychoanalytische Beratung im Kindergarten, in: Welt des Kindes 4/1985

Tyka-Beberweil, H.: Fachberatung für Kindertagesstätten im Spannungsfeld von Beratung, Kontrolle und pädagogischer Innovation, Wiesbaden 1995

Ulbrich, M.: ‚Frag' doch mal die Fachberatung' – Fachberatung: Sie hat keine Patente, aber hilft, Lösungen zu finden, in: klein & groß 10/1995

Ulbrich, M.: ‚Frag' doch mal die Fachberatung', in: Werner, D.: Balance des Alltags – Impulse für die Arbeit in Kindertageseinrichtungen, Neuwied 1995

Verband Katholischer Tageseinrichtungen für Kinder (KTK) – Bundesverband e.V. (Hrsg.): Fachberatung für katholische Tageseinrichtungen für Kinder – eine Reflexionshilfe zur Weiterenwicklung des Selbstverständnisses von Fachberatung und ihrer Bedingungen in den Diözesen, Freiburg 1993

Verband Kirchlicher Mitarbeiter (vkm) Westfalen-Lippe (Hrsg.): Stellenbeschreibung für: Fachberaterin für Tageseinrichtungen für Kinder, o.O., o.J.

Voß, A.: Entstehung und Entwicklung der Kita-Beratung in Berlin(West), in: Senatsverwaltung für Jugend und Familie (Hrsg.): Bilanz der Zukunft wegen – Fachtagung zur Kindertagesstätten-Beratung, Berlin 1992

Voß, A.: Kindertagesstättenberatung in Berlin (West), in: Irskens, B./Engler, R. (Bearb.): Fachberatung zwischen Beratung und Politik – Eine kritische Bestandsaufnahme, Materialien für die sozialpädagogische Praxis Nr. 23, Frankfurt/M. 1992

Wagner, I.: Aufgaben und Kompetenzen eines Fachberaters, in: Theorie und Praxis der Sozialpädagogik 4/79

Wagner, I.: Fachberatung unverzichtbar – Kommentar zum Positionspapier der AGJ über Fachberatung, in: Theorie und Praxis der Sozialpädagogik 1/86

Wagner, I.: Ein persönlicher Weg – Von der Beratung von MitarbeiterInnen und Einrichtungen zur Beratung von Trägern, in: Devivere, v., B./Irskens, B. (Bearb.): Mit uns auf Erfolgskurs. Fachberatung in Kindertagesstätten – Kongreßdokumentation, Materialien für die sozialpädagogische Praxis Nr. 26, Frankfurt/M. 1996

Walker, U.: Fachberatung für Elterninitiativen/Kinderläden, in: Devivere, v., B./Irskens, B. (Bearb.): Mit uns auf Erfolgskurs. Fachberatung in Kindertagesstätten – Kongreßdokumentation, Materialien für die sozialpädagogische Praxis Nr. 26, Frankfurt/M. 1996

Walther, B.: Selbstbild und Beratungskonzept – in verschiedenen Rollen, in: Devivere, v., B./Irskens, B. (Bearb.): Mit uns auf Erfolgskurs. Fachberatung in Kindertagesstätten – Kongreßdokumentation, Materialien für die sozialpädagogische Praxis Nr. 26, Frankfurt/M. 1996

Weber, E.: Ist eine Leiterin auch eine Fachberaterin?, in: KiTa aktuell MO 10/1994

Weiß, K.: Lust und Last: Trägerberatung aus der Sicht von FachberaterInnen und Trägern, in: Devivere, v., B./Irskens, B. (Bearb.): Mit uns auf Erfolgskurs. Fachberatung in Kindertagesstätten – Kongreßdokumentation, Materialien für die sozialpädagogische Praxis Nr. 26, Frankfurt/M. 1996

Weißkopf, E.: Mit vielen Augen sehen, in: Devivere, v., B. (Bearb.): Fachberatung im gesellschaftlichen Wandel, Sonderheft ‚Theorie und Praxis der Sozialpädagogik' (TPS-Extra) 16, Bielefeld 1994

Weiss-Zimmer, E.: Selbstbewußte Frau oder hingebungsvolle Mutter – Lebensgeschichte von Frauen in der Beratung von Erzieherinnen, in: Welt des Kindes 4/1985

Welt des Kindes (Red. Beitrag): Qualifizierungsprozeß für Frauen in den neuen Bundesländern erfolgreich beendet, Welt des Kindes 5/1996

Wendt, U./Köpcke, H.: Fachberatertätigkeit – wirksam und konkret, in: Neue Erziehung im Kindergarten 12/1987

Werner, D.: Fachberatung in der Diskussion, in: Hort heute 10/1993

Werner, D.: Fachberatung – abgehoben oder praktische Hilfe?, in: Werner, D.: Balance des Alltags – Impulse für die Arbeit in Kindertageseinrichtungen, Neuwied 1995

Wildt, G.: Perspektiven regionaler Beratungsstrukturen: Trägerübergreifende Kooperation und Koordination – interdisziplinäre Beratungsteams, in: Devivere, v., B./Irskens, B. (Bearb.): Mit uns auf Erfolgskurs. Fachberatung in Kindertagesstätten – Kongreßdokumentation, Materialien für die sozialpädagogische Praxis Nr. 26, Frankfurt/M. 1996

Wildt, G.: Weibliche Professionalisierung – aus der Sicht evangelischer Fachberatung, in: Irskens, B./Engler, R. (Bearb.): Fachberatung zwischen Beratung und Politik – Eine kritische Bestandsaufnahme, Materialien für die sozialpädagogische Praxis Nr. 23, Frankfurt/M. 1992

Wildt, G.: Zur historischen Entwicklung weiblicher Professionalität aus der Sicht evangelischer Fachberatung, in: Bundesvereinigung Evangelischer Kindertagesstätten e.V. (Hrsg.): Beiträge zur Qualifizierung von Fachberatern/-innen, Stuttgart 1992

Wolsky, S.: Kita-Beratung Ost: Perspektiven, in: Senatsverwaltung für Jugend und Familie (Hrsg.): Bilanz der Zukunft wegen – Fachtagung zur Kindertagesstätten-Beratung, Berlin 1992

Zimmer, J./Preissing, C.: Zum Stadtteil offene Kitas – Folgerung für Qualifizierung und Beratung, in: Senatsverwaltung für Jugend und Familie (Hrsg.): Bilanz der Zukunft wegen – Fachtagung zur Kindertagesstätten-Beratung, Berlin 1992

Zindler, W.: Kollegiale Praxisberatung, in: KiTa aktuell ND 4/1994

Zinnecker, S.: Vor der Zerreißprobe – Zur Situation der Fachberatung, in: Welt des Kindes 3/1991